参与编写：华雨、刘丽云、张珊、周锐

语文 单元学习 现场

YUWEN DANYUAN XUEXI XIANCHANG

史建筑　编著

教育科学出版社
·北　京·

出 版 人　李　东
责任编辑　代周阳
版式设计　杨玲玲
责任校对　张晓雯
责任印制　叶小峰

图书在版编目（CIP）数据

语文单元学习现场／史建筑编著. —北京：教育科学出版社，2020.11（2022.12 重印）
ISBN 978-7-5191-2336-9

Ⅰ.①语…　Ⅱ.①史…　Ⅲ.①中学语文课—教学研究　Ⅳ.①G633.302

中国版本图书馆 CIP 数据核字（2020）第 183581 号

语文单元学习现场
YUWEN DANYUAN XUEXI XIANCHANG

出版发行	教育科学出版社		
社　　址	北京·朝阳区安慧北里安园甲 9 号	**邮　　编**	100101
总编室电话	010-64981290	**编辑部电话**	010-64989422
出版部电话	010-64989487	**市场部电话**	010-64989009
传　　真	010-64891796	**网　　址**	http://www.esph.com.cn
经　　销	各地新华书店		
制　　作	北京金奥都图文制作中心		
印　　刷	保定市中画美凯印刷有限公司		
开　　本	720 毫米×1020 毫米　1/16	**版　　次**	2020 年 11 月第 1 版
印　　张	19.25	**印　　次**	2022 年 12 月第 3 次印刷
字　　数	278 千	**定　　价**	59.80 元

前 言

如何建立逻辑自洽的语文学习流程，如何培养学生语文自主学习能力，一直是语文学习者和教学工作者不断追问和期待解决的问题。

出于对这些专业的追求，我们引导学生进行基于标准的语文学习，形成符合认知规律的单元学习闭环结构。具体说来，就是依据国家课程标准，遵循中文母语学习规律，依托知识深度理论确定认知复杂度，借鉴单元学习、项目式学习等设计思路，调动学生已有的认知储备，引导学生依据目标、利用资源、借助工具，深入阅读任务中去，在持续评估中完成深度自主学习。

这一语文学习实践探索的本质，是变革与转型，即从关注教师“怎样教”转向研究学生“怎样学”的转变，旨在帮助学生找到属于自己的语文学习方式和认知路径，实现个别化教育和自主性学习。

2020 年，我们经历了不平凡的春夏，基于标准的语文学习为学生居家学习提供了明确的目标、清晰的流程、精当的资源、具体的工具、科学的评估和适切的指导，成为师生这段时间里的慰藉，也验证了它的科学性与有效性。

本书所呈现的语文单元学习案例，是北京市十一学校这几年基于标准的语文学习实践中的真实案例。每个案例为读者全景呈现了整个单元的学习过程：先是包含“课标依据”“文本分析”“学情分析”在内的单元“设计依据”，然后是“学习目标”“核心问题”“核心任务”“量规”等整个单元学习设计方案与实施过程，再是“学习资源与工具”“学习成果”“单元反思”“巩固拓展”的成果固化和复盘梳理内容。在单元学习的关键节点，特地加入了“学习现场”，在“现场描述”“教师观察”“形成性评估”等方面，呈现真实的语文学习过程以及学生自主学习状态下的教师指导策略。

这些学习案例的撰写者，首先是学习方案的设计者与具体实施的指导者，都是富有专业追求与改革精神的一线教师，这个团队中有放下经验寻求突破的特级教师，有人到中年锐意进取的成熟教师，有学术高端年富力强的青年教师，形成了合理的专业梯度和良好的教研生态。本书的具体编写分工为：史建筑老师负责“《史记》”“纪实文学”“‘学习之道’主题阅读与表达”单元，华雨老师负责“《世说新语》”“小说”“智慧表达”单元，刘丽云老师负责“《论语》”“《平凡的世界》”单元，张珊老师负责“诗词意象、意境”“唐诗”单元，周锐老师负责“鲁迅小说”“人物传记”单元。总之，本书成果是团队集体智慧的体现，感谢老师们的实践探索与成果编纂工作。

在实践探索和成书过程中，我们得到了北京市十一学校联盟总校李希贵校长、北京市十一学校田俊校长的引领与支持，教育专家沈祖芸老师的专业指导，北京市十一学校语文组闫存林、刘伟老师的帮助，教育科学出版社代周阳老师的具体指导，在此一并表示感谢，同时感谢为本书提供学习成果的北京市十一学校的同学们。

让我们一起走进语文单元学习现场，感受真实的语文学习。

编著者

2020 年 5 月

目　录

组装我的《论语》思想盒子

——《论语》单元学习现场

一、单元导语

《论语》是儒家学派的经典著作之一，集中体现了孔子的政治主张、伦理思想及教育原则等，博大精深，影响深远。但该书以记言为主，不太讲求篇章之间的联系，再加上使用先秦语言，辞约义丰，中学生理解起来难度颇大。本单元以“组装我的《论语》思想盒子”为任务驱动，推动学生对《论语》的一些主要思想产生初步理解，并通过阅读名家解读，最终形成自己对某一主题思想的认识。

二、设计依据

课标依据

依据《普通高中语文课程标准（2017 年版）》，本单元学习主要涉及学习任务群 6“思辨性阅读与表达”、学习任务群 8“中华传统文化经典研习”两个任务群的学习目标与内容。

根据学习任务群 6“思辨性阅读与表达”要求，在学习内容上，指导学生阅读傅佩荣等人解读《论语》的论著，理解他们的主要思想及论证逻辑，快速了解《论语》的主要思想。针对自己感兴趣的某一主题，结合《论语》的相关篇目，形成对这一主题的看法，并能够有理有据地表达出来。在学习方法上，注重对学生思维方法的指导，借助丰富的学习资源和工具，培养学生思维的逻辑性。

根据学习任务群 8“中华传统文化经典研习”要求，引导学生借助注释、工具书研读文本，并联系学习过的古代作品理解文意，提升阅读古代作品的能力；引导学生借助他人解读《论语》的文章，加深对作品思想的理解；引导学生独立思考，建立自己对某一个主题的认识，并能够直接或间接证明自己的观点，形成个性化的认识；积累、背诵、运用 40 则《论语》语句，理解并传承中国优秀传统文化。

文本分析

《论语》是记录孔子及其弟子言行的语录体作品，选择它作为本单元的学习资源，优势在于《论语》作为儒家经典，是传统文化的集大成者，思想价值和文化价值很高；体例短小精悍，篇目之间没有密切联系，学生可以根据需要自由组合文本；论述话题广泛，很多跟学生成长相关，提出的观点对今天的学生仍有积极意义，适合对学生进行思维训练。当然，中学生学习本书也有难度：本书侧重记言，相关背景介绍较少，学生理解起来会很困难；有些文言词句难以理解，再加上解读的版本很多，有些观点没有公论，甚至有争议，学生难以辨别；该书内容丰富，思想深刻，会让部分学生产生畏难情绪。

“组装我的《论语》思想盒子”单元设计力图发挥优势，规避短板。首先，从学习目标上，结合学生学情，不求全求深，定位为对“某一主要思想产生初步理解”，降低学习难度；其次，从学习方法上，提供多部解读《论语》的著作及多篇文章，帮助学生理解《论语》的思想，这比让他们直接面对文本理解思想容易得多；最后，提前预判学生学习过程中出现的难点，设计切实有效的学习工具，帮助学生顺利完成学习目标。

学情分析

教学对象建议是初三、高一、高二年级学生。

学生对《论语》一书并不陌生，“学而时习之，不亦说乎”“三人行，必有我师焉”等语句，学生早已耳熟能详，对《论语》思想、孔子其人也都有基本的了解。这一阶段的学生已经初步接受了议论文的训练，能够阅读一般的学术类文章，能区分观点和材料，梳理文章结构和论证逻辑。但也要看到，他们对《论语》一书的认识还比较肤浅、零碎，缺少对《论语》思想体系的整体认知。同时议论文写作的训练不足，阐述观点的能力还有待加强。

三、单元设计内容

学习目标

1. 能够基于对傅佩荣、李零、鲍鹏山等人对《论语》的解读，形成自己对《论语》主要思想的理解。

2. 能够通过直接阐释和间接证明（举例子、引名言、打比方、编故事）等方式，实现对《论语》主要思想的初步理解。

3. 能够在理解的基础上，背默、储备《论语》40 则常用语句以及经典篇目《子路、曾皙、冉有、公西华侍坐》。

核心问题

《论语》的思想为什么言说不尽？

核心任务

组装我的《论语》思想盒子。

1. 子任务一：组装我的《论语》思想盒子（形成我的理解）。

2. 子任务二：装饰我的《论语》思想盒子（证明我的理解）。

3. 子任务三：路演我的《论语》思想盒子（评价我的理解）。

4. 其他荣誉任务（自选）。

《论语》单元学习量规

		示范级	优秀级	良好级
子任务一	阅读手记	能够用结构图的形式准确、简练地呈现出对某篇/某本书内容的理解； 结构图自身结构符合逻辑，且忠于文章/书籍内容，能够涵盖所选文章/段落的主要内容； 结构图之间拥有一定的联系，可以助益观点/主题的选择。	能够用结构图的形式呈现出对某篇/某本书相关段落内容的理解； 结构图能够涵盖所选文章/某本书相关段落的主要内容，没有重大遗漏； 能够提交三张以上的结构图助益主题/观点的选择。	能够用结构图的形式呈现出对某篇/某本书相关段落内容的理解； 结构图基本涵盖所选文章/某本书相关段落的主要内容，存在一定遗漏； 能够提交三张以上结构图。
	选题确立	能够用简洁的语言明确地表述自己选择的主题/观点。	能够明确地表述自己选择的主题/观点。	能够明确地表述自己选择的主题/观点。
	观点拆分	拆分出几个侧面的汇总基本上能够支撑起主题/观点，无重大遗漏； 几个侧面属于同一维度的拆分，内容没有交叉，且拥有较为合理的关联。	拆分出几个侧面的汇总基本上能够支撑起主题/观点，无重大遗漏； 几个侧面属于同一维度的拆分。	拆分出几个侧面的汇总基本上能够支撑起主题/观点，有一些遗漏； 几个侧面属于同一维度的拆分。
子任务二	阐释理解	能够运用“是什么”“为什么”“怎么办”的句式，对拆分观点进行具体定义，并解释其发生的原因及具体的实施形式。语言连贯，层次清晰。	能够运用“是什么”“为什么”的句式，对拆分观点进行具体定义，并解释其发生的原因及具体的实施形式。语言连贯，层次清晰。	能够运用“是什么”的句式，对拆分观点进行具体定义，语言连贯。

续表

		示范级	优秀级	良好级
子任务二	间接证明	所选材料典型新颖，能够证明子观点且对读者具有吸引力； 当用不同颜色的笔逐个标出与子观点的构成要素相匹配的内容时，会发现未涂改部分极少，不管是哪种类型的材料，都能做到剪裁得当，内容无冗余、无残缺； 每个子观点下能够选择不少于2个材料，从多个角度充分证明子观点，多个角度之间又具有一定的关联。	所选材料典型，能够证明子观点； 当用不同颜色的笔逐个标出与子观点的构成要素相匹配的内容时，会发现未涂改部分较少，不管是哪种类型的材料，都能做到剪裁基本得当； 每个子观点下能够选择不少于2个材料，从多个角度证明子观点。	所选材料恰当，能够证明子观点； 当用不同颜色的笔逐个标出与子观点的构成要素相匹配的内容时，会发现未涂改部分较多，在材料的选择、叙述或剪裁上存在问题； 材料类型或论证角度单一，不能充分证明对子观点的理解。
子任务三	路演评价	能够深入挖掘材料背后的道理，对为什么材料能证明子观点的原因分析透彻，理由充分； 对大家熟知的材料，能够用新的视角去解读，给大家以启发； 能够灵活运用因果分析、假设分析、类比分析等方法，语段结构严谨，条理清楚，便于理解。	能够分析材料背后的道理，对为什么材料能证明子观点的原因分析较透彻； 能够灵活运用因果分析、假设分析、类比分析等方法，条理较清楚，逻辑较严密。	能够说清楚材料和观点之间的联系； 对为什么材料能证明子观点的原因分析不够透彻，理由不够充分； 语段条理较清楚，逻辑较严密，但阐释方式比较单一，吸引力较差。

子任务一
组装我的《论语》思想盒子
（形成我的理解）

任务说明：通过阅读推荐书目、篇目，形成自己所理解的《论语》思想架构体系，参考“子任务一”量规，组装专属于自己的《论语》思想盒子。

设计意图：“思想盒子”是个很形象的说法，是指建立《论语》的思想架构，它由明确的观点和严密的论证构成。为帮助学生理解《论语》，我们提供了傅佩荣、李零等人解读《论语》的书目、篇目，指导他们用作阅读手记的方式，先梳理出所读篇目的思想架构，理解这些文章的主要观点和论证逻辑。再通过对这些观点的归纳、重组、整合等，厘清《论语》的主要思想。它也为下一步学生选题、立论提供了扎实的基础，避免出现断章取义、自相矛盾等问题。

“组装我的《论语》思想盒子”重在提出自己的观点，并能通过拆分观点，形成对《论语》中某一主要思想的认识。拆分观点是这一环节中最具挑战的思维活动，老师可以提供不同类型的拆分工具给需要的学生。

学习现场 1

学习节点：

单元学习启动时，学生根据学习任务书制定了个人学习规划，教师阅读学生规划，针对规划中出现的问题进行指导。

现场描述：

师：学习规划是单元学习的第一份诊断书，从中可以看出大家对单元任务书是否理解到位。请大家参考规划量规自评规划书。

学生自评，教师巡视，记录问题及典型案例，然后邀请同学说说自评的结果。

生 1：好的规划应该是个性化的，这一点我做得不够。我的规划就是老师所说的谁都能用的那种，原因是我没有考虑自己的实际情况，比如时间、能力等，不太实用。我可以学习同桌的做法，将每天能用来学习语文的时间按课上、课下做个盘点，再来考虑学习任务分配。

生 2：好的规划应该是全覆盖的，刚才对照任务书自查了下，发现我漏掉了一个任务，就是持续理解日志，幸亏及时发现，否则要吃大亏了。

……

师：同学们做得很好，特别为生 1 点赞，他不但发现了自己的问题，还能主动寻求解决问题的方法。除了刚才同学们说的这些问题外，还有一类问题比较隐蔽。（出示某同学的规划书）这个规划看起来非常完美，但如果照此执行，能不能顺利完成目标呢？不能。原因在于，他只是按照时长把每一个学习任务平均分到了每一天，但没有考虑每个子任务和最终目标的关系，甚至没有子任务之间的相关制约，顺序安排是不合理的，这种规划只能看不能用。再看这份（出示另一份规划书），这个同学的选题是“《论语》中‘仁’的思想”，他选择阅读的篇目跟主题相关，阅读书目时，他特别注明了要筛选与主题相关的部分进行阅读，在阅读手记上面，提醒自己要记录完整的观点，还要积累论据，显然这是兼顾了下一个任务了，像这样的规划才是真正有效的规划。

学生交换规划书，互相学习，提供修改建议。

个人修改规划书。规划书已经达标的开始进入学习。

注意事项：

该单元子任务之间勾连十分紧密，在启动之初，花点时间指导学生进行《论语》阅读和单元规划是很有必要的。教师可以从中发现很多问题，比如学习态度、学习方法、时间安排、对任务的理解等，帮助学生解决这些问题，之后的学习过程才会高效。

子任务二

装饰我的《论语》思想盒子（证明我的理解）

任务说明：通过直接阐释和间接证明（举例子、引名言、打比方、编故事）等方式，实现对《论语》主要思想的初步理解。

设计意图：在子任务一中，学生针对《论语》中的某种思想形成了自己的观点，并将观点进行了拆分，组装了自己的思想盒子。接下来他们要证明自己是否真的理解了这些观点，证明的方式有两种：直接阐释观点的含义，用举例子、引名言等方法间接证明观点。每种方式写一段话，每个分论点大约要写 800 字。这个任务既能促进学生深入理解《论语》思想，也能训练学生的思辨能力和论述类文章写作能力。

1. 直接阐释我的理解

任务说明：对思想盒子的每个侧面或维度（分论点）进行简要阐释，每则不少于 200 字。

示例：孔子教育思想的核心是主张教育的基本"育人"功能。教育不能仅仅满足于知识的传授，更要熏陶与造就完整人格，使一个人的精神境

学习现场 2

学习节点：

学生完成直接阐释，进入间接证明阶段。

教师观察：

教师要引导学生细读量规，充分理解这个任务的目的及要求，要对量规中的重难点进行解读。

例如子任务二量规第 2 条。

"当用不同颜色的笔逐个标出与子观点的构成要素相匹配的内容时，会发现未涂改部分极少。不管是哪种类型的材料，都能做到剪裁得当，内容无冗余、无残缺。"

这段话不但明确了示范级作业的标准，即"剪裁得当"，还提供了自查的方法：用彩色笔将内容和观点中的构成要素一一匹配，要是有未覆盖的，证明内容有冗余，需要删改。

接着指导学生细读"间接证明计划书"和"间接证明说明书"。阅读完之后，学生可以两两组合，用"我讲你听"的方式考查是否理解到位。教师巡视，对有问题的学生要及时答疑。

这个环节侧重方法指导，要确保每一位学生知道"往哪儿去""怎么走"，然后再按照自己的学习路径开始学习。

注意事项：

学习开始之后，教师要尽可能把时间交给学生，课堂上以一对一的答疑为主，除非出现普遍性的问题，否则尽量不占用课堂时间。

界得到全面提升，真正做到道德、文章均臻一流，智商、情商堪称完美，成为全面发展，有理想、有觉悟、有知识、有能力，德才兼备的优秀人才。这种思想，落实到具体的教学内容上，就是学习文化知识与开展社会实践并行不悖，学问的积累与人格的培育相辅相成，这体现出孔子教育内容的全面性和互补性。

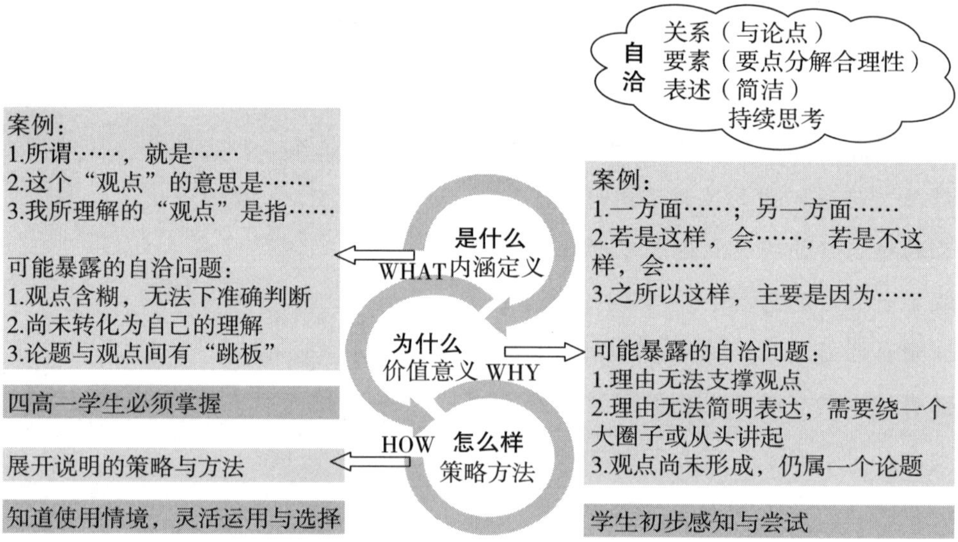

直接阐释方法框架

设计意图：这个任务要求学生直接解释分论点的含义。为帮助学生更好地完成任务，教师提供了写作样例和直接阐释方法框架、直接阐释说明书等，帮助学生快速掌握直接阐释的要点，了解写作的常用结构以及常用句式，适当减少无关因素对学生的困扰，让学生专注于思想理解。

2. 间接证明我的理解

任务说明：用举例子、引名言、打比方、编故事等方式，间接证明对《论语》思想的理解。

间接证明计划书

可选的证明方式	我想选择的材料属类(打√)	我想选择的材料内容	我想证明的子观点	子观点的关键词及内在逻辑	我的材料是否包含子观点各要素且能一一匹配	小组成员意见
举例子						
引名言						
打比方						
编故事						
……						

间接证明说明书

间接证明理解的方式	证明方式解读	间接证明不同方式的使用量规	
		示范级	达标级
举例子	以摆事实的方式讲道理。(事实胜于雄辩)	①所举事例的核心=所证观点; ②事例本身比较典型; ③事例叙述清晰简洁。	①所举事例的核心≈所证观点; ②事例有一定说服力; ③事例叙述清楚,有详略意识。
引名言	借助大众较为认可的名言增强说服力。(向名人借力阐明道理)	①所引名言内容符合所证观点; ②所引名言大众较为认可,知名度高; ③名言运用与整个文段结合自然。	①所引名言内容与所证观点相关; ②所引名言部分人认可,有些生僻; ③名言运用与整个文段有一定关联度。
打比方	变抽象为具象,变深奥为浅显,变遥远为亲近。	①所打比方与所证观点内容上相一致; ②打比方通俗易懂,生动形象,读来有亲近感。	①所打比方与所证观点有较大关联; ②打比方通俗易懂。

续表

间接证明理解的方式	证明方式解读	间接证明不同方式的使用量规	
		示范级	达标级
做对比	正反结合，扩大说理空间，增强表达张力。(让黑的更黑，白的更白)	①对比点符合所证观点的主要内容； ②列举双方有对比关系； ③列举双方有对称意识； ④对比之后有适当的分析议论，简洁表达出蕴含其中的事理。	①对比点与所证观点主要内容有关联； ②列举双方具有对比关系； ③对比之后有适当的分析议论。
编故事	在观点的统摄下，自己创作故事。(让故事本身来说理)	①原创故事，故事包含与所证观点相一致的主题； ②故事叙述清晰流畅； ③故事叙述过程中不阐述分析任何观点。	①原创故事，故事的主题与所证观点有关联； ②故事叙述比较清晰； ③故事叙述中有适度说理的成分。

设计意图：我们认为，能间接证明观点是验证学生理解《论语》思想的一种手段。例如，孔子提倡因材施教，怎么看出学生理解了这个观点呢？他可以举孔子对待弟子采用不同的做法的例子，例子和观点相一致，那就可以看出学生理解了观点。间接证明的方法有举例子、引名言、编故事、打比方等，为了帮助学生理解，教师提供了间接证明说明书，对每一种方法进行详细解读；同时为了帮助学生更高效地整理材料、规划内容，还提供了间接证明计划书，供学生在构思阶段使用。

子任务三
路演我的《论语》思想盒子
（评价我的理解）

任务说明："路演"是借用词，它原指通过现场演示的方法，引起目标人群的关注，使他人产生兴趣，最终达成展示的目的。组装好自己的《论语》思想盒子，学生不妨现场宣讲，让更多的人认识他们手中的盒子。

设计意图：子任务三是单元学习的收束任务，也是他们展示学习成果的环节。学生可以将自己的思想盒子制成海报或以其他形式配合现场宣讲。为了激励学生，教师要尽可能为他们提供更有仪式感的环境、更多与他们展开对话的听众，比如定向邀请高年级同学来互动等，促使他们积极备讲。教育界有句俗语，"听一遍不如看一遍，看一遍不如讲一遍"，为了能将自己的观点讲明白，学生往往会精心准备，反复演练，深挖观点和材料之间的逻辑关系，同时还要考虑观点是否能给人启发、论证方法是否严谨，便于理解等。准备的过程是学生再次理解《论语》思想的过程。这样，一个单元中三个子任务都达到了促进学生"初步理解"《论语》主要思想的目的。

学习现场 3

学习节点：

"思想盒子"已经完成，经过精心准备，学生带着作品开始路演。

教师观察：

路演的地点选在缘宫，一个全校师生可以自由参观的开放式场所，学生面向全校教师和高年级同学发出邀请，他们是学生宣讲和答辩的对象。

学生带着自己的思想盒子，为前来观看的师生进行宣讲、答疑。任课教师也可以参与其中，和学生互动。有些学生可能比较内向，不大有勇气当众发言，教师要多多鼓励，给予具体的方法指导。

当然，如果条件不允许，也可以在班级内进行小范围路演。可以将全班学生分为几个大组，一人宣讲，其他人提问、质疑，宣讲者要进行答辩。

形成性评估：

学生完成子任务三后，教师提供"思想盒子调试工具"，学生可以从九个维度评估自己的作品质量，不合格的自行修改、完善。

核心问题 · 持续理解日志

<table>
<tr><td colspan="4">语文教学班：　　　　　　　姓名：
需要持续理解的核心问题：《论语》的思想为什么言说不尽？</td></tr>
<tr><td>日期</td><td>今天发生了……/我做了……</td><td>今天我对核心问题的理解</td><td>我目前尚不理解的问题</td></tr>
<tr><td>9. 3</td><td></td><td></td><td></td></tr>
<tr><td>9. 4</td><td></td><td></td><td></td></tr>
<tr><td>……</td><td></td><td></td><td></td></tr>
<tr><td>9. 17</td><td></td><td></td><td></td></tr>
</table>

设计意图：“《论语》的思想为什么言说不尽”是这个单元的核心问题。经常有学生问为什么要学《论语》，这个问题就是要启发学生自己去找答案。学生在学习单元之初，就要开始思考，伴随着每天的学习任务记录自己的思考所得和尚存的困惑，随着他们阅读的篇目越来越多，对论语的思想理解越来越深刻，对这个问题的回答也会越来越丰富，学生对《论语》思想的价值、意义、影响的认识也会不断加深。这有助于激发学生学习《论语》的自觉性和主动性。

其他荣誉任务（自选）

任务说明：已经完成核心任务的同学可以选择下面的荣誉任务继续学习。

1. 为学校图书馆“《论语》角”的书籍撰写个性化推介。
2. 参与学校“名生大讲堂”，以专题形式讲授《论语》。
3. 制作学校餐厅名称解读铭牌。

设计意图：荣誉任务是为学有余力的学生准备的选择性任务。这几个任务都是现实生活中的“真任务”，都是具有“影响力”的任务，而且它们都紧扣单元学习目标，不管是给“《论语》角”书籍写推荐词，还是为以《论语》中的词句命名的餐厅制作解读铭牌，目的都是推动学生理解《论语》的思想。

四、学习资源与工具

图书资源

*《孔子传》鲍鹏山	中国青年出版社
*《丧家狗：我读〈论语〉》李零	山西人民出版社
*《人能弘道：傅佩荣谈论语》傅佩荣	东方出版社
《论语三百讲》傅佩荣	北京联合出版公司
《傅佩荣译解论语》傅佩荣	东方出版社
《论语新解》钱穆	生活·读书·新知三联书店
《论语今读》李泽厚	生活·读书·新知三联书店
《四书章句集注》朱熹	中华书局
《论语集释》程树德	中华书局
《论语新探》赵纪彬	人民出版社
《论语注译》孙钦善	巴蜀书社
《论语札记》牛泽群	北京燕山出版社
《论语别裁》南怀瑾	复旦大学出版社
《于丹〈论语〉心得》于丹	生活·读书·新知三联书店
《史记·孔子世家》	
《史记·仲尼弟子列传》	

文章资源

《中国哲学史》之孔子	郭齐勇	《中国哲学史》（第二章）高等教育出版社
《论语》的德行伦理体系	陈　来	《清华大学学报（哲学社会科学版）》2011 年第 1 期
试论《论语》篇章结构的逻辑性	刘华民	《常熟理工学院学报（哲学社会科学）》2011 年第 5 期
《丧家狗：我读〈论语〉》自序	李　零	山西人民出版社

续表

我是怎样读《论语》的	杨　绛	公益学术网站爱思想 http：//www. aisixiang. com
教育的境界：《论语·述而》阐释	黄朴民	《中华读书报》(2017 年 5 月 10 日 15 版)
孔子——黑暗王国里的残烛	鲍鹏山	公益学术网站爱思想 http：//www. aisixiang. com
孔子的遗产：从乌托邦到意识形态（节选）	李　零	《21 世纪经济报道》(2007. 1. 15)
《孔子与中国文化（节选）》	张岱年	《张岱年全集（第六卷）》，河北人民出版社
儒家礼乐文明的人文精神及其现代意义（节选）	郭齐勇	《国际儒学论丛》2017 年第 2 期
《苏格拉底与孔子的言说方式比较》	邓晓芒	《开放时代》2003 年第 3 期
钱穆谈“仁”	钱　穆	节选自《论语要略》
《孔子再评价》之“仁”的结构	李泽厚	节选自《中国古代思想史论》
“仁”“义”与现代人的精神世界	郭齐勇	《人民论坛》10 月上（总第 418 期）
论儒学及其现代意义	郭齐勇	公益学术网站爱思想 http：//www. aisixiang. com
儒学是我们的生活方式——郭齐勇访谈录（节选）	郭齐勇、王达三	公益学术网站爱思想 http：//www. aisixiang. com

视频资源

电影《孔子》、傅佩荣《论语三百讲》视频。

自主阅读质量评估模型

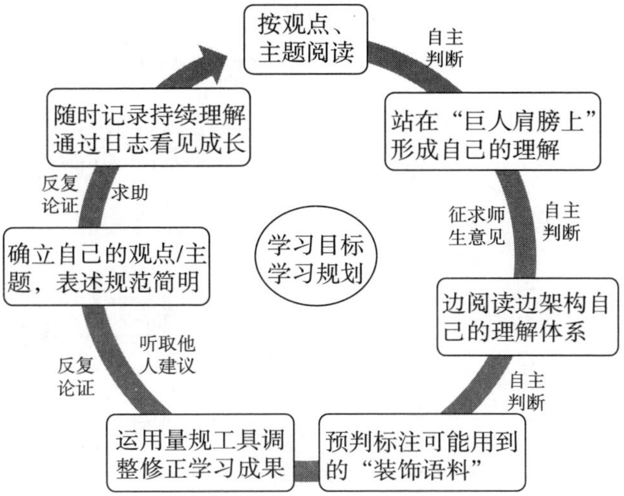

自主阅读质量评估模型

阅读手记+拆分工具

阅读文献工具	关注文章的摘要，摘要是对文章内容的概述。 关注小标题，小标题是对文章内容板块的概述。 关注每段的段首句/段尾句，这两句是观点句。 阅读过程中，注意分类、分角度摘抄有效的信息。
结构思维工具	归纳：从多个个别的事物中获得普遍的规则。例如黑马、白马，可以归纳为马。 演绎：与归纳相反，演绎是从普遍性规则推导出个别性规则。例如马可以演绎为黑马、白马等。 抽象：抽象是从众多的事物中抽取出共同的、本质性的特征，而舍弃其非本质的特征。
思维导图工具	确定一个思想中心，由此中心向外发散关节点，每一个关节点代表与中心主题的一个连结，而每一个连结又可以成为另一个中心主题，再向外发散出成千上万的关节点，呈现出放射性立体结构。推荐 APP：XMIND，MindMaster 等。

观点拆分工具

使用说明：

1. 学会观点拆分既是语文学习的必备技能，也是未来工作生活中有理有据地说服他人的重要能力，灵活掌握以下这些拆分法，让你赢在未来。

2. 以下是师生们创造出来的拆分法，请按等级掌握。

☆为基础起点，初中时就应该掌握的。

☆☆为高中阶段须掌握的方法，一定要反复尝试。

☆☆☆为进入高中后需要掌握的，当然现在就去挑战一下更厉害！

3. 这是一个开放的可添加的工具，在学习过程中，你可以随时将自己创造的或后期形成的拆分法添加到工具中，这样你就拥有了一件“超能量武器”。

拆分法	举例	难度等级 ☆基础 ☆☆必须 ☆☆☆挑战
关键词领域拆解法 （找到观点中最核心的字或词，将其按涵盖的不同领域分解）	例：学礼以立政治规矩 拆分“学礼”：学哪些“礼”可以立政治规矩？ 比如可以将“礼”分为“道德礼仪”和“法制法规”。	☆☆
中心论点扩展法 （以明确提炼的论点为中心向外逐步逐层扩展，形成逻辑涟漪）	例：中心论点为“适度的压力是催人奋进的动力” 对其中的“适度”进行分析：丝毫没有不叫适度，超过人们能承受的限度不叫适度。于是，可以设置三个分论点：没有压力让人懈怠；压力过大将人压垮；压力适当催人奋进。	☆☆
设问归因法 （在观点中添加一个设问，在寻找到的不同的原因中分解观点，或按不同对象分，或按不同侧面分）	例1：孔子为何主张仁政？ 拆分“仁政”的对象归因： 仁政帮助普通人树立正确的三观； 仁政帮助为政者端正自我品行； 仁政为怀揣政治理想但暂无官职的人提供了施展抱负的机会。 例2：为什么对于成人而言，再忙也应该多读书？ 首先，读书可以使忙碌的成人放松。 其次，成人多读书，可以引导孩子也爱上阅读。 再次，成人读书可以改善社会风气。	☆☆
概念内涵解析法 （从观点中涉及的概念入手，按概念的一般构成要素进行拆解）	例：孔子的教育理念 拆分“教育理念”的一般构成要素： 教育的目的、教育的内容、教育的方法、教育的意义。	☆☆☆

续表

拆分法	举例	难度等级 ☆基础 ☆☆必须 ☆☆☆挑战
WWH 顺序梳理法 (将观点分别拆分为 What 是什么、Why 为什么和 How 怎么做的顺序进行梳理)	例：孔子对“仁”的解释 (仁的含义及表达方法) 拆分观点： ①仁是不计回报的奉献； ②仁是精神上的自我满足； ③仁是日常的礼仪。	☆
层次纵深法 (围绕一个观点进行逻辑自洽的纵深切入，比如层次级别、程度表现等)	例：《问——打开真理之门》 ①好问，就是对一切的未知、一切的疑惑都有一种好奇心与探究欲，是问的基础； ②敢问，就是敢于向权威、规则挑战，以求真知，是问的发展； ③会问，才能真正发现真理，是问的目的。	☆☆
核心概念多面体法 (围绕论点中的核心概念进行维度拆分，构成一个完整阐释的多面体) ＊进阶：阐释合理、有结构之美	例：对“德行”进行多维度拆分 观点：有德行，则有得有形 ①信，则得信而言有形。 ②忠，则得敬而行有形。 ③仁，则得富而为有形。 ④义，则得友而威有形。	☆☆ ☆☆☆
源头追溯法 (按照核心概念产生与发展的过程进行拆分：原因、本质、作用/影响、意义/价值)	例：仁的观念产生的原因； 仁的观念的本质； 仁的观念出现后的作用/影响； 仁的观念的意义和价值。	☆☆☆
对比法 (按照从内/外、自我/他人、正面/反面等对立或可比照的角度进行拆分)	例：君子如何对自己，如何对他人	☆☆

续表

拆分法	举例	难度等级 ☆基础 ☆☆必须 ☆☆☆挑战
时空坐标法 （未来目标、目前状态、历史源流/空间转换、意义流变）	例：教育发展的未来目标 教育目前面对的对象，呈现状态与采用方法，拥有的理念； 教育的历史。	☆☆☆
影响力范围设置法 （从影响力的波及面或范围大小进行拆解：个人、集体、社会）	例 1：君子概念的抽象理解，君子概念的形象展示 君子在物质方面的准备，在精神品格方面的准备。 例 2：仁的观念的影响可拆分为在政治、经济、文化、科技、军事、教育等方面的影响。	☆☆☆
以下来自学生的创造		
步步为营流程法 （将拆分观点的过程步骤化，巧借他人的观点，形成自己的分论点）	整理他人的观点—确定我的观点—筛选和我的观点相关的他人观点—按某个标准分类—借用或改造他人观点，形成我的分论点	☆
思维可视化法 （先发散再归类，给不同的类添加陈述性短句，构成分论点）	先围绕主题进行： 发散思考—记录—梳理—分类—形成分论点—验证	☆☆
暂时借用法 （把文本中与自己想表达观点较为接近的原句作为内核，建立有关联的分解论点）	习礼乐是塑造君子的方式和基础： 1. 学习礼乐是成为君子的必修课； 2. 知礼是成就君子的内在基础； 3. 演习礼乐是塑造君子的外在方式； 4. 好礼是炼成君子的内在修养。	☆☆

思想盒子调试工具

调试方向	调试标准
聚焦目标	所有环节任务都围绕本单元学习目标来展开。
观点提取	在阅读他人的解读文本的前提下确定核心观点。
观点呈现	核心观点明确、规范、简明。
观点拆分	分论点不漏、不重，标准统一，表述简明。
直接阐释	能呈现观点本质，能列述其意义价值等。
间接证明	围绕观点选取恰当方式，所用方式符合表达要求。
呈现效果	整个思想盒子的呈现清晰、布局合理、美观。
储备任务	推荐章节能够背准，写对，写工整。
荣誉任务	根据自身实际选取相应任务，释放学习创造力。

五、学习成果

小谈孔子的教育思想对今天教育的影响

满　易

中心论点：孔子的教育思想对今天教育意义重大。

《论语》中针对教育对象的思想影响深远，对今日提升全民素养有借鉴意义。

阐释：

《论语》中关于教育对象的思想可用四个字简单概括为“有教无类”，其中“类”指人为地将学生分为不同的类别。所谓“有教无类”，即抛开学生的贫富、贵贱、智愚、善恶等自身因素不谈，统统都予以教育。它把教育从小部分群体推向社会大众，使人民整体思想水平及素养提高。若不采用这一思想，教育很有可能还局限于小众，一个国家里会出现许多只懂劳动却不懂思考的人，因而国家发展所必要的平均科技水平将止步不前，国家便永远无法发达起来。

论证：

如今社会的义务教育制度便是一个很好的例子。义务教育是指国家统一实施的所有适龄儿童少年必须接受的教育，具有强制性、普及性的基本特点。这一政策直接保证了中国公民全部要接受教育，与古代的少年儿童会因出身、学费等客观因素被禁止入学相比，在本质上发生了天翻地覆的改变。自从义务教育制度实行以来，根据第五、六次人口普查的数据来看，2010 年全中国应受教育人数比例为 95.00%，相较于 2000 年增长了 2.75 个百分点。可见现在教育受“有教无类”思想的影响极大，这种思想让今天的教育具有了越来越强的推广性。在这十年间，未上过学或只上过小学的人口比例都有所下降，接受过初中、高中、大学教育的人口比例也有不同程度的上升，由此可见，这种思想持续不断地促进着全国人民素养的提升。

《论语》中关于教育方法的思想让今天的教育具有了针对性，能够帮助个体更好地发展。

阐释：

《论语》中关于教育方法的思想可用四个字简单概括为“因材施教”，其中“材”指资质。所谓“因材施教”，即根据学生各自的资质对其施加教育。《论语》中有关这一教育方法的思想将学生作为独立的个体来对待、培养，在针对性地发挥其优势并弥补其短板的同时，帮助了他（她）更好地成长发展。若不采用这一思想，以同样的标准来培养所有学生，扼杀其天赋并强灌进他（她）不感兴趣的思想，像复印机一样使得人人各方面能力相同，便是谋杀了个体有价值、有意义的灵魂。因此，“因材施教”的教育思想让如今的教育具有针对性，有助于个体发展。

论证：

近代教育家陶行知曾经说过，培养教育人和种花木一样，首先要认识花木的特点，区别不同情况给以施肥、浇水和培养教育，这才叫“因材施教”。这样的思想普遍影响了当今的教育，大学里出现了不同专业的选修。小红的导师针对性地建议她根据自己的优点在高考时报考自己喜爱并擅长的文学专业，这使她最终成了文学创作领域的精英人才。导师班主任的出现使班级内每个学生个体更受关注，导师们能为他们适时提出良好的建议，这使得教育具有了针对性。普遍的大学专业选修使更多的人拥有了自己的美好前程，可见“因材施教”的教育思想能够帮助更多的个体更好地发展。

《论语》中关于教育内容的思想让今天的教育具有了综合性，以培养多方面优秀人才。

阐释：

《论语》中关于教育内容的思想可用四个字简单概括为“德才兼备”。所谓“德才兼备”，即在教育内容上涵盖范围极广，不仅全面覆盖了学术方面的诗、史、书、数等，还包括了为人处世。这一教育思想促使学校更加注重“品学兼优”，在致力于培养每个学生智力的同时，也塑造出他们完整的人格。若不采用这一思想，只注重学习或只注重学海中的某个特定领域，那么，此人才很容易因知识结构不合理而难以融入社会，或孤陋寡闻见识短浅，无法步入更高的精神空间。可见，“德才兼备”的思想具有综合性，能培养多方面优秀人才。

论证：

我的爷爷曾经说过：“知识如同一座未经装修的摩天大楼，虽然奇高无比令人望而生畏，却不会让人想要亲近它；而品德如同五彩的漆和多样的家具，将大厦装饰得绚丽而舒适，更容易吸引人们去了解它。”近年来，各所学校都设置了一些诸如三好学生、优秀学生、优秀干部等荣誉奖项，而深究能获得这些奖项的最重要的两个条件便是学习成绩优异以及品德高尚，可见学校里的教育已经具有了综合性。天资聪颖的小丽在学校才学与德行并行不悖的教育下成了一个善良无私、爱帮助他人的人，待她步入社会后便成了一个不仅有才干还十分得人心的领导。小丽的成功主要因为两个因素，一是她才华颇高，二是她懂得为人处世；她便是一个典型的多方面优秀人才。因此，《论语》中有关“德才兼备”的思想让今天的教育具有了综合性，培养了多方面优秀人才。

浅论礼乐制度之于中国古代社会

赵亦阳

摘要：《论语》中多次提到的周代礼乐制度是中国最早的完整制度体系。

笔者认为，礼乐制度对中国古代社会有很大影响，这种影响在社会实践过程中体现得尤为突出，主要体现在修炼个人品质、缓和人际矛盾、使社会有序和谐三个方面。

儒家文化统治了中国人的主流思想两千余年，其中贯穿了儒学代表人物孔子及其弟子最主要的思想：礼乐制度与文明。孔子本人是极其重视礼乐的，他特地从鲁国出发，向时任守藏室史的老子问礼。他问的是礼仪制度，也就是礼乐的内涵、礼乐的价值。他还将恢复、弘扬礼乐精神作为自己毕生最崇高的政治理想，为此周游列国，向诸王宣扬自己的思想。众所周知，他的计划并未成功：诸王忙于争夺土地，谋取别国利益，孔子的礼乐之说完全行不通。他甚至在齐国受到冷遇，在陈蔡绝粮，在匡地遭到暴民囚禁……如此不顺畅的遭遇，使他十余年的心血与期望付诸东流，只得再度返回鲁国。孔子对于周礼如此热烈地推崇，竟然耗尽毕生力气去践行、去推广，这不禁令笔者产生浓厚的兴趣，进而四方搜集资料、深入发掘，研究孔子如此推崇的礼乐制度作用于社会究竟会产生怎样的影响。最终，笔者认为，礼乐制度对于社会群体与个体都有重大影响。对于社会，礼乐使之和谐有序；对于个人，礼乐使之品性至臻完美。试论之。

一、礼乐制度的产生

早在远古时期，人类还没有发明文字之时，就已经有了礼乐制度的原始概念。对于一个氏族而言，酋长或德高望重的长者说的话就是应当去遵守、实行的，因为长者处在茹毛饮血的蛮荒时代的时间更长，富有生活经验，对一些常见的如捕猎、抵御外敌等问题有着相对全面的认识理解。逐渐地，人类的生产能力提高起来，小氏族之间不断合并形成大部落，部落之间又联合起来，社会关系越发复杂，这就需要有一个联盟的领导者，也叫共主。在部落中，共主拥有制定规则的权力，他的话就是权威，就相当于现今的法律。当联盟之中有人起了争执，甚至是不同阶级的人之间爆发了冲突，共主就要作为公平的中间人进行裁决，这便有了最初的礼乐制度，它起到缓解社会矛盾，调和不同阶级的作用。这便是礼乐制度的意义与初衷。从发现问题到改正，礼乐制度的体系也逐渐发展完善。

但对于礼乐，历代的政治家和学者都有一个更深层次的解释。起初，共主是百姓推举产生的，有了更贤明的人，共主就会让贤退位，这叫禅让，即公天下。但传至夏朝启时，公天下就变成家天下了，全天下只属于一个姓氏，就是统治者的姓氏。这个统治家族显然不会把稳抓在自己手中的权力拱手送人，因此，他们亟需一套工具来巩固自己的地位与政权。这样的礼乐制度严格地约定了社会中个体的行为，并且把统治阶级放在礼乐制度的最高点。尤其等到了祭祀与权力结合后，用于祭祀的音乐也成了身份地位、社会阶级划分的依据。这种从每个人精神本源上建立起的等级制度就是真正的礼乐文明，这样的制度能极有效地起到巩固政权的作用。

因此，礼乐制度对外是用来调和、解决社会矛盾的准则，而对内则是统治阶级用于巩固自己社会地位与掌控权力的工具。

二、礼乐制度的内容与核心思想

周朝伊始，为在政治上维护分封制，周公旦在意识形态领域进行了全面革新，大规模整理、改造夏商的礼乐制度，创建了一整套具体可操作的礼乐制度，主要涵盖了冠、婚、丧、祭、朝、聘、乡、射等方面。冠礼明成人之责，婚礼立夫妻之义；丧礼令人慎终追远，祭礼使民诚信忠敬；朝觐之礼规范君臣制度，聘问之礼和睦诸侯关系；乡礼明长幼之序，射礼能修炼品性……

通过以上的简单列举可以看出，无论是大事还是小节，都纳入了礼的范畴。也就是说，礼成了系统化的社会典章制度和行为规范。这便是孔子所憧憬的“郁郁乎文哉”的礼乐文化，即礼乐成为一套遍及政治、教育、宗教、伦理等各领域的重要文化结构，是能够在周王朝统辖范围内全面推行的法制法规与道德规范，对稳定社会、安定人心、提高生活品质、磨炼道德精神都有积极意义。

综上所述，由周公旦创立的礼乐制度体系其实渗透到了生活的点点滴滴，或有形或无形地规范着个人的行为，进而达到使社会有序、和谐的目的。

三、礼乐制度在社会中的实践

正如《论语》开篇首章所讲，“学而时习之”，在一个人学习了礼乐制度后，他要做到真正地把自己融入礼乐精神之中，把礼乐精神放到社会中去实践。

社会是由所有个体构成的群体，是每一个单一元素之间互相作用构成的一套系统，故个体改变的宏观体现就是群体的变化。因此，在践行礼乐这方面，无疑要从个体出发，再作用于社会，从无序到有序，从混乱到和谐，都是基于个体的改变而改变的。

那么，作为个体，应当如何践行礼乐制度呢？首先，我认为《论语·八佾》篇中的两章给出了践行礼乐制度的大前提，即个体的内在意愿——“仁”。

子曰：“人而不仁，如礼何？人而不仁，如乐何？”（3·3）

子夏问曰：“‘巧笑倩兮，美目盼兮，素以为绚兮。’何谓也？”子曰：“绘事后素。”

曰：“礼后乎？”子曰：“起予者商也！始可与言《诗》已矣。”（3·8）

第一章的讲述很明确，即“仁”是一个人践行礼乐制度的基础。曾经有这样一个故事。孔子学生中最善言辞的宰我曾经向孔子就守丧三年提出质疑：作为君子，承担着发扬、传承礼乐精神的重任，若是三年不出，一心守孝，谁来担任礼乐文明的推广者呢？所以这将会导致礼崩乐坏。因此，他认为可将守孝时间减短至一年。孔子听了质疑后异常愠怒，他问宰我，守丧不到三年，自己心虚不虚？听到宰我否定的回答后，他立刻又抢着说，那你就去做吧！宰我离开后，孔子批评宰我说：宰我不仁啊！在孔子与学生宰我的这段对话中，很显然的是，在辩论方面，孔子没有争过宰我，而是用了一种教育、责骂的语气批评他；但是在儒家思想方面，孔子说了一句话直接取消了宰我谈论守孝之礼、弘扬礼乐精神的资格，那就是宰我不仁。如果没有仁作为礼乐制度的内涵与基础，周公旦苦心设计的礼法就变成了纯粹流于外在的框架，好比一具骷髅，没血没肉。由此可知，对于个体来讲，去实践礼乐制度的先决条件是要先有一颗自发地去完成礼乐制度的心，而不是空泛地流于形式，看上去好像做得热火朝天，实际上只是重复没有意义的工作，顺着条条框框走罢了。

上面论述的是个体践行礼乐制度的态度问题，以下要谈论关于实践方法的方面。个体践行礼乐制度的过程应当是由内及外的，先独善其身，再兼济天下。

颜渊问仁。子曰："克己复礼为仁 。一日克己复礼，天下归仁焉。为仁由己，而由人乎哉?"颜渊问："请问其目。"子曰："非礼勿视，非礼勿听，非礼勿言，非礼勿动。"颜渊曰："回虽不敏，请事斯语矣。"(12·1)

在这章引述中，孔子给出了明确的个人最初践行礼乐制度的方法，即"克己复礼"，也就是克制自己，复归于礼。又给出了对克己复礼更具体的行动纲领，即"四勿"。与摩西十诫、佛门八戒相类似，"四勿"也是一种戒律，其特点就是以礼为规矩。做事情都要符合礼，这自然是践行了礼乐制度，但这件事做起来很艰难，不少人容易半途而废。克服这里难关的密钥就在于仁心。仁心够强了，一个人是挫不败的。

践行礼乐的第一步叫作"克己复礼"，这也是对自身的严格要求。当一个人自身修炼到一定程度时，他就可以承担得起"道德君子"的称誉。是否是"政治君子"，要考查他的学问，这里姑且不做长论，但一旦一个人成为君子后，他就要肩负起一定的教化作用。例如孔子，他在道德上几乎无可挑剔，虽然仕途不顺，但是一直拥有一种贵族精神、精英意识，即身为君子有责任对百姓施行教化，这点在《左传·隐公元年》中也多次被提及。那么该如何教化百姓呢？我想在这里举一个现实中的例子。笔者的一位国学老师的导师是专门研究《论语》的。他是一位极其好古的老先生，对"圣王之法"(内圣外王)有很深入的研究。"圣王之法"这个话题对大众来说极其陌生，因此他在大学附近的街心公园里拉了一块白板义讲，多次被好事而无知的人诬陷为"宣扬邪教"，但他从不因此寒心，而是一有空闲时间就要讲一点。这样的工作，这位身为大学教授的博士生导师明明可以不做，但他如儒家思想所说的那样，拥有精英意识，认为自己真正承担着教化群众的责任。在古代可以引申为贵族精神，现今的说法叫作"社会责任感"。正是在这样一种社会责任感的驱使之下，以孔子为首的儒学代表人物才要周游列国，向四方宣讲礼乐文明，在礼崩乐坏的时代里拼命地呼喊，力挽狂澜。故当一个个体完成自我完善后，就应当去教化百姓，使民知礼。

再往后讲就是宣讲的对象不同。前文谈了教化百姓，这里要讲如何说服君王为政以德，治国以礼。实际上，到现在为止，对礼乐的实践已经上升到国家层面。当一套制度体系作用于国家时，所涉及的方面就会更加广泛。在这里，我们紧扣为政、治国来谈。

子曰：“为政以德，譬如北辰居其所而众星共之。”（2·1）

子曰：“道之以政，齐之以刑，民免而无耻；道之以德，齐之以礼，有耻且格。”（2·3）

中国皇权制度持续了这么久，千百年来，人们一直认为当政者必为有德之人，而为政以德靠的就是施行仁政、道德施政，但这样纯美的政治理想实在不切实际，因为政治家不比道德楷模，身为政治家，首要应当考虑各方面的利益最大化。既然涉及逐利方面，又怎么可能处处符合礼乐制度，实行纯粹的德政呢？因此，孔子的德政思想就是乌托邦，如柏拉图的理想国一样。

但治国以礼的背景就深刻了。有时为政者可以有能无德，这样就会有更强硬的治国手腕。但是一个国家没有礼乐是不行的。孔子一直认为，作为一个君王，应当尽自己的全力在全国范围内推行礼乐治国的思想，全国上下都要由内及外地完成礼乐制度。不得不说，这个想法在大争之世不可取，因为当社会动荡时，用来和平解决矛盾的周礼很有可能难以化解国家之间的利益冲突，这时再一味地去追求礼乐显然不合时宜，因为生存才是国家的第一需要。国家灭亡，谈何礼乐？春秋五霸之一的宋襄公，号称自己率领的是一支仁义之师，结果被楚国的“虎狼之师”一举击溃，这是过于礼乐化的现象。秦统一天下后，继续实行法家的严刑酷法，导致民不聊生，最终被推翻，这是不够礼乐化的现象。孔子说过，过犹不及。两种情况都不可取，于是后世的汉朝就吸取了教训，在汉武帝时，罢黜百家，独尊儒术，但实际上有震慑性质的刑罚仍然没有废除，而事实表明，汉武帝的选择是正确的，因为他的政治措施将大汉王朝推向了顶峰。从上述的事例可以看出为什么没有礼乐的国家难以长久，而过分追求礼乐也会招致危险。所以，对于一个国家来说，最优策略实际上是“阳儒阴法”，即在一切表面的形式上都冠以儒家仁政礼教的名头，而实际办事情时，就要通过法家的强硬手段来操作。这就是一套礼乐制度作用于国家而催生的结果。

综上所述，礼乐实践于社会包含两大层面：于个人，要克己复礼，教化百姓；于国家，要适当施行德政与礼教，阳儒阴法。

四、礼乐制度的实践结果

孔子生活在礼崩乐坏的时代，他身边的守礼现象必然少于违礼现象。他赞扬颜回，因为“其心三月不违仁”，坚守礼乐制度，着实为乱世中的一股清流。还有一个人也被孔子高度赞扬，他叫子产，是郑国大夫，推行了政治、经济等一系列改革措施，孔子赞扬其为“古之遗爱”，“有君子之道四焉：其行己也恭，其事上也敬，其养民也惠，其使民也义”等。但相比之下，违礼的现象数不胜数。如

孔子谓季氏，“八佾舞于庭，是可忍也，孰不可忍也？”（3·1）

三家者以《雍》彻。子曰：“‘相维辟公，天子穆穆’，奚取于三家之堂？”（3·2）

季氏旅于泰山。子谓冉有曰：“女弗能救与？”对曰：“不能。”子曰：“呜呼！曾为泰山不如林放乎？”（3·6）

子曰：“禘自既灌而往者，吾不欲观之矣。”（3·10）

以上四条所描述的现象都发生在鲁国，这个被孔子描述为“鲁一变，至于道”的传统礼仪之邦。由小见大，不难推测出当时社会的混乱状况。“三桓”长久地剥夺鲁公的权力，做了许多僭越的事情，甚至鲁君都举行了僭越的祭祀之礼。因此在春秋中晚期，“礼乐”这个旧时话题实践于社会，结果也可想而知了。

五、礼乐制度的社会价值

总的来说，以上四点讨论了礼乐的内涵与实践，下面要从中归纳出礼乐制度的社会价值。

首先，对于个人而言，礼乐制度能让人扩充善性，克服负面。因为在实践过程中仁心的作用，使得人们的思想变得有内涵，而不是空洞洞的、麻木不仁的，可以说礼乐是一个人精神世界的保鲜剂。其次，礼乐制度可以让人与人之间相互和睦，培养敦厚庄敬的性格。因为有“四勿”的约束，破格的话不能说，破格的事不能做，人际交往就会减少许多矛盾，达到有子所说的“礼之用，和为贵”。可以说，礼乐是人们互相交往的润滑剂。最后，礼乐制度在国家社会层面的作用就是使社会有序和谐，百姓生活安定。因此，也可以说，礼乐是社会的调和剂。

综上所述，我认为礼乐制度之于中国古代社会，最重要的核心价值有三：做精神世界的保鲜剂，做人际交往的润滑剂，做国家社会的调和剂。

参考文献：

郭齐勇：《儒家礼乐文明的人文精神及其现代意义》

刘华民：《试论〈论语〉篇章结构的逻辑性》

李零：《丧家狗：我读〈论语〉》

成果点评：作者从自己的疑惑出发，选择《论语》思想中“礼乐”这一话题，经过阅读他人文章和独立思考，形成了对《论语》中礼乐制度的初步理解：从礼乐制度的产生、礼乐制度的内容与核心思想、礼乐制度在社会中的实践、礼乐制度的实践结果、礼乐制度的社会价值五个方面展开论述，指出礼乐制度的核心价值有三：精神世界的保鲜剂、人际交往的润滑剂、国家社会的调和剂。文章结构清楚，观点明确，直接阐释和间接证明清晰充分，初次研读《论语》能写出这样的文章很不容易。但因为文章选题较大，再加上学生的积累和认识尚不充分，有些理解不够准确，如果能聚焦这五个方面的其中一个，小切口，深挖掘，效果可能会更好。

六、单元反思

达成效果

本单元高质量实现了学习目标。原因有二：首先，这个单元的学习目标定位比较合理，不求全求深，只要达到“初步理解《论语》中某个主要思想”即可。目标适切，教学过程方向便明确，师生可以放下包袱、大胆取舍，集中精力达成目标。《论语》思想丰富、博大精深，如果没有这个目标约束，学习过程很容易漫无边际，左支右绌。其次，学习目标很好地关照了学生的学习个性，成功激发了学生的内动力，因此每位学生都在学习过程中自主选择了独属于自己的学习路径。在完成单元学习的过程中，尽管每位学生的学习过程千差万别，但他们的每个步骤都能紧扣学习目标。

核心任务趣味性强，且对其他子任务有牵引作用，单元学习连贯性比较好。核心任务“组装我的《论语》思想盒子”，较好地关注了学生学习的个性与内动力，每位学生都可以从自己感兴趣的角度出发，选择并阐发《论语》的某些重要思想或观点。单元结束后，我们发现，学生通过阅读大量权威的《论语》解读资料，完成了“对《论语》某项主要思想的深入理解”的学习目标；通过撰写自己的理解，完成了“初步掌握直接阐释、间接证明”等重要目标。此外，学生还通过这种单元学习的方式，间接培养了自己规划学习目标、持续思考、团队合作、自主推进学习进度等良好学习习惯，对将来的学习生涯也大有裨益。教师开发了种类丰富、内容实用的学习工具，包括自主阅读质量评估模型、阅读文献工具、结构思维工具、思维导图工具、观点拆分工具、直接阐释工具、整体调试工具、持续理解日志工具等。这些工具使教师能够在单元学习进行的过程中，根据不同学生的不同学情及时提供切实、有效的个性化援助，从而帮助学生克服学习中的难题，使他们顺利完成预设的学习目标。

改进方向

核心任务的设计确实能较好地激发学生的内动力，但任务中思想盒子的表述还是相对抽象的，对学生来说有一定的理解难度，需要教师在单元活动启动伊始向学生做出较为形象生动的解读。这也启发我们：任务书的语言不要过于学术，要有学生立场，语言简明，甚至有趣，方便学生接受。

七、巩固拓展

微写作：联系生活实际与文化经典，按要求回答以下问题。（10 分）

在当下的自媒体时代，人们发表自己的观点变得简单容易，几乎“人人面前都有麦克风，人人都是新闻发言人”。请从下面《论语》选文中选择一句，根据对所选句子的理解，谈谈你对“自媒体时代人人都有话语权”这一现象的看法。要求：正确理解所选句子的意思，自圆其说，条理清楚。180 字左右。

①巧言令色，鲜矣仁！（句意：花言巧语、装出和颜悦色的样子，这种

人的仁心很少。)

②君子欲讷于言而敏于行。(句意：君子言语谨慎迟钝，而行动敏捷。)

③道听而途说，德之弃也。(句意：听到传言就四处传播，这是应该摒弃的作风。)

【解题】

表达方式：议论，议论要求条理清楚。不仅要结合《论语》句子，也要结合“自媒体时代人人都有话语权”相关内容。

【评分细则】

①9—10 分：对所选《论语》句子理解准确，与话题联系合理，论述充分、严谨、有逻辑，表述精当。

②7—8 分：对所选《论语》句子理解准确，论述话题合理，议论有层次，解读或议论有亮点。

③4—6 分：对所选《论语》句子理解基本准确，结合《论语》议论话题，基本合理，论述没有层次，缺乏逻辑。

【参考答案】

“道听而途说，德之弃也。”道路中听到的事随意地散布出去是不道德的做法。自媒体时代，人人都有话语权，是对权利的尊重；然而权利与义务同行，我们享受话语权的同时也需认识到其所伴随的义务与责任。网络兴起已有年矣，“网络暴力”已不再是陌生词汇，作为网民不应躲藏在千万数据之后肆意妄为。于平台而言，更多网站逐步实现实名制，加强了人们对言语内容的重视；于个人，我们应从源头抓起，杜绝“道听而途说”，严格过滤虚假、有害信息。没有义务的履行就没有权利的赋予，对言语负责，合理参与，才是尊重他人、尊重自己的道德体现。

我来任命《史记》最佳君臣组合

——《史记（部分）》单元学习现场

一、单元导语

《史记》是我国第一部纪传体通史，其规模宏大、体系完备，具有极高的史学价值和文学价值，被鲁迅誉为“史家之绝唱，无韵之《离骚》”。其中“本纪”“世家”“列传”三部分，占全书较大篇幅，以写人物为中心来记载历史，是“纪传”的主要体现。本学习单元以“我来任命《史记》最佳君臣组合”为任务驱动，带动对富有影响的史传人物的阅读理解与判断评价，并且在开放的学习空间中，拓展自己的理解认知。

二、设计依据

课标依据

依据《普通高中语文课程标准（2017 年版）》，《史记（部分）》学习单元的学习，主要涉及学习任务群 1“整本书阅读与研讨”和学习任务群 8“中华传统文化经典研习”。

根据学习任务群 1“整本书阅读与探讨”学习目标与内容，我们应当引领学生“根据不同的阅读目的，综合运用精读、略读与浏览的方法阅读整本书，读懂文本，把握文本丰富的内涵与精髓”。《史记》单元的学习，在“我来任命《史记》最佳君臣组合”高阶任务的撬动之下，学生须根据这一阅读目的，确定相应的阅读方法来阅读所提供的文本，比如涉及关键事件的文本必须反复研读，才能比较准确地提取出人物的主要特点，并且通过梳理的方法，再回归文本进行验证校准。另外，《史记》的阅读过程还涉及任务群 1

中的体例、注释、相关评价资料等内容，也要穿插到对主要史传人物的梳理之中。

根据任务群8“中华传统文化经典研习”学习目标与内容，我们选择了史学文学价值兼具的经典作品，让学生在学习中“体会其精神内涵、审美追求和文化价值”，在真实语境中“考察传统文化经典作品”，进而实现对传统文化经典的基本理解和客观评价。

文本分析

选择《史记》作为本单元学习资源，其价值和优势如下。

1. 灵动而丰富的人物形象。从帝王到平民，他们的性格特点、精神特质在典型事件中得以充分展现，并且许多人物在不同的阶段会呈现出不一样的特点，既具有多面性，又具有生长性，体现出人物的丰富性。学生通过阅读可以清晰地看到“事中之人”，而非孤立的人、静态的人、标签化的人。

2. 宏大而真实的社会背景。作为史书，《史记》自身就担负着记述历史事件、还原历史真实、展现社会风貌之“己任”，所以以其为学习资源，就为本单元核心任务“任命《史记》最佳君臣组合”，提供了开阔而真实的语境。

3. 典范而通俗的语言表达。对于当代中学生而言，《史记》虽为文言读物，但因其以写人记事为主要表达方式，易于前后关联，贯通阅读，又因其语言典范生动、通俗易懂，学生也容易进入文本，代入角色，潜心学习。

学情分析

教学对象可以是高一年级、高二年级学生。

这个学段的学生对《史记》中的故事、人物、成语、典故等，或多或少已经有所接触，因此，就学习内容而言，比较容易切入。《史记》的叙事性表达，对大部分高中生来讲，易于阅读，并且能够在文本基础之上，生发自己的思考与判断，甚至迁移创造。对于高一、高二年级的学生来讲，他们希望去完成基于文本且有发挥空间的任务，而本单元的学习任务设计，从梳理文本，建立自己对于史传人物的判断，到置换“太史公曰”，加入自己的评价，再到依据量规，产生最佳组合，整个学习流程既不一味固守文本，又不游离文本之外，是这个学段的学生比较容易接受甚至喜欢的学习方式。

三、单元设计内容

学习目标

1. 能够从每位史传人物的重要事件中提取关键信息并加以分析，得出对人物性格特点的基本判断。

2. 能够通过置换、排除、重组等方式进行横向比较，进一步认识不同性格、不同时代人物的组合带来的可能性。

3. 能够分类梳理、储备典型文言词法句法知识。

资源篇目

《项羽本纪》《高祖本纪》《孔子世家》《陈涉世家》《越王勾践世家》《留侯世家》《管晏列传》《孙子吴起列传》《苏秦列传》《孟尝君列传》《廉颇蔺相如列传》《淮阴侯列传》《李将军列传》

核心问题

如何理解人的性格与命运的关系？

核心任务

我来任命《史记》最佳君臣组合。

任务说明：通过阅读梳理13个资源文本，从主要史传人物的重要事件中提取关键信息并加以分析，概括出自己对主要人物性格特点的基本判断，依据所提供的量规，能够通过置换、排除、重组等方式进行比较权衡，最后形成自己认为的“《史记》最佳君臣组合”。

1. 子任务一：完成《史传人物性格品质鉴定书》。

2. 子任务二：配置《史记》最佳君臣组合。

3. 持续性任务：文言知识梳理，可伴随子任务一同时进行。

子任务一

完成《史传人物性格品质鉴定书》

任务说明：阅读13个文本，分析人物事迹，概括人物的性格、品质、精神风貌，填写《史传人物性格品质鉴定书》，在这一过程中同时完成文言知识梳理、储备的持续性任务。

史传人物性格品质鉴定书

篇目及人物	事件（包括生平、关键事件、主要事迹等；可列出你认为重要的多个事件）	关键信息（从中文提取出符合人物性格特点的词汇、语句）	基本判断（概括初步印象并得出基本判断）	角色可能性 君□ 将□ 相□
			初步印象（由局部得出的判断）	
			基本判断（经过多次阅读验证后的判断）	

学习现场 1

学习节点：

在疏通字面信息的基础上，进入子任务一，即完成《史传人物性格品质鉴定书》。

现场描述：

本节点，以学生自主阅读为主，借助工具书和网络查阅，随时解决所遇到的问题。教师的注意力大多放在子任务一中几个表格工具的使用上。

教师观察：

本单元共向学生释放了13个文本，在学生学习过程中，教师的注意力集中在每个学生任务实施的第一篇，因为第一篇的学习一旦打通了，后面就可以“以此类推”。教师观察到，虽然提供的史传人物分析工具对流程界定得非常清晰，但不少学生仍然将人物分析过程简单化：或由材料直接到结论；或先有一个想当然的结论，而缺乏严密的推断；或虽然按所提供工具操作，但步骤跳跃，难以自圆其说。

鉴于这些问题，教师对表格工具的使用，做了文字转换，在学生最困惑的节点，释放了“分析人物精神品质的两条基本路径”：（一）论证路径：1. 基于已有经验初步判断人物的精神品质；2. 回归文本勾画、提取关键信息；3. 将关键信息进行归类，筛选一般信息和关键信息，筛选标准是能够反映人物精神品质的独特性；4. 验证校准初步印象，确立真正的精神品质。（二）推演路径：1. 在暂时不对人物做任何判断的前提下，如实勾画出反映其精神品质的语句；2. 按照历史事件、人物言行、环境衬托等维度将信息进行归类，形成这个人物精神品质的关键信息；3. 分析不同情境下其他人和这个人的表现区别点，进一步提取真正反映人物精神品质的最关键的证据；4. 确立人物精神品质。

注意事项：

“人物特点的分析与提取”，对学生来讲是个难点，教师要本着“先暴露，后援助”的原则来干预指导，不要在问题出现之前就“手把手”地教学生如何做，要看准时机，在学生最困惑的节点给予点拨。

人物性格、品质与精神风貌
关键信息提取表格

历史事件	人物姓名	关键信息的类型	基本判断
		语言	
		行为表现	
		肖像/神情	
		细节	

设计意图：通过阅读历史事件、人物言行，来判断和评价人物，并非一蹴而就之事，尤其是针对那些性格复杂且有生长性的人物，更需要一个全面了解的过程，以上几个学习工具就是帮助学生解决这些问题的，这些工具有助于学生达成单元“学习目标1”，引导学生对给定篇目进行深入阅读，并通过梳理生平事迹和提取关键信息，对每位史传人物做出基本判断，并初步分析该人物的性格特点、适合不同职能的可能性。这些鉴定工具的使用贯穿学生的阅读过程始终，既可以纵向梳理，又可以横向分析，既可以作为阅读时的要点笔记，又可以深层次比照校准，从而对历史人物的性格品质及精神风貌做出鉴定。就像我们在现实生活中与人交往一样，学生对《史记》中史传人物的认识也需要一个过程，或是初步印象的加

学习现场 2

学习节点：

子任务一中每一个文本阅读的尾声环节，要完成《“太史公曰”置换书》。

现场描述：

本节点安排在学生对每一个主要人物有了充分的分析评价的基础之上，是一个收束性任务，此环节学生完成起来比较开放，他们自选角度，自定文体，在卸除一些不必要的约束后，学生思维活跃，畅所欲言，因为有自我评估和小组评价，所以这一环节的交流合作也很充分。

教师观察：

观察重点主要集中在三个方面：

（一）学生如何评价每个文本末的“太史公曰”，这些评价内容不同于叙事，往往侧重抒情议论，并且极具个性化，所以阅读难度较大，看学生如何先理解，再评价。（二）既然要“置换”，就要观察学生对于“同学曰”角度的选择，这既取决于前面文本的阅读通透度，又涉及子任务一中对人物的基本判断，在此基础之上，才谈得上个性化评价。（三）文体的选择方面，虽然对学生来讲，是文体自选，但也存在内容与形式匹配的问题，教师须关注这两者的统一性。

注意事项：

在这一环节中，有学生会追求标新立异，或与司马迁观点相左，或选择古诗文的样式来表达，这是学习的自由，但教师一定要引导学生，传递真情实感和真知灼见，得体表达，逻辑自洽，切勿弄巧成拙。

深，或是多重性格的叠加，还有可能是对初步印象的颠覆，不一而足，建议学生在阅读过程中不断添加、修正、改进，并留下学习的痕迹。

“太史公曰”置换书

史传人物	（　　）同学曰
自我评估：	小组评价：

“××同学曰”形式参考样例

（一）对联

1. 咏叹项羽、勾践：

有志者事竟成，破釜沉舟，百二秦关终属楚；苦心人天不负，卧薪尝胆，三千越甲可吞吴。

2. 歌颂司马迁：刚直不阿留得正气凌霄汉；幽而发愤著成信史照尘寰。

3. 歌颂诸葛亮：成大事以小心一生谨慎；仰流风于遗迹万古清高。

（二）墓志铭

1. 启功生前曾自撰墓志铭，充满自我调侃：中学生，副教授。博不精，专不透。名虽扬，实不够。高不成，低不就。瘫趋左，派曾右。面微圆，皮欠厚。妻已亡，并无后。丧犹新，病照旧。六十六，非不寿。八宝山，渐相凑。计平生，谥曰陋。身与名，一齐臭。

2. 沈从文墓志铭：不折不从，亦慈亦让。星斗其文，赤子其人。

（三）悼词

志摩的最动人的特点，是他那不可信的纯净的天真，对他的理想的愚诚，对艺术欣赏的认真，体会情感的切实，全是难能可贵到极点。他站在雨中等虹，他甘冒社会的大不韪争他的恋爱自由；他坐曲折的火车到乡间去拜哈代，他抛弃博士一类的引诱卷了书包到英国，只为要拜罗素做老师，他为了一种特异的境遇，一时特异的感动，从此在生命途中冒险，从此抛弃所有的旧业，只是尝试写几行新诗——这几年新诗尝试的运命并不太令人踊跃，冷嘲热骂只是家常便饭——他常能走几里路去采几茎花，费许多周折去看一个朋友说两句话；这些，还有许多，都不是我们寻常能够轻易了解的神秘。我说神秘，其实竟许是傻，是痴！事实上他只是比我们认真，虔诚到傻气，到痴！他愉快起来，他的快乐的翅膀可以碰得到天，他忧伤起来，他的悲戚是深得没有底。寻常评价的衡量在他手里失了效用，利害轻重他自有他的看法，纯是艺术的情感的脱离寻常的原则，所以往常人常听到朋友们说到他总爱带着嗟叹的口吻说："那是志摩，你又有什么法子！"他真的是个怪人么？朋友们，不，一点都不是，他只是比我们近情，比我们热诚，比我们天真，比我们对万物都更有信仰，对神，对人，对灵，对自然，对艺术！朋友们，我们失掉的不止是一个朋友，一个诗人，我们丢掉的是个极难得可爱的人格。

（林徽因《悼志摩》节选）

（四）颁奖词

1. 钱学森：在他心里，国为重，家为轻；科学最重，名利最轻。5年归国路，10年两弹成。开创祖国航天事业，他是先行人，披荆斩棘，把智慧锻造成阶梯，留给后来的攀登者。他是知识的宝藏，是科学的旗帜，是中华民族知识分子的典范。

（"感动中国2007年度人物"颁奖词）

2. 季羡林：仁者乐，智者寿，长者而随心所欲。曾经的红衣少年，如今的白发先生。留得十年寒窗苦，牛棚杂议秘辛多。心有良知璞玉，笔下道德文章。一介布衣，言有物，行有格，贫贱不移，宠辱不惊。

（"感动中国2006年度人物"颁奖词）

（五）诗歌

1.《春日忆李白》：

白也诗无敌，飘然思不群。清新庾开府，俊逸鲍参军。

渭北春天树，江东日暮云。何时一樽酒，重与细论文。（杜甫）

2.《有的人》：有的人活着，/他已经死了；/有的人死了，/他还活着。/有的人/骑在人民头上："呵，我多伟大!"/有的人/俯下身子给人民当牛马。/有的人/把名字刻入石头，想"不朽"/有的人/情愿作野草，等着地下的火烧。/有的人/他活着别人就不能活；/有的人/他活着为了多数人更好地活。/骑在人民头上的/人民把他摔垮；/给人民作牛马的/人民永远记住他！/把名字刻入石头的/名字比尸首烂得更早；/只要春风吹到的地方/到处是青青的野草。/他活着别人就不能活的人，/他的下场可以看到；/他活着为了多数人更好地活着的人，/群众把他抬举得很高，很高。（臧克家）

设计意图：设计《"太史公曰"置换书》，旨在引导学生细读文本之后，自选角度概括全文，评价人物，由深入文本到走出文本，并且能够与作者司马迁的评价概述相比较，从而进一步升华对文本和历史人物的认识理解。

子任务二
配置《史记》最佳君臣组合

任务说明：本任务对应本单元的"学习目标 2"，即"能够通过置换、排除、重组等方式进行横向比较，进一步认识不同性格、不同时代人物的组合带来的可能性"。在学生单篇阅读整理的基础上，用核心任务驱动建立群文阅读的有机关联，进一步引导学生回归文本，再次理解和审视人物。依据所提供的量规，配置《史记》最佳君臣组合，模式一般为"1 君—1 将—1 相"，最后撰写《任命书》。

"最佳君臣组合"配置量规

维度/等级	高能配置级	标准配置级	尚需改进级
君臣组合原则性	完全摆脱历史人物原有身份，打破时空限制，依据"君—将—相"各自职能标准组配适合的人选，并清晰阐述最佳组合的理由，追求团队效益最大化。 组合中的每个成员在文中体现出的性格及精神特质与其所处的岗位职责高度一致。	摆脱历史人物原有身份或打破时空限制，依据"君—将—相"各自的职能标准组配人选，并能考虑到这样的团队组合所产生的效益因素。 组合中每个成员的性格及精神特质与其所处的岗位职责职能匹配。	仍然受原有历史人物的身份或时空所限，只能通过文本信息建立一一对应关系并按"君—将—相"各自的职能标准组配人选，但缺乏整体观。 组合中每个成员的性格及精神特质与其所处的岗位职责职能一一挂钩，但因对成员个体基本判断的单薄而无法深入分析匹配的多种可能性。

学习现场3

学习节点：

子任务二中"最佳君臣组合"的产生过程和《任命书》的撰写，其中"组合"的权衡过程以及"任命理由"为重要内容。

现场描述：

本节点是在单篇阅读之后的群文阅读关联环节，思维含量较高。学生整合子任务一表格中"角色可能性"一栏的信息，权衡利弊，排列组合，根据组合量规，产生诸多方案，从中选取最佳方案，同时考虑"任命理由"的表述。

教师观察：

观察重点主要集中在：（一）"组合"产生的过程，首先追根溯源，回到子任务一的表格，看学生对各人选"角色可能性"的梳理情况；然后观察学生的组合过程，会发现学习过程的开放性：有学生先用"角色战队"的方式，把13篇中的16个主要人物按"角色可能性"分为"君、将、相"3列，然后再考虑组合的内部合理性；有学生先考虑成员之间的"优势促进、容错互补、合作协同、排除内耗、共同追求"组合的合理性，然后再依次摸排各种组合方案。（二）《任命书》中"任命理由"的撰写，分两个板块：君、将、相，个体人选的单独表述，和组合任命的综合表述。两者各有侧重，教师注意力要放在表述的差异性上。

注意事项：

本环节核心任务是产生"最佳君臣组合"，源头与过程非常重要，既要关注所有史传人物的"角色可能性"，又要关注组合的"合理性"，且能自圆其说，能够以充足的理由阐释说明。教师随时引导学生遇到问题后不要用"脑补"的内容来对话，而要自觉回归文本找依据。

续表

维度/等级	高能配置级	标准配置级	尚需改进级
君臣组合合理性	能够灵活运用优选劣汰、性格搭配、成员置换、优势促进、容错互补、合作协同、排除内耗、共同追求等方式，建立最佳组合，且能在放弃或重组组合的横向比较中做出合理性分析。 在配置组合的过程中，自觉回归原文及子任务一的梳理文字中找依据或对子任务一中做出的基本判断加以修正与完善。	能够通过优选劣汰、性格搭配、成员置换、合作协同、排除内耗、共同追求等单一方式建立组合，并能对“最佳”做出合理性分析。 在配置组合的过程中，有时会回原文找依据，到子任务一的梳理文字中找依据，或在老师的提醒下进行。	能够通过优选劣汰、成员置换等单一方式建立起组合，但无法对是否“最佳”做出合理性分析，或考虑的因素不全面、不平衡。 在配置组合的过程中，常常想当然，未把原文或子任务一的梳理文字作为时常回溯的依据。
君臣组合创意性	最终方案是在多种备选组合的基础上，多向比较，权衡统筹，慎重考虑之后产生的，且富有创意，能达到情理之中意料之外的效果。	最终方案是在几种备选组合的基础上，横向比较之后产生的，但创意不够，对组合更多的可能性思考不够充分。	最终方案的确定比较随意，缺乏多种组合和多向比较的基础，缺乏创意。

设计意图：“最佳君臣组合”配置量规分为三个维度：原则性，意在引导学生考虑，“组合”虽然可以打破时空及身份限制，但须符合两个原则：履行职能与组合“最佳”。合理性，意在引导学生考虑，“最佳组合”产生过程及其对应文本依据的合理性。“创意性”，意在引导学生考虑，“最佳组合”方案的效果，以及创意的逻辑严密性。

撰写《史记》最佳君臣组合任命书

最佳君臣组合任命书撰写要求

1. 任命内容：任命（　　）为君，（　　）为将，（　　）为相。

2. 任命理由：

①被任命人的性格、品质、精神风貌等适合某职位的职能。

②被任命人之间的关系（如配合、互补、制衡等），实现组合效益最

大化。

3. 其他要求：格式规范，内容清晰简练。400字左右。

最佳君臣组合任命书参考格式

为了（理由）＿＿＿＿＿，经决议，决定对以下历史人物进行人事任命，现予以公布。具体任命如下：

(任命理由)＿＿＿＿＿，兹任命（　　）为君，负责（　　）工作。

(任命理由)＿＿＿＿＿，兹任命为（　　）将，负责（　　）工作。

(任命理由)＿＿＿＿＿，兹任命（　　）为相，负责（　　）工作。

(任命理由)＿＿＿＿＿，所以该组合能够实现（　　　　），效益最大化。该组合实为《史记》最佳君臣组合。

以上任命决定自发布之日起开始执行。

特此通告。

任命人签章：

日期（夏历）：

补充说明： 部分同学将“君、将、相”人选分列，并对人选的资质条件做了分解细化，并且依据文本对人物进行赋分，最终量化出得分，在此基础之上，再考虑“组合”的合理性。有趣的是，量化之后，有些历史人物的既定身份被“量化”没了，但这没关系，我们的单元设计旨在引导学生深入文本，合理解读，对于组合方案的确定能够做到逻辑自洽即可。详见学生成果“子任务二　配置《史记》最佳君臣组合优秀示例”。

持续性任务　文言知识梳理储备

注：1. 请从自己阅读的篇目中摘录；2. 梳理实词、虚词，请放在文本的句子中解释；3. 词类活用是指名词做动词、名词做状语、形容词做动词、使动用法等。

设计意图：文言知识梳理表的设计，不同于通常的文言篇目讲授式教学，而是督促学生进行边读、边写、边背诵、边积累的自主式学习。不要求学生填写得多么全面，而是督促学生发现自己的薄弱项。如果学生在个别字词上理解困难，建议先使用工具书解决，其次才是求助教师，从而进一步培养学生自主学习的意识。

文言词法梳理	重点实词	
	重点虚词	
	通假字	
	古今异义词	
	词类活用	
	沿用成语	
特殊句式梳理	判断句	
	宾语前置句	
	定语后置句	
	状语后置句	
	被动句	
	省略句	

持续性任务示例（高祖本纪）

重点实词	实词：易、固、走、谢、乘、属、绝 ①高祖为亭长，素易诸吏：轻视，看不起。②刘季固多大言，少成事：一向。③杨熊走之荥阳，二世使使者斩以徇：离开。④于是沛公起，摄衣谢之：道歉。⑤常乘胜逐北：趁着。⑥乃以秦王属吏：交付，委托。⑦去辄烧绝栈道：断。
重点虚词	（1）因 ①因与俱攻秦军（于是）。②因张良遂略韩地轘辕（凭借）。 （2）以 ①乃以秦王属吏（把）。②二世使使者斩以徇（而，表承接）。③可以有大功（凭借）。④沛公以樊哙、张良故，得解归（因为）。⑤始大人常以臣无赖（动词，认为）。

续表

通假字	①此两家常折券弃责："责"通"债"。 ②遂坐上坐，无所诎："诎"通"屈"。 ③秦人熹，秦兵解："解"通"懈"，松懈。 ④内诸侯军……距之："内"通"纳""距"通"拒"。 ⑤乃详尊怀王为义帝："详"通"佯"，假装。 ⑥不如决策东乡："乡"通"向"。 ⑦高祖为亭长时，常告归之田："常"通"尝"。
古今异义词	①不事家人生产作业。家人：古意"平民百姓"；今义，"一家人"。 ②诽谤者族。诽谤：古义，公开批评、议论；今义，无中生有，说人坏话。 ③待诸侯至而定约束耳。约束：古义，规约，规章；今义，限制使不出范围。 ④稍征关中兵以自益。稍：古义，渐渐；今义，稍微。 ⑤始大人常以臣无赖。无赖：古义，没有出息；今义，游手好闲、品行不端的人。
词类活用	①使动用法：降章邯（使……投降） ②意动用法：父老苦秦苛法久矣（以……为苦） ③名词活用为动词：都彭城（定都） ④名词作状语：项羽与宋义北救赵（向北） ⑤形容词活用为名词：大王起微细（平民，卑微的身份）
沿用成语	安堵如故、暗度陈仓、长揖不拜、大逆不道、一败涂地、高屋建瓴 翘足而待、约法三章、运筹帷幄、妒贤嫉能、判若鸿沟
判断句	此三者，皆人杰也（三个人都是人中豪杰） 吾子，白帝子也（我的儿子，就是化成蛇的白帝子）
宾语前置句	不然，籍何以至此（何以：以何）
定语后置句	项羽王诸将之有功者（项羽封那些有功的诸侯）
状语后置句	遇彭越（于）昌邑"（于）昌邑遇彭越"（在昌邑遇到了彭越） 又与秦军战于蓝田南（又在蓝田南面与秦军交战）
被动句	此其所以为我擒也 与魏将皇欣、魏申徒武蒲之军并攻昌邑，昌邑未拔
省略句	吕后与人俱求之（吕雉和其他人都寻找他） 沛公兵遂先（于）诸侯至霸上（沛公的军队在各路诸侯中最先到达霸上） 与项羽决胜（于）垓下（与项羽在垓下决战）

四、学习资源与工具

史传人物分析工具

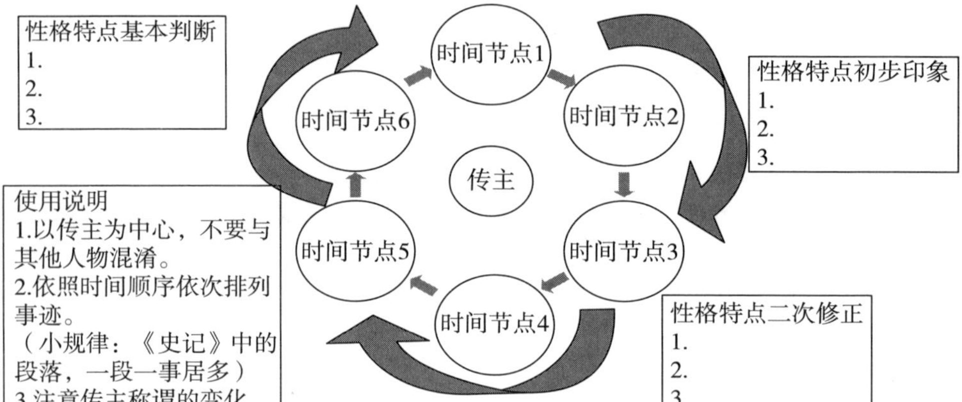

史传人物分析工具

五、学习成果

子任务一 《史传人物性格品质鉴定书》优秀示例

篇目人物	事件 （包括生平、关键事件、主要事迹等；可列出你认为重要的多个事件）	关键信息 （从文本中提取出符合人物性格特点的词汇、语句）	基本判断 （概括初步印象并得出基本判断）	角色可能性 君□ 将□ 相□
《淮阴侯列传》韩信	1. 早年穷困：寄食被厌，胯下之辱，投奔项羽，不被重用，投奔刘邦。 2. 官拜大将：结缘萧何，不被重用，萧何月下追韩信。被封大将，分析天下局势，受刘邦赏识。	“贫无行”——不善立事 “常从人寄食饮”——不通人情世故，厚脸皮 “怒，竟绝去。”——自尊心强 “‘吾必有以重报母。’”——知恩图报 “于是信孰视之，俯出袴下，蒲伏。”——忍辱负重，能屈能伸，有大局观，胆小怕事，意志坚定	韩信身为一名武将，骁勇善战，胸怀大志，但同时足够谨慎小心，甚至可以说智计无双，而且能屈能伸，知恩图报。	将或相。 因其气量狭小不能容人的性格，做皇帝还是差了，其实如果他依旧居功自傲的话，没有哪个皇帝能够容忍，但是凭借他的才能，最适合做将领。

续表

篇目人物	事件(包括生平、关键事件、主要事迹等;可列出你认为重要的多个事件)	关键信息(从文本中提取出符合人物性格特点的词汇、语句)	基本判断(概括初步印象并得出基本判断)	角色可能性 君□ 将□ 相□
《淮阴侯列传》韩信	3. 势如破竹:用计破魏,破代,以弱胜强插旗破赵,受计于广武君收燕,平定山西、河北。 4. 被封齐王:示弱破齐,败楚,写信求王,没有救刘邦遭记恨,死机伏下,被立齐王。 5. 劝韩叛汉:项王派武涉说韩叛楚,被韩信拒绝,蒯通以相面为由劝韩信成三足鼎立之势,否则有震主之威,韩信犹豫未决,仍然拒绝,暗示韩信叛汉为莫须有。 6. 功成被贬:报恩漂母,赐亭长百钱,封被辱胯下之人为中尉。有人告韩信谋反,韩信杀死被刘邦记恨的钟离眛,未能脱罪,被刘邦抓住,又被赦免为淮阴侯。 7. 悲惨结局:日夜怨恨被贬,羞与绛、灌为伍,向高祖夸耀自己才能,约定与陈豨叛汉,被其弟告发,	"信亡楚归汉"——反复无常,审时度势 "信度何等已数言上,上不我用,即亡。"——审时度势,能进能退 "项王所过无不残灭者,天下多怨,百姓不亲附,特劫于威强耳。名虽为霸,实失天下心。故曰其强易弱。"——慧眼识人,审时度势 "信乃益为疑兵,陈船欲度临晋,而伏兵从夏阳以木罂缶渡军,袭安邑。魏王豹惊,引兵迎信,信遂虏豹,定魏为河东郡。"——骁勇善战,智计无双 "知其不用,还报,则大喜,乃敢引兵遂下。"——谨慎小心 "于是信问广武君曰:'……'……'用与不用,听与不听也。诚令成安君听足下计,若信者亦已为禽矣。以不用足下,故信得侍耳。'因固问曰:'仆委心归计,愿足下勿辞。'"——不耻下问,谦虚,尊重能人 "于是信然之,从其计,遂渡河。"——桀骜不驯 "愿为假王便。"——野心勃勃	但是他性情孤傲,不善权谋,并且心胸狭窄,矜才自负,最终导致其悲惨结局。	如做宰相,凭借其智谋,差强人意。

续表

篇目人物	事件 (包括生平、关键事件、主要事迹等；可列出你认为重要的多个事件)	关键信息 (从文本中提取出符合人物性格特点的词汇、语句)	基本判断 (概括初步印象并得出基本判断)	角色可能性 君□ 将□ 相□
《淮阴侯列传》韩信	萧何与吕后假意借祝贺之名召韩信进宫，被杀，诛灭韩信三族，悔不用蒯通之计。	“‘汉王授我上将军印，予我数万众，解衣衣我，推食食我，言听计用，故吾得以至于此。夫人深亲信我，我倍之不祥，虽死不易。’”——忠信仁义 “信至国，召所从食漂母，赐千金。”——知恩图报 “韩信犹豫不忍倍汉，又自以为功多，汉终不夺我齐，遂谢蒯通。”“陛下不过能将十万。……臣多多而益善耳。”——盲目自信，矜才自负，居功自傲 “及下乡南昌亭长，赐百钱，……召辱己之少年令出胯下者以为楚中尉。”——心胸狭窄，睚眦必报 “羞与绛、灌等列”——孤傲，不能容人 “信初之国，行县邑，陈兵出入。”——不知分寸		

（王涵璐）

子任务一　“太史公曰”置换书优秀示例

项羽

项羽乃是一悲剧英雄，骁勇善战却恃才放旷，缺乏运筹帷幄的君王气度。但他身上最可贵的是那份赤子之心，有着在乱世政治争斗里少有的直率和坦然，有着处心积虑的政治家们没有的执着和天真。项羽是“不肯过江东”的强者，也是鸿门宴上优柔寡断、错失良机的弱者。

（徐予晴）

蔺相如

（上联）赵国都里，邯郸城下，三十年苍茫一片，青灯黄卷，落日墟烟，料君应嗟叹，时无英雄，竖子成名也。一朝提携玉龙，为君王死。西去滚滚车尘。秦王梦里，必见东来紫气，卞和抱璧。想易水百年下，严霜冷匕，不若君舌。咸阳殿中，立眉捧璧，有惧者，忧者，惊者，叹者。先生忠、勇、义、智，山高水长。肃慎邦主人，便取圣人衣到此。

（下联）晋国故都，黄河畔西，五百里人心两面，风声鹤唳，水拍沙岸，看人须耸颤，汝有胆识，秦王击缶矣。此刻持将怒目，替国家争。南方衮衮群僚。廉颇将军，气闻右座上卿，管仲英明。在明月千载后，史家热笔，怎比他肠。丞相府前，将相称和，应赞哉？喜哉？爱哉？善哉？夫子宽、仁、厚、德，云淡风轻。昆仑西王母，应送不死药前来。

（李晓凡）

子任务二　配置《史记》最佳君臣组合优秀示例

君/资质	自身有足够的才能、文采（10分）	对有功旧臣要抚恤救济（仁善之心）（10分）	果断，不应有明显偏袒，做到绝对公平，整顿法制（10分）	重用贞廉、正义的良臣，使上下得到修治（善于用人）（10分）	使人民不忧，五谷丰登（10分）	国内外和谐相处，四邻诸侯臣服，国家安宁（10分）	怀有敬畏之心（10分）	总分（70分）
刘邦	3	3	8	9	4	8	4	39
勾践	5	1	5	8	8	8	7	42
张良	8	5	8	8	8	5	8	50
管仲	8	3	7	5	8	7	3	41
田文	7	7	5	2	5	3	2	31

将/资质	忠诚（10分）	勇敢（10分）	名望（打胜仗，或善待士卒）（10分）	军事才能（10分）	进退有度（10分）	有一颗直率真诚的心（10分）	总分（60分）
项羽	1	9	8	7	2	9	36
吴起	7	7	8	9	7	4	42
廉颇	8	8	7	7	3	8	41
韩信	6	8	6	9	3	6	38
李广	8	8	7	3	3	7	36

相/资质	忠诚（10分）	足智多谋（10分）	有统领其他臣子、安排事务的能力（10分）	审时度势，了解国家、天下大事（10分）	有能力赏识人才（10分）	仁厚（10分）	总分（60分）
刘邦	2	7	9	8	9	1	36
孔子	9	8	3	7	3	9	39
张良	8	9	8	9	7	7	48
管仲	8	8	8	8	8	5	45
晏婴	8	7	7	8	9	8	47
孙膑	8	8	7	8	7	6	44
苏秦	3	9	7	9	6	5	39
蔺相如	9	9	5	8	5	8	44

依据以上量化指标，兼之组合因素，王涵璐同学撰写了“任命书”。

《史记》最佳君臣组合任命书

为振兴华夏，强国富民，革故鼎新，安邦天下，经决议，对以下历史人物委以重任。

汉祖刘邦，承皇天之眷命，列圣事之洪休，秉性纯良，恭俭仁厚。上敬苍天，下爱子民；修明政治，归顺四方；有察人之慧眼，任贤之胸襟，纳谏之良性；不自矜功伐，不穷兵黩武。知百姓疾苦，休养生息。世人皆以有尧舜之德、治世之能。兹任命刘邦为君，安邦理政，布泽天下，归顺四方。

齐相管仲，能力高超，官品端正。其为官也，善从民意。内治国务，外善邦交，不违纲本；其为人也，执法严明，心胸宽广，善察人纳贤，且志虑忠纯，不贪不腐，不弛不纵，有王佐之才，安邦之能。兹任命管仲为相，主理诸部事务及外交之事。

卫人吴起，武功高强，熟谙兵法，既可冲锋陷阵，身先士卒，亦能运筹帷幄，决胜千里。又深察政务，通晓政事。兹任命吴起为将，主军政要务。

刘邦善察人、用人，可使将相最大限度地发挥其能力；管仲拜相，则内政无忧，邦交无虑；吴起拜将，则边境无患。虽刘邦时有疑心，然管仲与吴起皆有敏锐嗅觉，故能适时调整，因时而化；管仲虽贪利好名，然不至利令智昏、公私不辨；吴起虽妒忌位高权重之人，然其顾大局，识大体，明事理，不至祸起萧墙。况管仲、吴起皆忠君上，明事理，将相定会大和，加之刘邦素有用人之长，善于把控，故该组合定能排除内耗，同舟共济，实现效益最大化。由是观之，该组合实为“最佳君臣组合”。

以上任命决定自发布之日起即执行。

特此通告。

任命人：赵亦阳

××××年××月××日

六、单元反思

设计优势

1. 学习目标制定梯度比较好，从单篇独立阅读到群文关联阅读，层级进阶合理，并且不断强化阅读者自身的判断、评价和感受。在关键目标推进的同时，持续落实基础知识，避免语文上的“凌空蹈虚”。

2. “我来任命《史记》最佳君臣组合”这一核心任务，对学生而言，驱动性强，学生甚至会感觉到任务的“神圣”，他们认为“天下大事”，不可不慎，从学习过程来看，也的确如此。另外，整个任务链条逻辑自洽，从单个史传人物的鉴定，到不同“角色可能性”的确定，再到多种组合方案的反复比较权衡，步步推进，环环相扣，直到“最佳组合”。

3. 所提供的量规适切有用。“最佳君臣组合”的配置量规，从“原则性”“合理性”“创意性”三个方面，对组合方案的标准进行了界定和引导，这样学生在组合过程中，虽然有自己的发挥空间，但须有规可依，有据可证，并能够随时校准和验证。

改进方向

1. 据教师观察，有学生对第一个文本的阅读比较吃力，甚至有学生用白话《史记》来替代原文阅读，这在初中尚可为之，但高中阶段必须严格进行原文阅读。这就需要教师对起始阶段几个文本的阅读适当有所设计，搭建几个坡度较缓的台阶，供学生拾级而上，或者在任务内容的设计上具有选择性，这样可以兼顾不同层级的学情。

2. “‘太史公曰’置换书”环节，因这部分原文理解难度大，所以应在阅读理解上给予必要的指导，否则学生会略过司马迁的评价，直接跳入自说自话中，这样就容易忽略历史背景和作者倾向等重要信息，使文本的理解和处理陷于肤浅和主观。

七、巩固拓展

①蒙恬者，其先齐人也。恬大父蒙骜，自齐事秦昭王，官至上卿。骜子曰武，武子曰恬。始皇二十三年，蒙武为秦裨将军。蒙恬弟毅。

②始皇二十六年，蒙恬因家世得为秦将，攻齐，大破之，拜为内史。秦已并天下，乃使蒙恬将三十万众北逐戎狄（注：泛指我国西部、北部少数民族），收河南。筑长城，因地形，用制险塞，起临洮，至辽东，延袤万余里。是时蒙恬威振匈奴。始皇甚尊宠蒙氏，信任贤之。而亲近蒙毅，位至上卿，出则参乘，入则御前。恬任外事而毅常为内谋，名为忠信，故虽诸将相莫敢与之争焉。

③赵高者，诸赵疏远属也。秦王闻高强力，通于狱法，举以为中车府

令。高即私事公子胡亥，喻之决狱。高有大罪，秦王令蒙毅法治之。毅不敢阿（注：枉）法，当高罪死，除其宦籍。帝以高之敦于事也，赦之，复其官爵。

④始皇三十七年冬，行出游会稽，……至沙丘崩，秘之，群臣莫知。是时丞相李斯、公子胡亥、中车府令赵高常从。高雅（注：平素，一向）得幸于胡亥，欲立之，又怨蒙毅法治之而不为己也，因有贼心，乃与丞相李斯、公子胡亥阴谋，立胡亥为太子。

⑤二世（注：秦二世胡亥）又遣使者之阳周，令蒙恬曰："君之过多矣，而卿弟毅有大罪，法及内史。"恬曰："自吾先人，及至子孙，积功信于秦三世矣。今臣将兵三十余万，身虽囚系，其势足以倍畔（注：通"背叛"），然自知必死而守义者，不敢辱先人之教，以不忘先主也。……今恬之宗，世无二心，而事卒如此，是必孽臣逆乱，内陵之道也。凡臣之言，非以求免于咎也，将以谏而死，愿陛下为万民思从道也。"使者曰："臣受诏行法于将军，不敢以将军言闻于上也。"蒙恬喟然太息曰："我何罪于天，无过而死乎？"良久，徐曰："恬罪固当死矣。起临洮属之辽东，城堑万余里，此其中不能无绝地脉哉？此乃恬之罪也。"乃吞药自杀。

⑥太史公曰：夫秦之初灭诸侯，天下之心未定，痍伤者未瘳，而恬为名将，不以此时强谏，振百姓之急，养老存孤，务修众庶之和，而阿意兴功，此其兄弟遇诛，不亦宜乎？何乃罪地脉哉？

（选自司马迁《史记·蒙恬列传》，有删改）

1. 下列有关蒙恬生平事迹的概括和分析，错误的一项是（　　）（3分）

A. 蒙恬的祖上是齐国人，他的祖父和弟弟都曾担任上卿，父亲曾任将军，蒙氏一族曾经深受秦皇信任。

B. 秦始皇二十六年，蒙恬因为家世背景做了秦国的将军，他率兵攻打齐国，大败齐军，后被派率三十万士兵去北方驱逐戎狄。

C. 蒙恬的弟弟蒙毅曾经依法判赵高死罪，始皇念及赵高平常办事勤勉尽力，就赦免了赵高，赵高从此与蒙毅结下怨仇。

D. 蒙恬被秦二世赐死，理由是弟弟蒙毅犯了大罪，他受到牵连。蒙恬没有实力反抗，只得服药自杀。

2. 下列各组中，全都表现蒙恬对秦“忠勇”品质的一组是（　　）（3分）

①攻齐，大破之　②北逐戎狄，收河南　③筑长城，延袤万余里　④出则参乘，入则御前　⑤身虽囚系，其势足以倍畔，自知必死而守义　⑥我何罪于天，无过而死乎

A. ①②④⑥　　B. ①③⑤⑥　　C. ①②③⑤　　D. ①③④⑤

3. 下列选项中，对蒙恬的评价与文意不符的一项是（　　）（3分）

A. 蒙恬认为自己罪在修长城，断了地脉，司马迁对此持肯定意见。

B. 司马迁认为蒙恬大规模修筑长城是为了迎合君主的心意。

C. 司马迁认为蒙恬身为名将，在天下人心未定时应致力于安定百姓。

D. 蒙恬明白自己获罪是奸臣欺君罔上的缘故，但还是选择了自杀。

4. 请结合文中蒙恬的个人事迹与你对他的评价，并根据对仗的基本要求，为已给出的上联对出下联（3分）。

（上联）破齐军，却戎狄，功高盖世；

（下联）________________________。

【参考答案】

1. D　秦二世派使者赐死蒙恬时提到“君之过多矣”，也就是认为蒙恬本身也有罪，选项中只提到了他是受弟弟牵连，不全面；同时，后面蒙恬提到自己拥有强大兵力，可以反抗，选项中认为“没有实力反抗”是不对的。

2. C　可运用排除法。④出则参乘，入则御前——是文中描述秦始皇对待蒙恬弟弟蒙毅的重视的表现；⑥我何罪于天，无过而死乎——是蒙恬对自身被赐死的结局的原因的思考，与“忠信”无关。

3. A　蒙恬认为自己罪在修长城，断了地脉，司马迁对此持肯定意见。司马迁是持否定意见的。

4. 筑长城，任亲信（事迹1分），阿意兴功（评价1分）。（内容对偶与仄起平收1分）

解题：（1）“蒙恬的个人事迹与你对他的评价”：对联的内容——事迹、评价。

（2）“根据对仗的基本要求”：满足对仗的特点——语法语义对偶、仄起平收。

（3）“为已给出的上联对出下联”：注意关照上联的内容、句法和平仄。

寻找史实并转换成动宾结构：

第②段：收河南　筑长城　因地形　制险塞　起临洮　至辽东　蒙圣宠　任外事　立忠信　傲群臣

第⑤段：积功信　将雄兵　守忠义　系祖训　遭逆乱　修长城　绝地脉　罪己身

寻找评价或自立评价：

第②段：威震四方

第⑤段：死而受义　世无二心　不辱先德　何罪于天

第⑥段：阿意兴功

自主评价：千古留名　万古流芳　赤胆忠肝　碧血丹心　杀身成仁……

建立史实与评价之间的逻辑关系：

收河南，筑长城，威震四方。

系祖训，遭逆乱，不辱先德。

修长城，绝地脉，阿意兴功。

……

我的魏晋朋友圈

——《世说新语》单元学习现场

一、单元导语

《世说新语》是我国最早的一部文言志人小说集，以其精练隽永的语言、生动传神的名士形象流传于世，极富文学价值。但是，笔记小说体例松散，内容浩繁，整本书阅读难度较高。本单元学习设计以“我的魏晋朋友圈”为任务驱动，将门类式非连续性文本转换为类似人物传记的连续性文本，带领学生细细品读“世说”故事，深入理解帝王将相、隐士僧侣等“世说”人物，展开对人物形象、思想内涵等方面的深度思考。

二、设计依据

课标依据

依据《普通高中语文课程标准（2017 年版）》，《世说新语》整本书阅读主要涉及学习任务群 1“整本书阅读与探讨”、学习任务群 5“文学阅读与写作”和学习任务群 8“中华传统文化经典研习”。

根据学习任务群 1“整本书阅读与探讨”学习目标与内容，本单元设计将《世说新语》门类式非连续性文本转换为类似人物传记的连续性文本，组织相应的自主阅读活动，使学生完成“世说”人物专题整合，为他们提供丰富且有效的阅读支持，帮助学生掌握整本书阅读鉴赏方法，最终便于学生理解《世说新语》的人物形象和思想内涵。

根据学习任务群 5“文学阅读与写作”学习目标与内容，引导学生阅读《世说新语》这部优秀文言志人小说，结合自己的生活经验和个性特质，通过建立“朋友圈”的方式，使作品内容与现实生活产生互动，帮助学生认识《世说新语》中各色各异的人物形象，力求让学生有自己的发现，借以提高其审美鉴赏能力和思辨能力。

根据任务群8“中华传统文化经典研习”学习目标与内容，本单元学生将以组建朋友圈的形式阅读《世说新语》，以深度思考影响人物形象的因素为收束任务，通过关注魏晋人物的时代特征与影响，激发思维，拓宽认识。与此同时，在了解魏晋文化的基础上，辨别传统文化中的精华与糟粕，形成个性化的文化理解。在文言知识学习方面，以学生自主使用工具书为主、教师反馈讲解为辅，最大限度地保持文言阅读的原汁原味。

文本分析

选择《世说新语》这样一部文言笔记体小说集作为整本书阅读文本，优势在于：人物形象丰富立体，故事妙趣横生，学生阅读兴趣浓厚；单篇内容短小精悍，速读、精读皆可；文言知识、成语典故等可以丰富学生语文基础知识。但是，其学习难度较高：第一，分门别类的文本内容精练短小，需打通学习才能了解前因后果，对文言阅读能力要求高；第二，魏晋时期家族关系和政治形势错综复杂，背景信息理解难度大；第三，部分文本涉及玄妙的佛道思想，难于理解。

“我的魏晋朋友圈”单元设计能很好地发挥《世说新语》的内容优势，降低文本阅读的难度。一方面，用寻找与自己契合的魏晋朋友作为任务驱动，提升了学生的阅读兴趣，使学生在有效阅读的基础上，潜移默化地积累文言知识和成语典故；另一方面，将原文本中按照门类划分的体例，转换为以人物为核心的阅读方式，提供了魏晋人物篇目列表，降低了文本阅读的难度，将背景信息以教学资料的方式提供给学生，对佛道思想以粗浅了解为要求，不做深入处理，最终将《世说新语》的阅读重点落实在人物形象的分析与理解上，紧紧围绕这一核心学习目标展开教学。

学情分析

建议学段：可以是高一年级、高二年级。如有需求，高三上学期也可考虑使用。

学生在初中阶段曾接触过《世说新语》的个别篇目，如学习过《咏雪》《陈太丘与友期行》等。但是，除此之外，绝大多数学生仅仅知晓书名，听说过魏晋时期的一些名人而已。对不少学生来说，这是第一次以整本书阅读的方式学习文言小说，学习的难度可想而知。

因此，在本单元中，教学设计应提供相应的背景信息资料，帮助学生进行朋友圈的筛选过滤，搭建有效的脚手架，要让学生能够在几百个“世说”人物和众多篇目中挖掘出学习的兴趣点，牢牢把握住学习的重点。

综上，只要对学习内容进行适当选择，重视内容理解，分析人物形象，落实文言基础，避开对思想内涵的过度探讨，学习《世说新语》对于提升高中生语文核心素养是极有裨益的：“语言建构与运用”方面，传神精当的文言表达和成语典故能增加学生的文言知识积累；“思维发展与提升”方面，对人物形象的深度思考能培养学生的辩证思维；“审美鉴赏与创造”和“文化传承与理解”方面，能够对魏晋风度中或狂傲、或洒脱、或栖逸的文化审美有初步的理解与评价。

三、单元设计内容

学习目标

1. 能够归纳整合《世说新语》中的门类信息，通过转换体例阅读理解笔记体小说。

2. 能够分析人物塑造的细节描写和对比描写，评估魏晋时期不同类型的人物形象。

3. 能够分类梳理储备典型的文言语法知识和文学典故。

核心问题

人物性格与思想的独特性是如何形成的？

核心任务

组建我的魏晋朋友圈。

任务说明：在互联网时代，人际交往至关重要。如果要从《世说新语》中形形色色的人物中选择朋友，组建我的魏晋朋友圈，我会选谁呢？

1. 子任务一：魏晋人物大盘点。

2. 子任务二：组建我的魏晋朋友圈。

3. 子任务三：观魏晋朋友，论独特性格。

4. 持续性任务：文言知识梳理储备、积累锦囊。

我的魏晋朋友圈质量量规

	示范级	合格级
人物分类合理性	·借助《世说新语》的门类信息将所选人物按现代人的认知分为不同类别，分类过程能够表现对文言中关键信息的转化能力； ·通过对比，校准每个类别的合理性和类别之间的区分度； ·类别属于同一维度，类别之间不重、不漏，且拥有较为合理的关联； ·能够向同学介绍分类方法和分类过程。	·借助《世说新语》的门类信息将所选人物按现代人的认知分为不同类别，分类过程中文言中的关键信息转化不全； ·类别属于同一维度，类别之间有显著的区分，没有交叉，并积累了分类方法。
特征提取辨识度	·能够借鉴《世说新语》中塑造人物的细节描写，提取并用现代方式描述所选人物的特征并突出其独特性； ·能够将概括、归纳、演绎等技能用于对细节、对比描写的理解之中，让人物具有较强的辨识度，分享交流时同伴可以通过特征提取迅速辨别出是哪个人物； ·特征提取有特色，或覆盖全面信息，或高度提取关键特征，或综合外部评价，使得特征提取富有情感。	·能够借鉴《世说新语》中的门类信息或书中塑造人物的细节描写，描述所选人物的特征； ·能够有意识地通过细节、对比描写提取人物特征，但缺少对以往学习技能的迁移应用，需要在老师的点拨和帮助下，运用多种提取技巧，并体现人物的辨识度； ·特征提取停留在文本文字的转化层面，尚无法代入自己的情感主张。
交友评估自洽性	·将交友评估作为自己与魏晋人物的一次对话，理性评估所选人物与自身组建朋友圈的概率与可能性，并能再次通过文本中的细节、对比描写加以印证； ·能够评估与不同类型的书中人物成为朋友对自己的影响，以及自己在这个朋友圈中对他人的贡献； ·能够呈现自己的选择、放弃等对同伴有启发的评估过程。	·能够结合《世说新语》中的细节描写、对比描写等信息与自己的交友需求，评估与所选人物交友的可能性与合理性； ·能够评估与不同类型的书中人物成为朋友对自己的影响； ·能够在教师的指引下，发现在过程中自己对朋友圈人物认识的变化，从而更加明确自己组建朋友圈的意义。

子任务一
魏晋人物大盘点

（一）确定我的择友范围

任务说明：阅读20位魏晋人物的生平简介（参见学习资源之《世说新语》推介人物生平简介），选择我最感兴趣的10位魏晋人物。

我最感兴趣的10位魏晋人物是：

1.	2.	3.	4.	5.
6.	7.	8.	9.	10.

设计意图：《世说新语》共有一千两百余则故事，涉及人物数百，分布极为分散，如果让学生在文本的汪洋大海里反复阅读、选择，极费时间，且难以选出心仪的魏晋人物，降低学习效率，甚至让学生产生厌烦情绪。因此，教师综合人物知名度、相关文本内容丰富度、人物类型分布等多重因素，提前斟酌挑选了20位魏晋人物，同时向有兴趣的同学发布招募令，征集这些魏晋人物的生平简介，请学生在浏览这些生平简介后，挑选出有关这10位人物的文本篇目进行阅读。

（二）确定我的择友标准

任务说明：

1. 根据学习资源之《〈世说新

学习现场1

学习节点：

学生阅读《〈世说新语〉推介人物生平简介》，进入子任务一。

现场描述：

这一节点以学生阅读人物简介、确定目标人物为主，教师注意观察学生整体的学习进程，随时解答个别学生的学习疑惑。

教师观察：

学生阅读完20位魏晋人物生平简介后，基本可以较快地做出20选10的选择。教师巡视一圈，发现学生最初多选择知名度较高的帝王将相如谢安、曹操等。而像支道林、刘伶等人，选择的人较少。这样会使子任务一的人物分类单一，难以分出4—5种类型来，需要回头重新选择和阅读。

同时，一些语文基础较弱的学生倾向于选择在《世说新语》中出现次数较少的人物，如谢道韫、陈元方等，以此来减轻自己的阅读任务，是一种投机取巧的办法。其实，如果都选择篇幅短小的，他们会发现子任务二和子任务三没有翔实的材料可供撰写，很难开展，同样需要回头重新选择和阅读。

注意事项：

学生完成学习任务的过程中，教师对于上述可能出现的问题要做到心中有数，但是不要干预过多，及时点出即可。对于投机取巧的学生，要让他们适当碰碰壁，他们才会耐下性子来认真完成任务。

语〉推介人物及篇目》，阅读所选的10位魏晋人物在《世说新语》中的相关篇目。在翻译理解的基础上，分析这10位魏晋人物的不同特征。

设计意图：为了减少学生搜索人物篇目的时间，教师提前查询了这20位魏晋推介人物的对应篇目，制作了《〈世说新语〉推介人物及篇目》（参见学习资源与工具），最大程度地使学生集中注意力进入阅读，迅速参与到任务进程中。

2. 用归纳、分类的方法将这10位魏晋人物合理地分为≥4个大类，比如帝王类、重臣类、名士类、僧道类等。（注意：人物分类需参考量规之“人物分类合理性”）

3. 自主为各类人物确定5—6个特征（如财富、容貌、才华等）作为“人物特征表”纵坐标。（注意：特征的确定需参考量规之“特征提取辨识度”）

4. 细读《世说新语》中该人物的相关段落，从该人物的日常起居、思想娱乐、政治军事、其他四个方面（横坐标），填写能够体现其各个特征的细节。

设计意图：“确定我的择友标准”，是子任务一的核心内容，旨在通过分类、发掘特征、联系事件三个步骤，促使学生认真阅读文本内容、深入挖掘人物特征、发现人与事的关联，只有将某一人物的内容读完，了解人物信息，疏通人物关系，理解人物性格，才能最终在表格内填写出合适的内容，完成这项任务。同时，这一任务很好地展现了单元设计的开放性。学生将初选的10位魏晋人物进行分类，再确定人物的外在特征，最后根据人物的生活、思想、政绩等信息填表，无论是人物分类、外在特征，还是事件信息，都可以自主选择或者自主调整，能够极大地激发学生的创造力。

（　　　）类（填写类别名称）①

人物姓名	日常起居（衣食住行）	思想娱乐（名士聚游）	政治军事（南下避难等）	其他

① 每位学生应填写10位魏晋人物，故此处表格共需复现10次，限于篇幅这里省略。

子任务二
组建我的魏晋朋友圈

有人说，一个人的价值（收入/水平/才华……）就是他身边5个朋友的平均值，可见朋友对于每个人的重要性。面对形形色色的魏晋人物，我会选取哪些人做我的朋友呢？

请在认真评估自己的价值、需求和成长目标的基础上，从子任务一的10位魏晋人物中挑选出5位不同类型的朋友，“组建我的魏晋朋友圈”。这些朋友可以是与自己一起谈天说地的知己，可以是与自己一同尝遍美食的“吃友”，可以是与自己互相勉励的伙伴，也可以是自己愿意与之神交的榜样，等等。

基本步骤：

第一步：请根据表格完成自我人格评估。

第二步：组建魏晋朋友圈并阐释选择理由。

设计意图：子任务二是本单元的主要任务，基于子任务一的人物梳理与分析，加上对自身人格的评估，知己知彼，思考自己与千百年前名士之间的共同点与不同点。知己也好，榜样也罢，本任务都给学生模拟了一个真实的“找朋友”的环境，并最终完成“我的魏晋朋友圈”的组建工作。

学习现场 2

学习节点：

学生选好10位魏晋人物后，自主阅读《世说新语》，正式开启各项子任务的学习。

现场描述：

这一节点学生以自主学习为主，教师以观察解答为主。不过，进入正式阅读之后，学生的问题陡然增多，此时对有较多疑惑的地方，教师需要做出统一回应。

生：我感觉自己读完一个人物，好不容易完成子任务一，再做子任务二和子任务三的时候发现自己什么也不记得了，又得从头读一遍，太浪费时间了！怎么办啊？

师：这里就体现出有计划、有策略地学习的重要性了。下面给大家补充一份《阅读一则〈世说新语〉篇目的流程建议》（参见学习资源与工具），请参考建议继续学习，看看自己的学习效率是否得到了提高。注意，这只是一份流程建议，不需要完全按照它的步骤来，可以根据自己的实际阅读习惯进行调整。实际上，子任务之间并不是线性序列的关系，学生可以根据自己的阅读情况打通任务。这样，不仅能够提高任务完成的效率，还能最大程度地汲取到《世说新语》的精华。

教师观察：

不少学生在自主学习过程中，出现需要反复阅读的情况，适度地回溯有利于加深对文本的理解，但是《世说新语》的阅读难度偏大，过度地反复阅读让学生明显感到压力，因此必须给予学习的脚手架，并及时提醒学生主动使用提供的学习资源与工具，让学生学会处理多线任务。

（一）我的自我人格评估

任务说明：在梳理了解各位魏晋人物的背景、性格、命运等的基础上，结合子任务一中自主设置的魏晋人物属性值，对自我人格进行测评打分。分值为1—5分，满分为5分。最后，根据表格打分，用简短的一段话评价自我和对朋友的需求与期待。

人格属性	德行值	雅量值	容貌值	权力值	勇气值	社交值
分数						
人格属性（自选指标）	____值	____值	____值	____值	____值	____值
分数						

一段话简单说说自己（价值、需求、成长目标等）：

____

设计意图：对自己的评估这一环节虽然简单，但是必不可少。首先，让学生重新审视自己的方方面面，这对处于青春期、渴望认识自我的青少年很有驱动力。在教学实践中可以看出，学生对于自己的德行、勇气、社交，以及自选指标（如毅力等）评定非常慎重，还会在小组探讨过程中，互相分享与评价。而“一段话简单说说自己”的要求，让学生在短短的篇幅中展示自己，对于刚进入高中的学生以及刚接手班级的老师来说，也是互相了解的好环节。

（二）组建我的魏晋朋友圈

任务说明：从子任务一的10位候选人中挑选5位不同类型的朋友，组建我的魏晋朋友圈，并阐释选择原因。

朋友姓名	类型	交友原因
1		
2		
3		
4		
5		

注意：应提醒学生，交友原因不是随意两句写就的，而应参考量规之交友自洽性完成，不仅要有理有据，而且需要体现出阅读过程中择友的心路历程。

子任务三

观魏晋朋友，论独特性格

写作主题：人物性格与思想的独特性是如何形成的？

写作要求：①以下表中的结构布局为参考。②可以写一个魏晋朋友，也可以写几个魏晋朋友，可以在行文中提及自己，可以查阅其他资料。③1200字左右。

板块序号	段落序号	板块内容及层次	字数分布
明确提出问题	1	针对核心问题，联系魏晋等。时代的背景，表明自己的立场及核心观点。	150
充分分析问题	2	分论点一+直接阐释+间接证明	300
	3	分论点二+直接阐释+间接证明	300
	4	分论点三+直接阐释+间接证明	300
简洁解决问题	5	基于以上分析，简洁提出解决问题的思路与方案。	150

设计意图：子任务三是以议论文写作的形式回答本单元的核心问题——人物性格与思想的独特性是如何形成的？经过子任务一和子任务二的学习，学生已经通过阅读、思考、比较对部分魏晋人物有了较为深入的认识，学生可

学习现场 3

学习节点：

子任务三写作专项练习结束后的反馈与讲评。

现场描述：

师生共判，提出意见

师：接下来，大家会拿到两篇文章，有一篇10分左右，有一篇9分左右，都是优秀的作品，现在发给大家。同学们用5分钟的时间阅读，并判断哪一篇是10分，哪一篇是9分。9分的文章虽然很棒，但是因为哪里不足扣了分数？每个小组将你们的讨论意见写下来，待会儿集中反馈。……

师：时间到。我们以“头脑风暴”的方式提出意见。

组1：我们认为《竹林为骨》这篇10分，《浅析塑造性格的影响因素》这篇9分。《浅》这篇作文的题目不够吸引人，虽然直接说明了文章的内容，但是没有很好地利用题目说明这些影响因素究竟是什么。《竹》这篇题目很有文采，一下子抓住了读者的心，以竹林七贤的某一位人物为例贯穿全篇，竹林最终成就了他的风骨。

组2：我们也认为《浅析塑造性格的影响因素》这篇9分，它的语言表达很好，内容主旨也很清晰，说明了塑造性格的三大影响因素——原生家庭、社会状态和自身信仰。但是，每个分论点段中，只是列举了魏晋人物的事例，段落结尾处缺少论据与论点之间的联系，这个事例怎么就能证明这个论点了呢？会让人产生疑惑。

……

师：大家的判断都很准确。其实仔细想想就会发现，《浅》这篇文章当中的问题，也普遍存在于自己的写作当中，只是落在自己笔下就很难发现，所谓“不识庐山真面目”就是如此。一篇不错的9分作文，大家七嘴八舌都能挑出来这么多小毛病，各位再回头看看自己的作文，是不是也有类似的问题呢？

以联系时代背景、以熟悉的魏晋人物为例，选择有力的事例作为论据，撰写一篇有理有据的议论文。

持续性任务　文言知识梳理储备

注：1. 请从自己阅读的篇目中摘录；2. 梳理重点实词、虚词，并放在文中的句子中解释；3. 词类活用是指名词作动词、名词作状语、形容词作动词、使动用法等。

设计意图：文言知识梳理表的设计，不同于通常的文言篇目讲授式教学，是督促学生边读、边写、边背诵、边积累的自主式学习。不要求学生填写得多么全面，而是督促学生发现自己的薄弱项。如果学生在个别字词上有理解困难，建议先使用工具书解决，若还存在困难再求助教师，以培养学生自主学习的意识。

文言词法梳理	重点实词	
	重点虚词	
	通假字	
	古今异义词	
	词类活用	
特殊句式梳理	判断句	
	宾语前置句	
	状语后置句	
	被动句	
	省略句	

学习现场 4

学习节点：

持续性任务贯穿始终。

现场描述：

生：老师，持续性任务要完成到什么程度呢？

师：持续性任务的写作量因人而异。如果文言底子比较薄弱，那么就挑选复现率较高的文言知识进行积累；如果文言底子较好或者想挑战自己，那么欢迎同学们多发现、多抄写、多学习。写完之后，请小组之间互相阅览，进一步丰富自己的持续性任务。若发现易错点或者难点，记得记录在自己的积累本上。

形成性评估：

学生在完成任务之前，对持续性任务的目标进行了自我评估，不过无法判断需要达成怎样的目标，也很难确定自己要分配多少时间，因此与老师共同预估任务结果，得到满意的结论后尽快投入到文言字词积累中。

教师观察：

持续性任务没有硬性要求，因此很大程度上能够反映出学生学习自主性的差异。自主性较高的学生不仅进行了更深入、丰富的文言知识积累，还避免在已经掌握的知识上浪费时间。但自主性较差的学生就有等着其他同学找好照抄的嫌疑。因此，配套相应的文言知识小测，督促学生也是必要的。

持续性任务　积累锦囊

任务说明：边阅读边摘抄，收集《世说新语》中出现的成语故事、文化场景、名言典故等。

设计意图：《世说新语》蕴含了大量的文学知识。成语，如拾人牙慧、咄咄怪事、一往情深、卿卿我我等；典故，如管宁割席、芝兰玉树等；文化场景，即一些经典故事中出现的事件场景，如王子猷雪夜访戴等。

注意：由于学生发现的成语典故、文化场景等有所不同，可以采取小组讨论、同学分享等形式，在班级展示学生的学习成果，互通有无，增加学生的知识积累。

四、学习资源与工具

《魏晋时期门阀士族地域分布图》

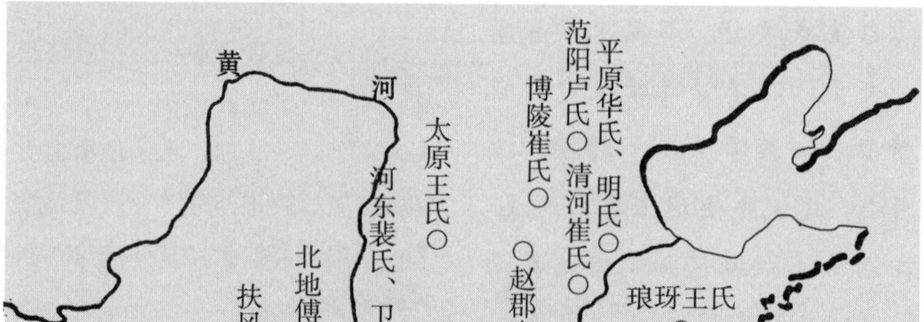

（图片源自网络：见百家号 http：//baijiahao. baidu. com/s？ id = 1621463404522062567&wfr = spider&for = pc）

设计意图：该分布图旨在帮助学生直观了解魏晋时期世家大族的分布情况，梳理人物关系，初步认识魏晋时期士族文化的繁荣。

文章资源

鲁迅：《魏晋风度及文章与药及酒之关系》

宗白华：《论〈世说新语〉和晋人的美》

《世说新语》推介人物生平简介

《世说新语》推介人物生平简介

序号	人物	人物简介
1	谢安	谢安（320—385），字安石。陈郡阳夏（今河南省周口市太康县）人。东晋政治家、名士。 谢安的人生主要分为两个部分，他的前半生“与民同乐”；后半生“与民同忧”。谢安少以清谈知名，屡次辞绝了朝廷让他为官的邀请，隐居在会稽郡山阴县之东山，与王羲之、许询等游山玩水，并教育谢家子弟。后谢氏家族在朝中权力衰落，在朝为官者尽数逝去，他才东山再起，历任征西大将军司马、侍中、吏部尚书等职。简文帝逝后，大将军桓温有篡位之意，谢安与王坦之联合将其意图扼杀。桓温死后，谢安与王彪之等共同辅政。在淝水之战中，作为东晋一方总指挥，以八万兵力打败了号称百万的前秦军队。战后因功名太盛而被孝武帝猜忌，被迫前往广陵避祸。太元十年，谢安病逝，年六十六。谥号“文靖”。 谢安在文学上也有很深的造诣，他多才多艺，善行书，通音乐。他性情闲雅温和，处事公允明断，不居功自傲，有宰相气度。他格局广大，总是为了家族利益和皇室利益着想，不专权谋私。其勇气、气量和顾全大局的品质令人敬佩。他曾经在杀身之祸面前吟咏“浩浩洪流”，曾经在波涛汹涌的海面上神色不变；他能屈能伸，本性主张无为而治，但也可以顾全大局为家族的利益出山为官。谢安是东晋名士的代表，他身上不凡的风度和品质是很多人毕生追求的目标。 （沈昕）

续表

序号	人物	人物简介
2	王导	王导（276—339），字茂弘，小字赤龙、阿龙。琅玡临沂（今山东省临沂市）人。东晋时期政治家、书法家，历仕晋元帝、明帝和成帝三朝，是东晋政权的奠基人之一。 他早年与琅玡王司马睿相交好，并协助其建立东晋。他认为通过教育和实行“镇之以静”的治民方略可以使国家政局稳定。同时他体察人情，调剂各大机关以安抚士族，稳定国家。他在“王敦之乱”期间坚定维护帝室，并坚决推辞晋明帝司马绍赐予他的特权。王导工于书法，以行草最为出名。他勤俭朴素，生活清静寡欲，为三朝皇帝所敬重，政治上体察人情、安抚士族、平衡矛盾，苦苦维护着晋朝稳定。王导位至太傅、丞相，于咸康五年病逝，以臣子的最高等级下葬，情形可比拟汉朝霍光。 （徐秋语）
3	支道林	支遁（314—366），字道林，世称支公、林公，别称支硎（xíng），本姓关。陈留（今河南省开封市）人，或说河东林虑（今河南省林州市）人。东晋高僧、佛学家、文学家。 支遁初隐余杭山，25 岁出家，曾居支硎山，后于剡（shàn）县（今浙江省绍兴市一带）立寺行道，僧众百余。晋哀帝时应诏进京，居东安寺讲道，三年后回剡而卒。 其人善草隶，好畜马观鹤、品茶论道，精通老庄佛典，常与名士清谈，见解独到、卓然有识。当时谢安、王羲之等重臣名士都以能与之清谈为荣，是为玄佛先驱，清谈大家。
4	王羲之	王羲之（303—361，一说 321—379），字逸少，东晋时期著名书法家，有“书圣”之称。琅玡临沂人，后迁会稽山阴（今浙江省绍兴市），晚年隐居剡县金庭。因为曾经做过右军将军，所以人们又称之为“王右军”。历任秘书郎、宁远将军、江州刺史。 王羲之的字漂亮至极，潇洒至极，兼善隶、草、楷、行各体，又摆脱了汉魏笔风，自成一家，影响深远，他的代表作《兰亭序》被誉为“天下第一行书”，在书法史上，他与其子王献之合称为“二王”。而他本人的姿容气度绝佳。 （钟颖杉）

续表

序号	人物	人物简介
5	王戎	王戎（234—305），字濬冲。琅玡临沂人。三国至西晋时期名士、官员，“竹林七贤”之一。 王戎出身琅玡王氏，家世显赫。王戎的爷爷辈出了“二十四孝”中“卧冰求鲤”的王祥，同辈人中有位极人臣的王导、王敦，还有那位把钱称为“阿堵物”的清谈家王衍，下一辈堂侄里出了“书圣”王羲之。他年幼时就十分聪慧，王戎加入“竹林七贤”时才十五岁，是比他年长二十岁的阮籍推荐的。虽然是“竹林七贤”之一，但是他却不像其他几位那般清新脱俗，反而很世俗，十分吝啬。据说王戎经常与夫人手执象牙筹计算财产日夜不辍。“卖李钻核”便是王戎的轶事之一。 王戎官至中书令，后又升任司徒。但后来他认为天下将乱，便整日游山玩水，不理政事。但后又做了尚书令，再升司徒。直到张方劫持惠帝入长安，王戎逃奔。享年七十二岁。 （杨睿洁）
6	王献之	王献之（344—386），字子敬，小名官奴，汉族，琅玡人，生于会稽山阴（今浙江省绍兴市）。“书圣”王羲之第七子、晋简文帝司马昱之婿。历任州主簿、秘书郎、司徒长史、吴兴太守、中书令等职，为与族弟王珉区分，人称“大令”。386 年，王献之病逝，年仅四十三岁。 王献之从小随父王羲之习书法，与其父并称为“二王”，有“小圣”之称。 （王梓岳）
7	谢玄	谢玄（343—388），字幼度。陈郡阳夏人。东晋名将，豫州刺史谢奕之子、太傅谢安之侄。 谢玄有经国才略，善于治军。早年为大司马桓温部将。太元二年（377年），为抵御前秦袭扰，谢安荐谢玄为建武将军、兖州刺史，领广陵相，监江北诸军事。他招募北来民众中的骁勇之士，组建训练一支精锐部队，号为“北府兵”。太元四年（379 年），率兵击败前秦军的进攻，进号冠军将军，加领徐州刺史。淝水之战中，谢玄任前锋都督，先遣部将刘牢之率部夜袭洛涧，首战告捷。继而抓住战机，计诱前秦军后撤，乘势猛攻，取得以少胜多的巨大战果。太元九年（384 年），率兵为前锋，乘胜开拓中原，先后收复了今河南、山东、陕西南部等地区。后因病改任左将军、会稽内史。 太元十三年（388 年），谢玄去世，年仅四十六岁。追赠车骑将军、开府仪同三司，谥号“献武”。 （刘京玮）

续表

序号	人物	人物简介
8	嵇康	嵇康（224—262），字叔夜，三国时期著名思想家、音乐家、文学家。 嵇康早年丧父，由母亲和兄长抚养成人，自幼博学多才。成年后，娶曹林之孙女长乐亭主为妻，有一子一女。早年间，司马昭请他做官，被拒，结仇。山涛推荐他做官，嵇康写《与山巨源绝交书》，嵇康的好友吕安的妻子徐氏被吕安的兄长迷奸，反被其兄长诬告，使吕安下狱。嵇康为吕安作证，触怒司马昭。钟会陷害嵇康，司马昭一怒之下，下令处死嵇康与吕安。 嵇康身长七尺八寸，容止出众，是“竹林七贤”之一。嵇康音乐、书法、绘画、文学兼工，尤其擅长弹琴，著有音乐著作《琴赋》《声无哀乐论》。 （张冕群）
9	阮籍	阮籍（210—263），字嗣宗，陈留尉氏（今河南省开封市）人也，“竹林七贤”之一。曾任步兵校尉，世称“阮步兵”。政治上谨慎避祸，明哲保身，“口不臧否人物”。其代表作有《咏怀诗八十二首》《大人先生传》等，收录在《阮步兵集》中。 阮籍少年时就天赋异禀，三十二岁那年（正始三年，242 年）步入仕途，随后一直做一些没什么活干的官，一直到阮籍去世。阮籍为官期间，知晓司马氏篡权的来龙去脉，因而对儒家学说信仰崩塌，转而崇尚道家学派，是魏晋玄风的开创人之一。 阮籍是一个孤僻的人，令人以为深不可测。同时，他也是一个十分狂傲的人，他对当时的世俗礼法视如无物，而那些东西却是当时的人们最注重的。阮籍的名言有如下两句：“时无英雄，使竖子成名”；“礼岂为我辈设也？” 阮籍是“正始之音”的代表，是那个时代的名士中最为出色的一个。他将五言诗推向了一个前所未有的高度。他是玄学之风盛行的先驱者和倡导者。 （黄雨辰）
10	王徽之	王徽之（338—386），字子猷，东晋名士、书法家，书圣王羲之第五子。曾历任车骑参军、大司马参军、黄门侍郎。 其人生性高傲，放诞不羁，不拘小节。对公务并不热忱，担任桓温参军时，负责管理马匹，却不闻不问。后来索性辞官，常住山阴（今浙江绍兴），喜好赏竹听笛，随性而为，曾有“雪夜访戴”的兴致之举。 其书法长于行草，以韵胜。宋《宣和书谱》评其书法“作字亦自韵胜”，后世传帖《承嫂病不减帖》《新月帖》等。 （徐煜斐）

续表

序号	人物	人物简介
11	曹操	曹操（155—220），字孟德，小字阿瞒，沛国谯郡（今安徽省亳州市）人。东汉末年杰出的政治家、军事家、文学家、书法家，三国中曹魏政权的奠基人。 曹操曾担任东汉丞相，后加封魏王，奠定了曹魏立国的基础。去世后谥号“武”。其子曹丕称帝后，追尊为武皇帝，庙号太祖。 东汉末年，天下大乱，曹操以汉天子的名义征讨四方，对内消灭二袁、吕布、刘表、马超、韩遂等割据势力，对外降服南匈奴、乌桓、鲜卑等，统一了中国北方。曹操军事上精通兵法，重贤爱才，为此不惜一切代价将看中的潜能分子收于麾下；生活上善诗歌，抒发自己的政治抱负，并反映汉末人民的苦难生活，气魄雄伟，慷慨悲凉；散文亦清峻通脱，开启并繁荣了建安文学，给后人留下了宝贵的精神财富。 （于奕然）
12	顾恺之	顾恺之（348—409），字长康，是东晋时代的画家，晋陵无锡（今江苏省无锡市）人。代表作有《洛神赋图》。 曾在南京为瓦官寺画维摩诘像，光彩耀目，轰动一时。后当上大司马参军，为殷仲堪参军，405 年时升为散骑常侍。 顾恺之有极高的艺术成就，他多才多艺，工诗赋、书法，尤精绘画，有才绝、画绝、痴绝之称。后世诸多成语来源于他的轶事或者艺术理论，比如渐入佳境、点睛之笔、迁想妙得、云兴霞蔚、手挥五弦、目送归鸿等。 （刘俊哲）
13	晋文帝司马昭	司马昭（211—265），字子上。河内温县（今河南省焦作市温县）人。三国时期曹魏权臣，晋宣帝司马懿之子。 司马昭早年随父抗击蜀汉，多有战功。自其兄死后，曹髦九次加九锡，皆不允。曹髦不肯为其傀儡，欲杀之。然事破败，遭贾充刺死。自封为晋王。其人关心百姓，通晓兵书，富于智谋，善于用兵；虽阴险狠辣，却对魏晋名士相对宽容。 （全灏）

续表

序号	人物	人物简介
14	石崇	石崇（249—300），西晋时期文学家、官员、富豪，字季伦，小名齐奴，“金谷二十四友”之一，大司马石苞第六子。 石崇是西晋时期鼎鼎有名的大富翁，年轻的时候任荆州刺史时抢劫远行商客，取得巨额财富，以此致富。后来担任卫尉，与贾谧、潘岳等很是亲善。后来赵王司马伦发动八王之乱，诛杀贾谧的靠山贾皇后，贾谧也被杀。司马伦党羽孙秀相中石崇的美妾绿珠，派人前去索要，但石崇拒绝了。后来石崇被孙秀派军队包围，绿珠跳楼自杀以保节，石崇被捕。最后石崇全家共十五人均遇害，石崇死时年五十二岁。惠帝复位后，以九卿礼仪重新安葬了石崇。 （张锦茜）
15	陈元方	陈元方（129—199），名纪，字元方，颍川许昌（今河南省许昌市）人，陈寔之子，是东汉时期著名道德家。 与父陈寔（陈太丘）、弟陈谌（陈季方）俱以德称，被时人合称为“三君”。其中，元方与弟弟陈谌才能不分高低，被陈寔评为“元方难为兄，季方难为弟”，也是“难兄难弟”这一典故的由来。陈元方一生坎坷，曾官至五官中郎将，后遭党锢之祸，被陷入狱，在狱中发愤著书，号曰《陈子》，凡数万言。 陈元方自幼聪慧，品行高洁，陈家父子在当时颇具名声，可谓满门俊才。后世评其为“真人”。 （荆宜睿）
16	刘伶	刘伶（一说约221—约300），字伯伦，沛国（今安徽省淮北市）人，魏晋时期名士，“竹林七贤”之一。 刘伶嗜酒不羁，已经到了“病酒”的程度，被称为“醉侯”。他身高六尺（不到一米五），容貌丑陋，身份低下，却才华横溢。曾在建威将军王戎幕府下任参军，因无所作为而被罢官。泰始二年（266年），朝廷征召刘伶再次入朝为官，刘伶只好把自己灌得酩酊大醉，然后脱光衣衫，裸奔而去，朝廷于是作罢。刘伶最终一生不再出仕，老死家中。 表面上看来，他如同酒鬼，骨子里却好老庄之学，追求自由逍遥、无为而治，这都是他独立人格和反抗精神的一种表达，后世以刘伶为蔑视礼法、纵酒避世的典型。刘伶现今存世的作品只有《酒德颂》和《北芒客舍诗》。

续表

序号	人物	人物简介
17	潘岳	潘岳（247—300），字安仁，西晋著名文学家，“潘安”之名始于杜甫《花底》：“恐是潘安县，堪留卫玠车。” 年少时，潘岳每次上街都会因外貌格外俊美而被无数女子团团围住，他不得不以车代步，于是，那些围观他的女子每每都会将各种各样的水果扔进他的车里，“掷果盈车”一词由此而来。潘岳外貌俊美，使无数女子都对他芳心暗许，他的小名“檀郎”甚至被后世用作女子对丈夫的称呼，但潘岳仍痴心于妻子杨氏一人，在杨氏不幸早逝之后，他写下《悼亡诗》抒发对亡妻的思念，终身未再娶妻。 他文采极为出色，有人评价他写的文章是“烂若披锦，无处不善”；后人把他和同时代的陆机并称为“陆才如海，潘才如江”。 然而，才貌双全的潘岳，在仕途上却屡屡受挫，他被安排到不同地方做了几任小官，虽然政绩不错可总是无法升迁，再加上他心高气傲不满于自己的职位，最终还是被免职了。 直到贾后掌权，潘岳的文采得到贾谧的赏识，仕途平步青云，进入西晋权力中枢。然而，此时的潘岳已经变得趋炎附势，他对贾谧尤其谄媚，甚至每次远远见到贾谧出入，他和石崇两人都要望尘而拜。 公元 300 年 4 月，赵王司马伦发动政变，贾后、贾谧等人都被诛杀，作为贾氏集团的重要成员，54 岁潘岳被加以谋反的罪名，连诛三族。 （石雨青）
18	晋宣帝司马懿	司马懿（179—251），字仲达，河内郡温县孝敬里人。三国时期魏国政治家、军事谋略家，魏国权臣，西晋王朝的奠基人。 司马懿博学多闻，多大略，善奇谋。多次征伐有功，两次成功抵御诸葛亮北伐，远征平定辽东，击退东吴两次入侵，并对屯田、水利等农耕经济发展有重要贡献。司马懿是辅佐曹魏四代君主的重臣。早年被曹操任命为太子中庶子，中年帮助曹丕在储位之争中获得胜利，晚年又被魏明帝曹叡临终托孤，与曹爽辅佐幼帝曹芳。 司马懿于公元 249 年趁曹爽陪曹芳离洛阳至高平陵祭陵，起兵政变并控制京都洛阳。自此，曹魏的军政权力落入司马氏手中，史称高平陵之变。司马懿于公元 251 年病逝，谥号宣文。次子司马昭封晋王后，追谥司马懿为宣王；司马炎称帝后，追尊司马懿为宣皇帝，庙号高祖。 （李岳桐）

续表

序号	人物	人物简介
19	孔融	孔融（153—208），字文举。鲁国（今山东省曲阜市）人。东汉末年文学家，孔门之后，“建安七子”之一，一代名儒。文学造诣尤高，辞采典雅，引古论今，气势充沛。 孔融少年异才，有“孔融让梨”“小时了了”等典故，成年后才华横溢、锋芒毕露，任虎贲中郎将、北海相，时称孔北海。为将作大匠，迁少府，又任太中大夫。性好宾客，喜抨议时政，言辞激烈，后因触怒曹操而被杀。
20	谢道韫	谢道韫（生卒年不详），字令姜，东晋时女诗人，是宰相谢安的侄女，安西将军谢奕的女儿，也是著名书法家王羲之次子王凝之的妻子。 谢道韫出身名门望族，早年婚姻生活不算满意，倒也顺利。晚年在卢循孙恩之乱时，丈夫王凝之为会稽内史，但守备不力，逃出被抓后杀害。谢道韫听闻敌至，举措自若，巾帼不让须眉，拿刀出门杀敌数人，才被抓。孙恩因感其节义，故赦免道韫及其族人。王凝之死后，谢道韫在会稽独居，足不出户，只是打理本府内务，闲暇时写诗著文，过着平静的隐士生活，终身未改嫁。 谢道韫凭借“未若柳絮因风起”一句，被誉为中国古代才女的代表。后写有《登山》（又名《泰山吟》）和《拟嵇中散咏松》，但都已散佚。 （王泓轲）

（注：推介人物简介基本由北京市十一学校学生编写，编写者姓名备注在右下角。）

《世说新语》推介人物及篇目

篇目号是指该人物在正文和注释中出现的篇目对应的门类和序号。

刘义庆（南朝宋），朱碧莲、沈海波译注，《世说新语》，中华书局，2011

《世说新语》推介人物及篇目

序号	人物	篇目数量	篇目号
1	谢安（安石、太傅、谢太傅、谢公）	110	德行一 33、34、36；言语二 62、70、71、75、78、90、92；政事三 23；文学四 24、39、48、52、55、79、82、94；方正五 18、55、60、61、62；雅量六 27、28、29、30、33、34、35、37；识鉴七 21、24；赏誉八 76、77、78、97、101、102、105、116、125、128、129、131、133、139、140、141、143、146、147、148；品藻九 45、46、52、55、57、59、60、62、67、69、70、71、73、74、75、76、77、78、82、84、85、87；规箴十 21；夙惠十二 6；豪爽十三 12；容止十四 34、36、37；伤逝十七 15；栖逸十八 12；贤媛十九 23、25、26；巧艺二十一 7；任诞二十三 38、40、41、42；简傲二十四 12、14；排调二十五 26、27、32、38、39、45、55；轻诋二十六 17、23、24、27、29；假谲二十七 14；忿狷三十一 6；尤悔三十三 14；纰漏三十四 5
2	王导（茂弘、丞相、王丞相、司空、王公）	84	德行一 27、29；言语二 31、33、36、37、40、102；政事三 12、13、14、15；文学四 21、22；方正五 23、24、36、37、39、40、42、45；雅量六 8、13、14、19；识鉴七 11；赏誉八 37、40、47、54、57、58、59、60、61、62；品藻九 6、13、16、18、20、23、26、28、43、47、83；规箴十 11、14、15、17；捷悟十一 5；容止十四 15、24、25；企羡十六 1、2；伤逝十七 6；栖逸十八 4；术解二十 8；宠礼二十二 1；任诞二十三 23、24、32；简傲二十四 7；排调二十五 10、12、13、14、16、17、18、21；轻诋二十六 4、5、6、8；俭啬二十九 7；汰侈三十 1；尤悔三十三 6、7；纰漏三十四 4；惑溺三十五 7
3	支道林（道林、支公、林公、林道人、林法师）	45	言语二 45、63、76、87；政事三 18；文学四 25、30、32、35、36、40、41、42、43、45、51、55；雅量六 31；赏誉八 83、88、92、98、110、119、123、136；品藻九 54、60、67、70、76、85；容止十四 29、31、37；伤逝十七 11、13；巧艺二十一 10；排调二十五 28、43、52；轻诋二十六 21、24、25、30

续表

序号	人物	篇目数量	篇目号
4	王羲之（逸少、右军、王右军、临川）	38	言语二 62、69；文学四 36；方正五 25、61；雅量六 19、28；赏誉八 55、72、77、80、88、92、96、100、108、120；品藻九 28、29、30、47、55、62、85；规箴十 20；容止十四 24、26、30；企羡十六 3；栖逸十八 6；排调二十五 54；轻诋二十六 5、8、19、20；假谲二十七 7；汰侈三十 12；仇隙三十六 5
5	王戎（王濬冲、安丰、王安丰）	33	德行一 16、17、20、21；言语二 23；雅量六 4、5、6；赏誉八 5、6、10、13、14、16、24、29；品藻九 6；容止十四 6、11、15；伤逝十七 2、4；任诞二十三 1、14、32；简傲二十四 2；排调二十五 4；俭啬二十九 2、3、4、5；纰漏三十四 4；惑溺三十五 6
6	王献之（子敬、王子敬、第七叔）	26	德行一 39；言语二 86、91；方正五 59、62；雅量六 36、37；赏誉八 148、151；品藻九 70、74、75、77、79、80、82、86、87；伤逝十七 14、15、16；简傲二十四 15、17；排调二十五 50、60；忿狷三十一 6
7	谢玄（遏、谢遏、车骑、谢车骑）	22	言语二 78、92；文学四 41、52、58；雅量六 35、38；识鉴七 22、23；赏誉八 146、149；品藻九 46、71、72；容止十四 36；贤媛十九 26、28、30；排调二十五 54、55；轻诋二十六 23；假谲二十七 14
8	嵇康（嵇叔夜、嵇中散、嵇公）	20	德行一 16；言语二 15、18；政事三 8；文学四 5、98；雅量六 2；赏誉八 29；品藻九 31、67；容止十四 5、11；伤逝十七 2；栖逸十八 2、3；贤媛十九 11；任诞二十三 1；简傲二十四 3、4；排调二十五 4
9	阮籍（阮嗣宗、阮步兵、步兵）	18	德行一 15；言语二 40；文学四 67；品藻九 71；栖逸十八 1；贤媛十九 11；任诞二十三 1、2、5、7、8、9、11、13、51；简傲二十四 1、2；排调二十五 4
10	王徽之（子猷、王子猷）	18	雅量六 36；赏誉八 132、151；品藻九 74、80；伤逝十七 16；任诞二十三 39、46、47、49；简傲二十四 11、13、16；排调二十五 43、44、45；轻诋二十六 29、30
11	曹操（魏武帝、魏武）	17	言语二 8；方正五 2；识鉴七 1、2；规箴十 18；捷悟十一 1、2、3、4；夙惠十二 2；容止十四 1；贤媛十九 4；轻诋二十六 11；假谲二十七 1、2；忿狷三十一 1；惑溺三十五 1

续表

序号	人物	篇目数量	篇目号
12	顾恺之（长康、顾长康）	14	言语二 85、88、95；文学四 98；巧艺二十一 7、9、11、12、13、14；排调二十五 56、59、61；轻诋二十六 26
13	司马昭（文王、司马文王、晋文王、晋文帝）	13	德行一 15；言语二 17、18；文学四 67；方正五 8；雅量六 2；赏誉八 5；品藻九 5；任诞二十三 2；简傲二十四 1；排调二十五 2；尤悔三十三 7、13
14	石崇	10	企羡十六 3；汰侈三十 1、2、3、4、5、8、10；仇隙三十六 1、2
15	陈元方	9	德行一 6、8、10；言语二 6；政事三 3；方正五 1；品藻九 6；规箴十 3；夙惠十二 1
16	刘伶	7	文学四 69；品藻九 71；容止十四 13；任诞二十三 1、3、6；排调二十五 4
17	潘岳（潘安仁、安仁）	7	文学四 70、71、84、89；容止十四 7、9；仇隙三十六 1
18	司马懿（司马宣王、晋宣王、宣帝）	4	方正五 4、5；容止十四 27；尤悔三十三 7
19	孔融（孔文举）	4	言语二 3、4、5、8
20	谢道韫（谢夫人）	4	言语二 71；贤媛十九 26、28、30

文言文阅读四步法

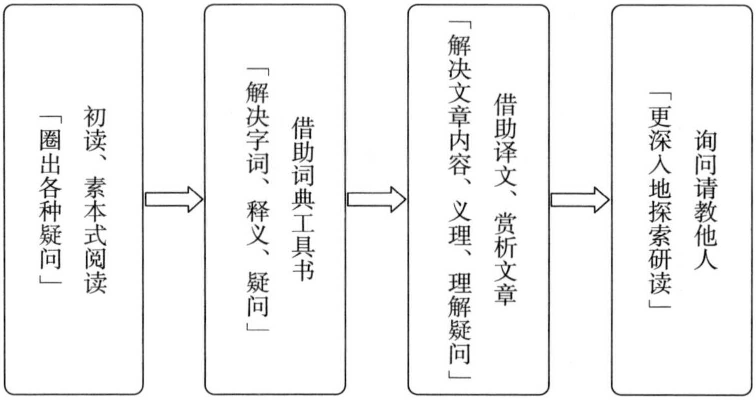

设计意图：文言文阅读四步法，是帮助学生进行文言文自主阅读的重要工具，以素本初读、借助工具、译文赏析、请教他人（深入探索）四个基本步骤组成，由易到难。可以看出，自主阅读不是封闭阅读，而是有针对性地借助工具、求助他人来解决问题的。

阅读一则《世说新语》篇目的流程建议

【原文】谢奕作剡令，有一老翁犯法，谢以醇酒罚之，乃至过醉，而犹未已。太傅时年七八岁，著青布裤，在兄膝边坐，谏曰："阿兄，老翁可念，何可作此！"奕于是改容曰："阿奴欲放去邪？"遂遣之。

步骤	操作	结论	对应任务
第一步	积累实词、虚词、句法	乃至（致使）过醉、而犹未已（停止）、老翁可念（可怜）、于是改容（改变脸上神色）、阿奴（当时人对亲近者的昵称）	持续性任务——文言知识梳理储备
第二步	积累典故	老翁可念	持续性任务——积累典故
第三步	内容分类	政治军事/其他	子任务一——确定我的择友标准
第四步	从细节思考人物特点	年七八岁——年纪小就有同情心——德行 著青布裤，在兄膝边坐、奕于是改容——和兄长感情好——亲情关系/家族背景 谏曰："老翁可念，何可作此！"——劝说、说辩能力	子任务二——组建我的魏晋朋友圈

续表

步骤	操作	结论	对应任务
第五步	斟酌填表用词与关键细节选取	七八岁以老翁可念——侧重德行 年幼说服兄长释放犯人——侧重说辩能力 年幼参与兄长政事——侧重亲情关系/家族背景	子任务一——确定我的择友标准 子任务二——组建我的魏晋朋友圈 子任务三——观魏晋朋友，论独特性格
第六步	处理完一个人物后，纵观全表设计	能够概括人物主要特征，并具有较强的辨识度。 同类人物的纵向标准“相对统一”，便于同类比较。	子任务一——确定我的择友标准 子任务二——组建我的魏晋朋友圈

五、学习成果

子任务三　优秀例文一

浅析塑造性格的影响因素

穆迪曾经说过：“性格是一个人看不见的本质。”更确切地说，性格是人对现实、对自身以及对他人的态度和相对稳定的行为方式。而性格并非是与生俱来、一成不变的，它是活动变化的，也是可以塑造的。

歌德曾说：“性格涉人世之风波而塑成。”是的，在外部因素中，有两个因素影响最大：一个是社会环境，二是家庭环境。性格之所以出现，很大程度由于人要生活在社会中，要对社会诸事做出反应，最终形成性格。比如魏晋时期，由于晋朝王室豪奢政治黑暗，统治者不仁不义但以礼教束人，这样的社会环境也就导致了嵇康性格清高恬淡寡欲，阮籍性格狂狷简傲。他们的性格正是受社会环境影响而在叛逆之心中塑成的。

家庭环境也会塑造人物的性格，家庭环境的不同赋予了性格基调的独特性。因为性格最易塑时应属年少时，而一个人的家庭对他的影响从出生时便开始，贯穿一生。譬如拥有咏絮之才的谢道韫，她的“林下风气”与“竟有王郎”的傲气的形成与她出嫁前生活的环境有莫大关系。谢家乃是江左高门，素有“诗酒风流”之誉，而她与家中谢安、谢玄、谢尚、谢万等优秀人物的互动，也使她的性格高傲爽朗又果敢，最终选择在丈夫沉迷道教时，亲自提刀与叛军厮杀。

内视其人，生平经历会影响并塑成人物的部分性格。性格是人对现实对自己对他人的态度，而人所经历的事，遇到的人和做出的选择都在改变着态度。名相王导本是风姿飘逸的脱尘性格，是一位好清谈的风流人物。但当他选择辅佐司马睿，走上仕途，一步步位极人臣后，他的生平经历就逐渐磨砺出更多匹配职位与经历的性格，诸如善解人意、正直温和、思想深邃怀远等。

读书治学与受到的陶冶，也会给人们性格再一次发展的机会。读书治学是体悟前人之思，论述他人之性，最终在研读过程中，将其中一部分内容沉淀内化成自己的性格。支道林好读老庄、佛家之学，而持续的阅读与思考使他形成了清远、温和脱俗的性格。

许多思想家认为“性格决定命运”，而我认为命运与性格孰在前孰在后很难分辨，它们之间本是相互影响的关系：经历塑造性格，而性格决定选择，选择即为命运。

知道了性格是如何形成的，我们所能做的就是改变内因，寻求外因，以期完善自己的性格，谱写自己的命运。读书是如今最触手可及的内因，改变内因便可以影响性格；尽力在社会环境和家庭环境中保持清醒，时时思考，发挥自己的主观能动性，我们便能掌控部分性格的塑成。

（冯羽墨）

成果点评：本作文开篇明义，指出性格可以塑造和改变，接下来从外因——社会因素和家庭因素、内因——生平经历和读书治学两个大方面四个小点来论证性格的影响因素。论证过程中可以看出作者对《世说新语》中人物的生平经历、性格特征等各方面有了较为深刻的认识。最为难得的是，在文章结尾处，作者指出命运与性格之间并不是线性决定关系，而是互相影响关系，并论述了只有寻求内外因的改变，才能将命运之轮掌握在自己手中，这篇说明了主观能动性的文章在一众单纯说明影响因素的文章中独树一帜。不过，由于作者刚刚进入议论文写作阶段，分论点之间的衔接略显生硬，结尾的升华力度不足，依然有升格的空间。

子任务三　优秀例文二

竹林为骨

魏晋是一坛酒，多少人风流一生，醉得潇洒，醉得坦然。有人醉心权位，有人痴心山水，有人深居竹林，有人挥斥方遒，在这个非凡的时代，人们的思想与性格十分独特，无论是个人的经历，还是社会的影响，都一点点磨炼着他们的性格，改变着他们的思想，同样，他们的性格与思想也互相影响着。

他是竹林精神的代表者，魏晋风流也在他的身上得到完美的体现。他风姿特秀，他雅量高致，他天赋异禀博学多才，却不愿屈身于朝廷，他高雅洒脱，即使刀已经高高悬在头顶，也能一曲《广陵散》余音绕梁，他，就是竹林七贤之一，嵇康。

他独一无二的性格与思想是如何形成的呢？我认为主要分为三个方面。

第一，他独特的个人经历影响着他的性格与思想。一个人经历了一些事情后，尤其是经历了与他原本认知不符的事件后，往往会改变对这类事件的看法，有时甚至会影响到他的三观，甚至改变了他的思考方式，这样，就逐渐形成个人独特的思想与性格。正如嵇康父亲官至治书侍御史，兄长任太仆、扬州刺史、宗正等职，由此，嵇康幼年得以博览群书、了解政事，拓宽视野。后来在汲郡山，他与沉默寡言的孙登一同遨游山水之间，与王烈一道入山过着隐士生活，这些经历在年轻的嵇康心里，种下了对隐居生活的向往。他能够不惜自己性命帮吕安作证的正直，他淡然临刑东市的雅量，也非一朝一夕能形成，也许是与吕安深厚的交情，也许是司马昭的猜忌激起他心底的愤恨，也许是多年来隐居的生活，两耳不闻窗外事，锻造出他泰然处世的性格。总之，没有他的所闻所历，就没有如此正义、从容的嵇康。

第二，社会的环境也同样影响着他的性格与思想。人是社会的一分子，社会也代表着人们的整体生活水平或主题思想，社会安定，人们就平静安康；社会混乱，人心就动摇不定，人们在不同的环境下也会做出不同的选择，因此，社会背景也会影响人物的性格与思想。魏晋南北朝虽说是一个自由的时代，但也是一个乱世，征战不断，人心本末倒置，世人勾心斗角，像嵇康这样可以保持自己真心的，实在是少之又少。那么，是什么让他在乱世中可以觅得潇洒真诚呢？首先，是他的交际圈。嵇康的朋友，要么是吕安这样的俊才名士，要么是山涛、阮籍这样的世外高人，他们平时聚在一起，过着清闲的隐居生活，或是谈论道德养生，或是酣饮美酒，所以他才能做到如此潇洒正直。其次，是他不愿做官，来自朝廷的压迫使他更轻视官僚，能做到不谋权政，不随波逐流。

第三，他的性格与思想本身也是互相影响的。思想属于认识，随着一个人对外界认知的改变，他的性格也会受到影响，同样地，一个人性格发生了改变，他对外界的认知也会发生改变，从而发生思想上的改变。正如一个残暴的人不会信奉儒家思想，而嵇康作为主张养生的人，人们便未尝见其喜其愠。同样，他不愿为官，也不愿背叛朋友，因此他主张审贵贱而通物情。嵇康的性格其实很有多样性，他主张自然超脱，看透贫穷富贵，这让他不拘泥于现实，过自己的竹林生活；他还提倡超越礼法的束缚，自然无为，这让他无拘无束，潇洒而有雅量。

嵇康不明保身之道，而能够坚持心中的正义，他才华横溢，却不愿为官，他一心向往隐士生活，但为了朋友主动卷入政治的旋涡，他既能在平时注重养生之道，也能在临刑前泰然自若。而他如此超然脱俗的气质思想与他的个人经历和社会环境分割不开，他既是最快意的隐居者，也是最潇洒的思想家，种种条件与因素凝聚成了这颗魏晋时期最为闪耀的星星，在中华文化的星空中熠熠生辉。

（马君陶）

成果点评：本文以一位典型人物为代表，论述其性格思想的影响因素，针对嵇康为什么会在乱世之中保持自然放达、不畏权贵的品行进行了详细论述，从个人经历、社会环境、思想影响三个方面阐释了嵇康性格气质产生的原因，论述有理有据，只是部分论证逻辑严密性不够，比如第二点社会环境的影响中，论述重点偏移到为什么嵇康不受社会环境影响，前后有些小矛盾，需要再梳理。

不过，难得的是，本文行文流畅，文采不俗，以“竹林”为题，抓住了嵇康身为“竹林七贤”核心人物的重要特征，开篇引人入胜，结尾收束有力，仍不失为一篇佳作。

六、单元反思

达成效果

首先，学习任务驱动力强。《世说新语》原文本属于门类体例，这种体例使得文本内容松散，背景信息不全，学生读起来常常会感到疑惑。“我的魏晋朋友圈”项目，则突破了门类体例的限制，将与某一人物相关的篇目都归并到一起，让学生可以集中深入了解这一人物。另外，书中的人物都是遥远的魏晋时期的帝王名士等，“我的魏晋朋友圈”为贴近学生日常生活的“朋友圈”，拉近了古人与今人的距离，“交朋友”的过程让学生更深入地了解自我，也“真实”体验了一把与帝王将相、名流侠士结交的过程。通过人物大盘点、组建朋友圈、写作三个阶段的层层深入，不仅让学生熟悉了《世说新语》的文本内容，与众多的魏晋人物透过文本而神交，更对一个丰富的人物形象有了辩证的理解，完成了本单元学习目标。

其次，多方面提升语文素养。语言表达方面，丰富的文言基础知识、成语故事、事迹典故增加了学生语文基础知识的积累。文化审美方面，魏晋人物的神韵风采、风流逸事打开了学生的眼界，使学生为他们的个人魅力深深折服。思维提升方面，对人物性格与社会背景、家族条件、自身经历、交友环境、个性特质等因素之间的关系，学生都有机会展开深度的辩证思考。

最后，学习支架丰富且有效。魏晋时期的时代背景和文学背景对于学生来说都比较陌生，议论文的写作对刚开始接触的学生来说也不容易，特别是使用特定材料、特定事实证据来论证观点，难度不小。故此，教师必须提供适当的脚手架和适时的指导，帮助学生完成一次次任务的进阶。

改进方向

首先，谨记使用高阶任务的要求带动低阶任务的完成的原则。实际上，最早的设计方案上并没有“子任务三”，落脚点只在魏晋朋友的选择和交友原因的阐释。但是，在实际教学过程中，发现学生的交友原因大都只是贴合人物的某一个优势或特点，而对特点的思考太流于表面，所以增加了“子任务三”，把这一核心再“显化”。更改后的方案，激活了学生在前面两项子任务的阅读经验，极大调动了学生的学习积极性，主动参与“《人物简介撰写》招募”“最喜欢的魏晋人物评选”“我的有缘人”等多项活动，在积累阅读知识和人物理解的基础上，在古典的文本中寻找现代的意义，最终实现对人物性格与思想独特性的思考。

其次，部分推介人物和表格设计需要再做考虑。推介人物中像谢道韫、孔融、陈元方篇目过少，让一些动力不足的学生“钻了空子”，较少的阅读量势必无法达到最终的学习目标。子任务二中交友原因表的设计简单了一些，不少学生以罗列为主，没有形成完整的表达，而且对交友原因的导向不够完善，少数学生选择权贵阶级的原因是他们有钱有权，能够“送我上青云”，这种价值导向并不符合我们的教学期待。因此，应该在教学过程中予以纠偏。

七、巩固拓展

（一）与山巨源绝交书（节选）

嵇　康

吾新失母兄之欢，意常凄切。女年十三，男年八岁，未及成人，况复多病，顾此悢悢[①]，如何可言！今但愿守陋巷，教养子孙，时与亲旧叙阔，陈说平生，浊酒一杯，弹琴一曲，志愿毕矣。足下若嬲[②]之不置，不过欲为官得人，以益时用耳。足下旧知吾潦倒粗疏，不切事情，自惟亦皆不如今日之贤能也。若以俗人皆喜荣华，独能离之，以此为快，此最近之，可得言耳。然使长才广度，无所不淹[③]，而能不营，乃可贵耳。若吾多病困，欲离事自全，以保余年，此真所乏耳，岂可见黄门而称贞哉！若趣[④]欲共登王途，期于相致，时为欢益，一旦迫之，必发狂疾，自非重怨，不至于此也。

野人有快炙背[⑤]而美芹子[⑥]者，欲献之至尊，虽有区区之意，亦已疏[⑦]矣。愿足下勿似之。其意如此，既以解足下，并以为别。嵇康白。

【注释】①悢悢：悲恨。②嬲（niǎo）：纠缠。③淹：通达。④趣：通“促”，急于。⑤快炙背：对太阳晒背感到快意。⑥美芹子：以芹菜为美味。⑦疏：不切合事理。

（二）晋书·山涛传（节选）

山涛，字巨源，河内怀人也。少有器量，介然不群。性好《老》《庄》，每隐身自晦，与嵇康善，后遇阮籍，便为竹林之交，著忘言之契。康后坐事，临诛，谓子绍曰："巨源在，汝不孤矣。"

及羊祜[①]执政，时人欲危[②]裴秀，涛正色保持之。由是失权臣意，出为冀州刺史，加宁远将军。

初，陈郡袁毅尝为鬲令，贪浊而赂遗公卿，以求虚誉，亦遗涛丝百斤，涛不欲异于时，受而藏于阁上。后毅事露，槛车送廷尉，凡所受赂，皆见推检。涛乃取丝付吏，积年尘埃，印封如初。

【注释】①羊祜：与裴秀均为魏晋时期大臣。②危：加害。

1. 请用现代汉语写出画线句子的意思。

（1）俗人皆喜荣华，独能离之，以此为快。

____

____

（2）康后坐事，临诛，谓子绍曰："巨源在，汝不孤矣。"

____

____

2. 结合魏晋时期的时代背景，思考嵇康为什么一面写绝交信给山涛，一面又在临死前将儿子嵇绍托付给山涛？

3. 结合《世说新语》和上述文本材料中对嵇康的描述，你认为嵇康是一个怎样的人？

【参考答案】

1.（1）世俗的人都喜欢荣华富贵，而唯独我能离弃它，并以此感到高兴。

（2）（嵇康）临刑前，对儿子嵇绍说："有山涛（山巨源）在，你就不会孤独无靠了。"

2. 魏晋时期，政治黑暗，司马氏日兴，曹魏日衰。嵇康深知自己可能不得善终：一方面，嵇康一生洒脱不羁，骨子里除了有贵族式的对诗意人生的追求，更有那股不顾一切的坚持劲头，无法融入世俗，对司马氏采取了拒不合作的态度。为了表明自己的这一态度，写下这封绝交信，抒发对山涛的鄙夷和对黑暗时局的不满。另一方面，嵇康身为曹魏姻亲，深知自己终会遭受司马氏毒手，写下绝交信切割与山涛的关系，是对昔日好友的保护。山涛中年持重、内不失正，临终前的托孤，是对山涛最深刻的理解。

因此，嵇康的矛盾行为体现的是山涛与嵇康好友之间的心心相印，是两人在黑暗政治笼罩下笃守精神世界的纯正，两人均是真正的魏晋人物。

3. 嵇康，出身名门，容止出众，广闻博识，多才多艺，是魏晋时期“竹林七贤”的核心人物。他把人伦之礼、朝廷之法视为羁绊，越名教而任自然，认为人的自然本性应不可剥夺，每个人都应过一种符合自己本性的生活。这样洒脱风流、追求自由的精神风度决定了他无法在司马氏当权的黑暗统治下委曲求全。因此，他以张狂不羁的面目示人，洋洋洒洒写下《与山巨源绝交书》。这封信表面上是与山涛绝交，实际上是表明了自己不与世俗同流合污的志向。临刑之前，三千名太学生集体为他请愿，更从侧面表现出嵇康的气度是如何让当时的士人所折服的。

不过，嵇康的放纵是面对国破家亡而束手无策下无奈的放纵，是对壮志难酬、无力回天的叹息，是在那个黑暗时代里，独善其身的无奈。故此，临刑之前，托孤于山涛。因为他懂得当下只有山涛的谨慎守世、宽宏大量，能够保全他的儿子。而在对儿子的家训之中，他却不希望自己的儿子像自己一样不谙世事，希望儿子能在坚守内心志向的同时，学会处世。

解密诗词的 DNA

——诗词意象、意境单元学习现场

一、单元导语

古典诗词学习是语文学科学习的难点，不少学生学了几年的古典诗词，却对古典诗词中常见意象的基本内涵、意境的特点没有准确的把握。本学习单元以意象、意境为学习重点，进行学习任务设计，研发出较为适合的工具帮助学生梳理出古典诗词常见意象的内涵特点，并通过分析意象的组合方式，勾勒出诗歌整体的画面或场景，进而感受其意境。同时，借助古典诗词意境特点词汇库等工具，帮助学生准确概括诗歌的意境特点，使学生真正学会借助意象及意象组合的方式阅读一首诗，并成功鉴赏诗歌的意境。

二、设计依据

课标依据

依据《普通高中语文课程标准（2017 年版）》，“解密诗词的 DNA”主要涉及学习任务群 4“语言积累、梳理与探究”、学习任务群 5“文学阅读与写作”、学习任务群 8“中华传统文化经典研习”三个任务群的学习内容与目标。

根据学习任务群 4“语言积累、梳理与探究”要求，本单元培养学生在观察、探索古典诗词意象使用的过程中，自主积累古典诗词中的重点意象，探究意象组合运用的规律，增强对意象内涵感受的敏感性，感受古典诗词意象的独特魅力。同时，也让学生对意象的使用有理性的认识，了解读懂意象在阅读理解古典诗词中的重要作用。

根据学习任务群 5“文学阅读与写作”要求，本单元引导学生阅读古典诗词，使学生在感受意象、体验情感、把握意境特点的过程中提升文学欣赏能力，领会诗词作品的内涵，理解作者的创作意图，结合自己的生活经验和阅读写作经历，发挥想象，加深对诗词作品的理解，并尝试运用所选的意象进行诗词、散文创作，借以提高自己的审美鉴赏能力和表达交流能力。

根据任务群 8“中华传统文化经典研习”要求，本单元组织学生通过阅读中国诗词史上不同时期、不同类型的代表性诗词作品，体会其精神内涵、意境特点、审美追求和文化价值，梳理所学作品中常见的意象，总结其内涵特点，积累诗词阅读经验，培养高品质的审美趣味。

文本分析

本单元的子任务一和子任务二没有固定的诗词文本作为学习资源，只要是包含以下几类意象的古典诗词均可作为学习资源，如自然风物类意象（草、柳、梧桐、山、水、风、雨、雪、月亮、太阳）、动物类意象（燕、猿、雁、鸦、杜鹃、鹧鸪、鱼、蝉）、器物类意象（亭、栏杆、楼、船、酒、镜、琵琶、笛、捣衣砧）和人物类意象（渔翁、游子、美人）等。学生在学习过程中，既可以调动自己已有的诗词记忆与储备，也可以借助网络查找更多包含该意象的古典诗词，从而能较为全面地把握某个意象的不同侧面。此外，学生也可以借助《唐诗鉴赏辞典》《宋词鉴赏辞典》等工具书，筛选出包含某一意象的诗词，并借助其中的鉴赏文章理解其意象的内涵特点。因此，课本、参考书和网络资源中提供的经典诗词作品，都是本单元的学习文本资源。

本单元的子任务三，学习对象为部编本教材高中一年级语文上册第一单元提供的现代诗，包括《立在地球边上放号》《红烛》《峨日朵雪峰之侧》《致云雀》等，教师也可以根据自身的教学安排选择其他现代诗词进行训练，因为本单元训练的重点是诗词意象的内涵、意象的组合方式及诗词意境的特点，这一学习目标可以囊括不同时代、不同体裁、不同题材甚至是不同国别的现代诗歌的赏析。

“解密诗词的 DNA”单元通过设计半开放式的文本资源作为学习对象，在充分调动学生学习积极性和自主性的同时，将教材提供的经典现当代诗词文本作为补充资源，让学生既能充分领略古代经典诗词魅力，又可以适当接触经过选择的经典现当代诗词文本，还能了解古典诗词中的常见意象在现代诗词中的继承或变形，对意象、意境内涵及特点的传承与变化有更深入的把握。此外，学生还可以根据自己的语文学习水平，选择自己能够理解、鉴赏的古典诗词，把握自己较熟悉的意象特点内涵，再通过听取、记录他人分享内容的方式，积累更多意象的内涵，为今后的诗词阅读储备更多关于意象、意境的知识。

学情分析

建议学段：教学对象可以是初二年级、高一年级、高二年级学生。教师可以根据学生已有的水平选择适合的诗词阅读文本。如果学生对诗词的意象、意境相关知识掌握不扎实，高三上学期也可考虑进行教学。

对于大部分初高中学生来说，虽然他们在小学、初中阶段接触过不少经典的古典诗词，但没有系统学习过关于意象、意境的相关内容，更没有对古典诗词中的经典意象内涵有意识地梳理过，所以常常对古典诗词意境特点的概括感到困难。

因此，本单元选择在这一阶段系统地训练学生掌握梳理意象内涵的方法，明确积累常见意象内涵的重要性，为以后诗词阅读做好储备。同时，帮助学生借助诗词描写的整体画面和场景，体悟诗词的意境，并选择合适的词汇准确地概括意象的特点。

三、单元设计内容

学习目标

1. 能够结合具体诗句，通过分析意象在性状、空间、时间等方面的特点，解读意象在情感、审美、文化等方面的内涵，至少积累 20 个诗词常见意象。

2. 能够通过分析诗词意象的组合方式，想象并描述诗词的画面或场景，结合诗人情感体悟该诗的意境并用准确的语汇加以概括。

3. 能够理解诗词意象的传承与发展，并在阅读鉴赏有关作品的基础上，借助意象及其组合进行诗词的创作，以表达适切的内容与情感。

核心问题

文人“观于天地、山川、草木、虫鱼、鸟兽”，为什么“往往有得”？

核心任务

解密诗词的 DNA。

任务说明：意象，是中国古代文学理论中一个重要的概念。“意”是内在的抽象思想或情感，需要借助“象”来表达；“象”是外在的具体物象，是“意”的寄托媒介。例如，余光中《乡愁》中的“邮票”“船票”“坟墓”“海峡”四个意象便是诗人对家国变迁、生死相隔、民族分离的浓浓愁绪之“意”的寄托之“象”。意象是构成诗词的基本材料，想要读懂诗词，一定要掌握作为诗词 DNA 一样存在的意象。只有学会提取诗词中的意象并解读其丰富的内涵，了解意象的排列组合方式及其呈现的意境特点，才能真正读懂诗词。

1. 子任务一：诗词 DNA 提取。
2. 子任务二：诗词 DNA 排列。
3. 子任务三：诗词 DNA 传承。
4. 子任务四：诗词 DNA 应用。

解密诗词的 DNA 质量量规

任务	解密大师（优秀级）	解密达人（合格级）	解密菜鸟（待改进）
DNA 提取	能够选取包含该意象的典型诗句，并能准确分析出诗句中意象的物象特点及其与诗句情感的关联； 能够将意象不同方面的内涵同类归并，并覆盖情感、审美、文化等不同层面。	能够选取包含该意象的具体诗句，并能准确分析出诗句中意象的物象特点及其与诗句情感的关联； 能够将意象不同方面的内涵同类归并，并包含情感、审美、文化等不同层面。	能够选取包含该意象的具体诗句，并能分析出诗句中意象的物象特点与诗句的情感，但并未建立关联； 能够将意象不同方面的内涵同类归并，但可能有重复或遗漏。

续表

任务	解密大师（优秀级）	解密达人（合格级）	解密菜鸟（待改进）
DNA排列	掌握并列式、深入式、辐射式（见子任务二提示）三种意象的常见组合方式，能灵活搭配多种组合方式分析诗词； 生动立体地描述诗词的画面/场景，理解其浑融的艺术境界，准确而深刻地分析其意境特点，灵活自如地选用恰当词语概括意境。	掌握并列式、深入式、辐射式三种意象的常见组合方式，并至少能运用一种组合方式分析诗词； 完整地描述诗词的画面/场景，准确分析其意境特点，并用恰当的词语概括。	并未完全掌握并列式、深入式、辐射式三种意象的常见组合方式，运用组合方式分析诗词时出现错误； 描述诗词的画面/场景零散、片面，难以体悟诗词完整意境，意境特点概括不准确。
DNA传承	分析作品过程中，能够找出诗词中的典型意象，借助修饰意象的词语准确而深入地体悟诗人寄托其中的情感； 能够在明确诗词意象的组合方式的基础上，用准确、优美的语言将全诗场景化，并用恰当的词语描述其意境及内涵。	分析作品过程中，能够找出诗词中的重要意象，借助修饰意象的词语体悟诗人寄托其中的情感； 能够在明确诗词意象的组合方式的基础上，将全诗场景化，并描述其意境。	分析作品过程中，只能找出诗词中的部分意象，借助修饰意象的词语体悟诗人寄托其中的情感方向偏差、内涵错误； 对意象的组合方式分析不准确，难以构成整体的场景理解，运用不恰当的词语描述其意境。
DNA应用	创作作品能够包含所选意象，所选意象与补充意象浑然一体，并能完整地呈现出某种意境特点，塑造出浑融的艺术境界； 能完成整首古体诗或骈文的创作； 文辞优美，艺术水准较高。	创作作品能够包含所选意象，并能完整地呈现出某种意境特点，作品意境浅白易懂； 能完成整首诗歌或成篇散文的创作； 符合相应文体的写作规范。	能让读者读出意象的组合，但意境呈现不够完整，意境特点不够突出； 至少完成一联古诗或一节现代诗，或一个散文段落； 语句不畅，不符合汉语语法规则。

子任务一

诗词 DNA 提取

任务说明：按照下面的流程，完成意象卡 1。

从下列30个常见意象中，每人随机抽取一个意象，联想、查找包含该意象的相关诗句	⇒	分析意象的特点及其与诗句的情感关联	⇒	结合上下文语境分析意象在诗句中的具体含义	⇒	对意象的内涵进行归纳概括

1. 从以下 30 个常见意象中随机抽取一个，联想、查找包含该意象的相关诗句。

意象库：

a. 自然风物：草、柳、梧桐、山、水、风、雨、雪、月亮、太阳；

b. 动物：燕、猿、雁、鸦、杜鹃、鹧鸪、鱼、蝉；

c. 器物：亭、栏杆、楼、船、酒、镜、琵琶、笛、捣衣砧；

d. 人物：渔翁、游子、美人。

物象	诗句	物的特点（性状/空间/时间/动静等）	情感	意象具体含义	意象内涵

注：上面表格（意象卡 1）仅为示例，实际教学过程中可以视内容多少增加行数。

学习现场 1

学习节点：

学生明确根据自己的兴趣选择研究的意象，进入子任务一。

现场描述：

这一节点呈现的学习路径是多样的：有的学生比较了解自己选择意象的特点，直接开始搜索包含该意象的诗句，并分析诗句中意象的具体含义；有的学生不太熟悉自己选择的意象，先去搜索该意象作为物的特点，然后再去搜索相关诗句；有的学生在搜索诗句的过程中，发现意象并不是以同一个字的形式出现的，比如“美人”这一意象，在诗里可以称为“佳人”“伊人”等，需要学生们细致分辨。

教师观察：

学生认为理解某句诗中某个意象的含义，有较大难度。因为想要理解一个意象在一句诗中的意思，首先要深入理解全诗的意思。这时候，教师可以提醒学生借助诗歌鉴赏资料，在充分理解全诗意思的基础上，分析某句诗歌中某个意象的含义。切不可脱离诗句断章取义，错误理解诗歌中某意象的含义。

同时，一些语文能力较弱的学生搜索到的包含意象的诗歌可能不够典型，教师可以帮助他们筛选出较为典型的诗歌，使他们快速进入分析意象的环节。

形成性评估：

学生在制作 PPT 介绍自己研究意象的含义及特点的过程中，会发现某些诗句中意象的含义可以归并到一起。借助 PPT 演示工具，便可以使学生完成对自己意象梳理表格的形成性评估。

注意事项：

本任务涉及的意象较多，选择范围大，学生遇到的问题也可能多种多样，教师可以提前了解不同意象的主要含义，为回答同学们提出的各式各样的问题做好准备。

设计意图：本任务聚焦于 30 个古典诗词中常见的意象，这些意象有些是生活中常见的，有些则较为少见。这时，便需要学生调动已有的生活经验或借助网络资源，了解该意象在性状、空间、时间、动静等方面的特点，对其特点有初步的了解和掌握。然后，教师可以借助意象卡 1 填写的示例，引导学生联想曾经学过的包含该意象的古典诗词，或借助线上资源查找包含该意象的相关诗句，借助对诗句的理解、分类、归纳、提炼，总结出该意象在古典诗词中常见的内涵及承载的情感。

2. 根据意象卡 1 的内容，制作成精美解说 PPT，介绍你所研究的意象的特点、具体含义和不同层次的内涵，课上与同学分享，每人限时 3 分钟。

注意：可从“意象”的名称（包括别名）、起源、外形、声音、色彩、味道等方面（比如此意象有声音，要找到这种声音，播放给同学们听，增强形象感受）进行介绍，可以借助到大自然中拍摄，网上搜索图片，播放视频、音频等辅助手段使讲解更生动。

3. 认真倾听他人的分享，在笔记本上及时记录自己不了解的意象的特点与内涵，为完成下面的子任务做准备。

设计意图：以上两个环节通过展示、分享、记录的方式，让更多学生对古典诗词中常见的意象有真切的认识，留下深刻的印象，并记录其具体含义及特点，为以后的诗词阅读打下良好的基础。

子任务二

诗词 DNA 排列

任务说明：在班级意象群中，选择 3 个意象，与自己研究的意象逐一组合。寻找包含这 3 种组合的 3 首古典诗词，深入解读每首诗的意象组合方式，描述诗词整体的场景或画面，体悟该诗的意境特点并用准确的语言概括、描述。

提示：意象组合方式分为三类：并列式、深入式和辐射式。并列式是指各意象以并列、拼合的方式组合在一起表现诗词主题，如“枯藤老树昏鸦，小桥流水人家”（《天净沙·秋思》）；深入式是指诗中意象随时间、空间推移逐渐呈现，像电影中的长镜头，表现一个大致完整、连续的过程，如“朝辞白帝彩云间，千里江陵一日还”（《早发白帝城》）；辐射式是指意象分主次，次要意象指向中心意象，共同表现诗词主题，如“蜀道”是《蜀道难》一诗的中心意象。

学习现场 2

学习节点：

学生通过已有的诗词积累和线上搜索，确定有搭配关系的意象组合，并搜索出包含意象组合的古典诗词，开始描述其画面或场景，体悟其中的意境。

现场描述：

学生对诗词中意象组合方式的判断是比较准确的，可见教师提供的意象组合方式分类工具较为实用。

学生对诗词中画面、场景的想象也比较有层次，能够按照远近、高低、动静、虚实等不同的角度组合出整体的画面。对于语文学习能力较弱的学生，如果他们觉得构建画面有困难，老师可以个别指导。

学生在分析某一画面所具有的意境特点时，可能存在较大的困难。

生：读完一首诗，想象诗词描写的整体画面，只有种大概的感觉，不太确定要用什么样的词来形容其意境。

师：大家可以参考《古典诗词意境特点常用词汇库》，看看里面哪个词能表达出你的感觉。使用过程中注意，表格左边的词汇多是用来形容低沉萧瑟的意境，表格右边的词汇多用来形容积极向上的意境。

生：但有的诗词中意境特点比较复杂，感觉很难用一个词来概括。

师：这个问题很好。大部分诗词的意境都是复杂的，可以筛选出不同特点的词汇组合在一起描述意境的特点，如高旷悠远、清新明媚等。

形成性评估：

学生在完成表格第三列“描述整体的画面/场景/想象”的过程中，会发现自己对诗词意象组合的判断失误，进而主动调整。

教师观察：

学生对于诗词意境的体悟与鉴赏是本任务学习的难点，教师可以选择典型诗词进行示范、提示。

意象组合	意象组合方式 （并列/深入/辐射）	描述整体的 画面/场景/想象	意境特点
原诗：			
原诗：			

设计意图：一首诗是由许多意象组成的，完成子任务一之后，学生基本上可以理解一首诗中重要意象的含义，这时候，便需要学生通过梳理诗词中重要意象之间的关系，想象诗词描述的整体画面或场景，进而感悟、鉴赏其意境特点。教师团队经过集体讨论，将诗词中的意象组合方式大致分为并列式、深入式、辐射式三类，学生借助这三种类型，能够快速判断某首诗词的意象组合方式，进而描述出诗词中整体的画面或场景，在此基础上借助工具《古典诗词意境特点常用词汇库》便可以较为准确地形容出该诗词营造的意境特点，解决学生阅读诗词中感觉难度最大的意象、意境分析问题。教学过程中，教师可以运用意象组合示例分析工具，帮助学生明确表格的填写要求。

子任务三
诗词 DNA 传承

任务说明：古典诗词中的经典意象进入现代诗歌中后，发生了变形，但仍然是诗人情感表达的重要载体，并通过与其他意象的组合营造出独特的意境。请你运用之前学过的意象分析及排列的方法，在《立在地球边上放号》《红烛》《峨日朵雪峰之侧》《致云雀》四首现代诗歌中任选两首，仿照示例，找出其中的典型意象，分析其承载的情感及营造的意境。

我选择《　　　》，本诗包含以下典型意象__________，这些意象承载的情感包括____________________。本诗的意象组合方式为__________。全诗营造了这样一种意境：____________________________。

设计意图：本任务学习的对象是现代诗歌，现代诗歌中仍然会沿用一些古典诗歌中的意象，但会对其内涵进行夸张或变形。而读诗思路是不变的，都需要抓住诗歌中的典型意象，分析意象承载的情感、组合的方式以及意境特点。为了巩固学生对这一读诗思路的把握，教师提供工具《现代诗歌意象意境分析示例》，帮助学生打开思路。

学习现场 3

学习节点：

学生开始结合自己的兴趣，选择现代诗进行分析。

现场描述：

生：老师，现代诗的解读有标准答案吗？如果没有的话，怎么判断我分析得是否正确呢？

师：现代诗的解读虽然没有标准答案，但诗歌中意象承载的感情方向是较为固定的，意象组合之后营造的意境也大致是一致的。对某些具体意象的解读，你可以有自己的思考，但对诗歌整体的把握不会有太大的偏差。

形成性评估：

学生如果在解读诗歌的过程中，对某个意象内涵的解读有错误，就难以将其与其他意象组合在一起，完成对整体画面的描述和意境特点的分析，这样就完成了形成性评估。

教师观察：

学生对现代诗的解读更加自由、更有想象力。可能是因为现代诗更贴近自己生活的缘故，学生对自己选择的现代诗的意象解读深刻、独特，对诗歌情感及意境的分析也非常到位，让人惊喜。

子任务四

诗词 DNA 应用

任务说明：

（1）在“远方”“夜”“青春”“一个人的时候”“后来”“邂逅”六个话题中，选择与自己研究的意象相关的一个话题作为创作主题，每位同学限选一题，每个话题限选 6 人，先选先得（选择形式自定，可在微信群中回复，也可现场站位，班级自行商议选题形式）。

（2）选定同一话题的同学互相给出自己研究的意象，构成此话题的意象集合。每位同学在意象集合中选择两个意象与自己研究的意象进行组合（可再补充其他意象），展开情景想象，创作诗歌或文章（选择人数不足 3 人的话题，由老师为同学补充限定意象）。语文水平较高的同学建议写古体诗、骈体文。

提示：

（1）选择意象时要围绕话题进行合理的联想，所选意象应能与自己研究的意象构成符合生活逻辑的情境。

（2）DNA 离开人体后便失去了生命力，意象的使用须以诗歌整体的情感为前提，不能为使用意象而使用意象。

学习现场 4

学习节点：

学生根据自己研究的意象，选择感兴趣的话题，并收集到选择该话题的其他同学研究的意象。选择结束后，学生将拥有一个话题和由大约 6 个意象组成的集合，开始思考选择 3 个意象进行创作。

现场描述：

学生很兴奋地思考自己研究的意象与话题之间的关系，迅速选定自己感兴趣的话题，又饶有兴致地观察有哪些意象应该归入该话题，甚至会对某些意象的选择发出质疑。

生 1：“蝉”的意象为什么要选择“远方”这一话题呢？感觉两者没什么关系。

生 2：“蝉”这一意象特点有季节的区别，秋后之蝉，其鸣声往往凄凉、急切，引发游子思乡、送别的伤感之情，如“寒蝉凄切，对长亭晚，骤雨初歇”，“寒蝉鸣处，回首斜阳暮”等，都与“远方”有关。

师：问题很好，回答也很好。之所以会发问，是因为同学对“蝉”的内涵的特点把握不全面。欢迎同学们踊跃提问，借助其他同学的回答，可以再次补充或加深对意象内涵的认识。

形成性评估：

如果学生对自己研究的意象的内涵把握不准确，或是选择的话题与意象关系不大的话，那么他便很难进行诗歌或散文的创作。

教师观察：

学生大多对意象内涵把握准确，选择的话题也与意象有较大关联，在创作过程中，能够想象出一个较合理的情境囊括所选意象，创作出文质兼美的诗歌或散文。

设计意图：想让课堂真正地“活”起来，可以设置这样选择性强、自主性高、随机生成的学习任务。学生可以根据自己研究的意象和兴趣选择想要创作的话题，而且只有当全班同学都做完选择后，每位同学才知道自己面对的意象集合包括哪些内容。这时候，再根据给定的话题设定情境、展开想象，选择相互关联的意象进行创作，真正做到“千文千面”。而且，本环节还涉及形成性评估，如果某学生对自己研究意象的内涵把握不准确，选择的话题与意象关联不密切的话，他便很难进行诗歌或散文的创作，甚至还会影响到该话题下其他同学的创作。

四、学习资源与工具

意象卡 1 填写示例工具（“花”的意象卡）

物象	诗句	物的特点（性状/空间/时间/动静等）	情感	意象的具体含义	意象的内涵（同类归并）
花	山青花欲燃［唐・杜甫《绝句二首（其一）》］	性状：红色	热爱自然	与青山对比下的红艳	自然之花的美丽与生机
	日出江花红胜火（唐・白居易《忆江南》）	性状：红色	怀念江南	朝阳下花的艳丽	
	黄四娘家花满蹊（唐・杜甫《江畔独步寻花》）	空间：沿途开放 性状：繁密锦簇	惊喜流连	春意盎然	借代春天
	高阁客竟去，小园花乱飞（唐・李商隐《落花》）	动态：花落纷飞 时间：暮春时节	伤春、怅然之感	春光消残	
	人面桃花相映红（唐・崔护《题都城南庄》）	性状：色彩浓丽	迷恋心动	女子容貌青春、娇艳、美丽	代指容貌或青春
	人比黄花瘦（宋・李清照《醉花阴》）	性状：黄色丝状花瓣的菊花、衰败 时间：晚秋	黯然销魂	女子面容憔悴、青春不再	

续表

物象	诗句	物的特点（性状/空间/时间/动静等）	情感	意象的具体含义	意象的内涵（同类归并）
花	桂华秋皎洁 ［唐·张九龄《感遇十二首（其一）》］	性状：花蕊晶莹明亮 时间：秋天开放	赞美高洁	君子人格、美好德行	象征美好品行
	已是悬崖百丈冰，犹有花枝俏 （毛泽东《卜算子·咏梅》）	空间：百丈悬崖 时间：冬天 性状：俏丽	赞美坚韧	君子人格、坚强坚毅	
	行逢落花长叹息 （唐·刘希夷《代悲白头翁》）	性状：凋残败落 时间：春光已逝 空间：羁旅途中	怅惘惋惜	人生短暂、红颜易老	由花期短暂引申为美好的短暂
	宫花寂寞红 （唐·元稹《行宫》）	空间：开放在行宫 性状：红色	无人欣赏 凄凉哀怨	美好易逝、青春消逝	

设计意图：提供对诗词中常见意象“花”的示范分析，帮学生明确表格各项内容填写的要求，如要分析“花”这一意象在不同诗词中表现出的特点，包括空间位置、所在季节、形状颜色等，进而将同类含义进行分类，最后总结出“花”这一意象在古典诗词中的常见内涵，为以后的诗词阅读做准备。

意象组合分析示例工具

意象组合：花+楼	意象组合方式（并列/深入/辐射[1]）	描述整体的画面/场景	意境特点
原诗： **登　楼** 杜　甫 花近高楼伤客心， 万方多难此登临。 锦江春色来天地， 玉垒浮云变古今。 北极朝廷终不改， 西山寇盗莫相侵。 可怜后主还祠庙， 日暮聊为《梁甫吟》。	以“楼”为重要意象，则该诗为辐射式：以楼为中心描写，“花”“江”“云”“山”“祠”都是围绕楼展开的景物描写。登楼所见，是盛开的繁花、多灾多难的国家、滚滚而来的江水、山上飘动的浮云、不知所谓的后主祠庙，从而产生丰富的联想。 以“花”为重要意象，则该诗为深入式：近—远—联想。**近**：登楼先见到繁花，又见到多难的国家，两者对比，使人感慨。**远**：看到远处锦江滚滚流动，玉垒山的浮云飘忽起灭，想到国家动荡不安的局势。**联想**：由以上景物及后主的祠庙，联想到朝廷和寇盗之间的关系，讽刺当朝昏君，表达了个人抱负无法实现的悲愤之情。	诗人登上高楼，看到近处的繁花盛开，望见远方江水滚滚、玉垒山上的浮云飘忽起灭，想到国家最近动荡不安、灾难重重的形势，渐渐地，日近西山，在苍茫的暮色中，城南先主庙、后主祠依稀可见，诗人伫立楼头，徘徊沉吟。	苍凉雄浑 悲壮沉郁

设计意图：提供对意象组合“花+楼”的示范分析，帮学生明确表格各项内容填写的要求。第二列关于意象的组合方式，提供了两种分析角度供学生参考，学生可以任选其一。但无论从哪种角度出发，描述出的整体画面应该是一致的，概括出的意境特点也是一致的。

古典诗词意境特点常用词汇库

深幽	沉着	荒凉	寥落	幽静	朦胧	明净	恬静	绮丽	绚丽	热烈
孤独	高古	苍凉	疏野	空寂	静谧	自然	恬淡	瑰丽	纤秾	喧闹
沉郁	雄浑	凄清	疏落	悠远	悠然	素雅	淳朴	明丽	绚烂	热闹
深远	苍莽	冷寂	委屈	高远	飘逸	清新	古朴	明快	缜密	高亢
悲慨	雄奇	萧条	幽深	清冷	渺茫	清奇	典雅	优美	细腻	慷慨
悲壮	刚健	暗淡	奇崛	旷达	渺远	冲淡	闲适	柔美	繁复	激昂
壮阔	劲健	寂静	冷森	超诣	空灵	淡泊	闲静	婉转	实境	壮丽
宏阔	雄壮	肃穆	幽僻	超脱	空濛	洗练	安谧	柔和	华美	艳丽
辽阔	精神	荒寒	冷落	高旷	含蓄	剔透	恬然	婉约	恢弘	绚烂
豪放	雄伟	萧瑟	孤寂	清净	秀美	流动	淡然	缠绵	宏伟	繁华

① 意象组合方式分为三类：并列式、深入式和辐射式。并列式是指各意象以并列、拼合的方式组合在一起表现诗歌主题，如“枯藤老树昏鸦，小桥流水人家”（《天净沙·秋思》）；深入式是指诗中意象随时间、空间推移逐渐呈现，像电影中的长镜头，表现一个大致完整、连续的过程，如“朝辞白帝彩云间，千里江陵一日还”（《早发白帝城》）；辐射式是指意象分主次，次要意象指向中心意象，共同表现诗歌主题，如“蜀道”是《蜀道难》一诗的中心意象。

设计意图：学生在阅读鉴赏古典诗词的过程中，常常觉得很难用恰切的词汇概括诗词的意境特点，可能存在两方面原因：一方面是对诗词描述的整体画面、场景分析有误，对诗意理解错误；另一方面则是因为学生储备的概括诗词意境的词汇不够充足，对部分描述诗词意境特点的词汇区分也不够清晰。本工具便借助颜色的变化，将具有沉郁、凄清、幽深等特点的词汇放在冷色背景中，将具有明快、华美、壮丽等特点的词汇放在暖色背景中，方便学生根据自己的阅读感受迅速选取相应的词汇进行分析概括。

现代诗歌意象意境分析示例

春

穆　旦

绿色的火焰在草上摇曳，
他渴求着拥抱你，花朵。
反抗着土地，花朵伸出来，
当暖风吹来烦恼，或者欢乐。
如果你是醒了，推开窗子，
看这满园的欲望多么美丽。

蓝天下，为永远的谜蛊惑着的
是我们二十岁的紧闭的肉体，
一如那泥土做成的鸟的歌，
你们被点燃，卷曲又卷曲，却无处归依。
呵，光，影，声，色，都已经赤裸，
痛苦着，等待伸入新的组合。

一九四二年二月

解读思路建议：

①找出诗中典型意象；②分析意象承载的情感；③明确意象组合方式；

④描述全诗的意境。

解读：

①本诗包括以下典型意象：草、花、风、窗、天、肉体、鸟、光、影、声、色等。

②这些意象承载的情感包括：诗人用“绿色的火焰”与“摇曳”“渴望拥抱”等形容草，表现出对生命力的赞美；用“反抗着土地”与“满园”“欲望”“美丽”等形容花朵，表现出对向上生长的勇敢与美丽的向往；风是暖的，吹拂着烦恼和欢乐；窗是曾经紧闭，但已经被醒来的“你”推开的，是将花园和“你”隔开的；“天”是蓝的，是谜一样的；“鸟”是泥土做的，有翅膀而不能飞、有歌而无声；“肉体”是“二十岁”却“紧闭”的，不断被“点燃”，又不得不“卷曲”而“无处归依”；“光”“影”“声”“色”是赤裸而痛苦的，它们都在等待着新的组合。“草”“花”“风”“园”表现了作者对春天自然生发的蓬勃生命力的赞美；而“你”“肉体”“鸟”的状态则承载着青年诗人感受到的焦虑、痛苦与压抑。窗作为两者的连接，沟通着压抑的情感与蓬勃的生命力；“天”“光”“影”“声”“色”作为两者共同生存的环境，期待之后的变化。

③本诗意象的组合方式属并列式，诗人将代表生命力的意象（草、花、风、园）与代表压抑情感的意象（你、肉体、鸟）组合在一起，使得全诗紧凑而充满张力。

④全诗营造了这样一种意境：诗人通过描述自然的春代表的生命力，与人类青春遭遇的压抑进行对比，营造出一种有欲望但无处抒发，有力量又“无处归依”，置身于彷徨、苦闷而又向往美好、坚韧不屈的艺术境界，也让人感受到创造和反抗是一种必然。

设计意图：本工具给出具体的赏析现代诗的路径，包括：①找出诗中典型意象；②分析意象承载的情感；③明确意象组合方式；④描述全诗的意境。它帮助学生在赏析某首具体的现代诗时，有法可依、有迹可循。同时给出了具体的示例，向学生展示现代诗典型意象及意象组合方式的特点，赏析的语言风格等。

选题登记工具

选题	远方	夜	青春	一个人的时候	后来	邂逅
意象 1						
意象 2						
意象 3						
意象 4						
意象 5						
意象 6						

设计意图：此工具既给了学生自主性，让学生能够根据自己负责意象的特点及自身兴趣进行主动选择，又对意象的组合进行了适当的限制，同时避免了全班同学对某一话题的单一选择。

五、学习成果

子任务一　优秀成果

“美人”意象分析

意象特点 1：美人属于稀缺资源，孤芳自赏或被排挤的诗人常常会以此自比来凸显自己才华出众；此外，也有诗人会以此指代圣贤的君主。

意象特点 2：美人是女性，往往比较感性，心中感情复杂，这是诗人偏爱用美人的口吻表达感情的原因。

意象特点 3：美人通常只能通过进宫等方式出人头地，赢得社会的尊重和赏识，这是引起诗人拿美人指代自己并表达政治抱负的原因。

意象特点 4：美人往往拥有倾国之色，诗人将其视为美好事物的象征。

意象用法 1：借美人暗喻作者自己。作者以幽怨美人的形象暗喻自己，叙述着自己对君王、对臣民、对家国的理想寄托。

举例 1：朱庆馀《近试上张水部》中写道：“妆罢低声问夫婿，画眉深浅入时无。”这是诗人以美人的身份暗喻自己，谦卑婉转地询问当时的考官张籍自己是否能够被录用。

举例2：辛弃疾在《青玉案·元夕》中写道："蛾儿雪柳黄金缕，笑语盈盈暗香去。众里寻他千百度，蓦然回首，那人却在，灯火阑珊处。"描写一位元宵节观花灯的美人，当人们去寻找她的时候，却发现她在"灯火阑珊处"。这样一位性格高洁、品味独特的女子躲在灯火阑珊处的场景，与元宵节晚上灯火辉煌、喧嚣热闹的场景格格不入。结合辛弃疾当时的遭遇——作为主战派想要报效国家，却屡次遭到投降派排挤和冷落，逐渐退出官场，作者能够体会到作者以美人形象自比，表现自己经历世事浮沉之后的自甘淡泊和受到冷落之后也不肯同流合污的高尚情操。

意象用法2：借美人指代圣贤君主。

举例：张九龄《感遇十二首》中写道："草木有本心，何求美人折?"诗中美人便指代圣贤的君主。因为张九龄当时作为唐玄宗的宰相，却为李林甫等奸臣谗言所害被贬官，因此渴望贤明的君主能够赏识自己的才华。

意象用法3：美人常常和香草并用，用来象征高洁品格。

举例1：杜甫《佳人》中写道："绝代有佳人，幽居在空谷。自云良家女，零落依草木。……天寒翠袖薄，日暮倚修竹。"这首诗中的佳人命运十分悲惨，"关中昔丧败，兄弟遭杀戮"，这是杜甫在安史之乱后国破家亡的命运写照。杜甫借助佳人在经历了如此多不幸之后依然保持高洁形象的特点，抒发自己在乱世之中依然想要保持高洁品质的志向。

举例2：陶渊明《闲情赋》中写道："夫何瑰逸之令姿，独旷世以秀群。"诗中描写的绝世佳人，实际上是作者自己理想的投射。通过对遥不可及的"美人"的描写，表现出理想和现实的差距，进而表达了自身郁郁不得志的心情，以及对远离尘嚣、孤芳自赏的理想自我的向往之情。"佩鸣玉以比洁，齐幽兰以争芬"一句中将美人的高雅和幽兰比在一起，两者结合，象征自己对高洁品格的追求。

意象用法4：以美人形象指代人生的理想与追求。

举例1：《诗经·蒹葭》中写道："所谓伊人，在水一方。"此句中的"伊人"，便象征着作者渴望追求的人生理想；诗里写的"道阻且长""道阻且跻""道阻且右"象征着追求理想路上的坎坷和险阻；"宛在水中央"一句更能描述出这种人生理想的可望不可即的特点。

举例 2：李白《长相思》中写道："美人如花隔云端。上有青冥之高天，下有渌水之波澜。……摧心肝。"写作此诗时，李白正处于政治生涯的低谷，本诗描写的"如花隔云端"的美人，便象征了他政治上的理想，也说明其理想实现仍然是遥遥无期。

意象用法 5：以美人美貌的逝去象征年华逝去。

举例：李贺《南园》中"小白长红越女腮"一句将红花比作美女，以美女的红颜逝去和红花的花开花落来象征年华易逝、容颜易老。

（王易乾）

成果点评：该生对"美人"意象内涵的分析十分详细，举例分析也十分恰当。"美人"这一意象分析起来并不容易，在诗歌搜集层面就存在较大困难，因为"美人"一词往往不会直接出现在诗歌中，而是以对美人的外貌、妆饰、行为等的描写出现在诗歌中，这就需要学生进行大量筛选和甄别。此外，"美人"意象的内涵也常常表现得比较隐晦，诗人有时选择以美人自比，有时选择以美人指代君王或比喻理想，这同样需要细致地分辨。该同学对"美人"意象的内涵和涉及诗歌的分析十分精准、恰当，学习任务完成得非常好。唯一美中不足的是，对意象内涵的分类略有些重复，如"指代圣贤君主"与"指代人生理想"之间便有重合之处，对于古代士子来说，君王便象征了他们的政治理想，二者可以适当合并。

子任务二　优秀成果

秋念（雁+鱼+鹧鸪+风）

曾记少年对秋雁，言赴国难明春归。
十年晓镜白鬓飞，千里少年魂梦违。
山川雁阵复南飞，沙场鱼书何日回。
成双鹧鸪栖老树，寂寥西风过帘帷。

宫（栏杆+鱼+鹧鸪）

雕栏玉砌大明宫，鱼跃池中雁翔空。
鹧鸪冷眼眺游人，兵燹贞观不复生。

一剪梅（风+鱼+雁+鹧鸪）

伊人作画倚东风，星河耿耿，月印长空。
画作秋时万物盛，游鱼翔跃，雁字云中。
别后再见梦魂中，千里之隔，再难相逢。
窗边鹧鸪何鸣苦，凝神品画，灵犀相通。

（刘沐晴）

成果点评：该生创造力惊人，结合本单元学习的“雁”“鱼”“风”“鹧鸪”“栏杆”等意象，自我挑战，以律诗、绝句、词三种文体进行创作，想象出情人赴沙场、游人观古迹、朋友作别三个场景，将选择的意象巧妙地写入场景之中，每个意象的运用都很准确，意象之间的组合也非常和谐，配合作者感情，营造的意境凄清冷寂、萧疏寥落、明净幽深，各具特色。唯一遗憾的是，作为高一年级的学生，对诗词格律相关知识掌握不足，押韵对仗不够严谨。不过假以时日进行训练，相信作者一定能创作出更优秀的作品。

六、单元反思

达成效果

首先，学习任务驱动力强。虽然本单元涉及意象较多，但给了学生较大的选择空间，学生可以根据自己的兴趣以及阅读积累，选择相关意象，不仅可以调动学生已有的诗歌阅读经验，同时还借助线上资源，查找包含这些意象的古典诗词，再借助相关鉴赏文章，理解诗歌的内容，降低学习难度，使不同水平的学生都能够完成梳理意象内涵的任务。在此基础上，鼓励学生借助图片、声音等方式生动演示意象的内涵，通过在班级内的有效分享，丰富彼此对意象的积累。在对一定数量的意象有所理解之后，再进入到意象组合方式的分析环节，学生不再感到陌生和畏难，反而会基于对意象的理解，产生相应的意境感悟。当学生心有所悟，却难以用准确的词汇进行表达时，老师适时给出《古典诗词意境特点常用词汇库》这个工具，让学生尽快熟悉形容古典诗词意境的词语的特点，逐渐学会用准确的词汇概括古典诗词的意境，从而顺利完成本单元的学习目标。

其次，多方面提升语文素养。语言表达方面，本单元通过丰富学生对意象内涵及意境特点的储备，为之后古典诗词阅读打下了很好的基础。审美鉴赏方面，学生通过阅读古典诗词、现当代诗歌，分析其中意象的组合方式、承载的感情和表达的意境，对诗词承载的内容、表达的情感、呈现的审美特点，都有更深入的认识。思维提升方面，对诗词意境的准确把握，需要对诗词描写的整体画面或场景有所感知和想象，并将自身的感受提炼概括为具体而准确的词语，这对学生的形象思维、抽象思维、想象力都是很好的训练。文化传承方面，通过总结分析意象内涵的传承和演变，不仅对意象附着的文化内涵有更深入的理解，而且通过原创诗词，对律诗、绝句、词等体裁有了直观的感知，实现了对诗词文化的传承与理解。

最后，本单元学习工具丰富且有效。学生刚刚选择某个意象决定去分析其内涵时，往往会觉得茫然，这时候，意象内涵梳理工具便一步步地指导学生通过搜集相关诗词、分析诗词中意象的情感、将同类含义合并最终总结出意象内涵的不同侧面，成功梳理出意象的内涵。接着，教师团队集体研发的深入式、并列式、辐射式的意象组合方式，解说十分明晰，能够迅速帮助学生定位一首诗的意象组合方式，进而勾勒出整体画面或场景，想象其意境。而《古典诗词意境特点常用词汇库》，更是为学生提供了直接概括意境的资源，对于初次接触意境概括训练的学生，能够化感性感受为词汇概括，掌握了概括意境的方法，可谓一举多得。而对现当代经典诗词的延伸，则生动地说明了意象、意境的生命力，很多传统意象在现代诗歌中仍然承载着与古代诗词相似的内涵，让学生了解传承的必要性；而现代诗对传统意象内涵的转化，则显示出其新的生命力，让学生感受到创新的魅力。最后，借助选题登记工具，使得全班学生建立起联动关系，不仅要考虑自己选择意象的特点，还要关照报名该主题的其他意象的特点，想象出特有的场景和意境，囊括所选择的意象，表达自己的情感，充分发挥自己的创造力。

改进方向

首先，半开放式的学习资源让某些基础较差的学生感到无所适从。古典诗词没有固定的学习文本资源，对某些学生来说可能觉得很难入手，而且在搜索如“美人”“太阳”等意象时，会发现诗词中会有很多不同的表达，搜索难度比较大。这时候，需要教师对相关意象提前储备一些诗词，面对语文学习能力较弱的学生的求助，教师可以提供相应诗词及鉴赏文章，帮助学生完成意象内涵梳理的任务。

其次，诗歌原创的任务工具不足。为了发挥学生的想象力，教师提供了比较有诗意的六个话题，不限体裁，请学生选择三个意象组合进行原创，这对语文学习水平较高的学生是很好的挑战，但对于语文学习水平一般的学生来说，难度仍然较大。教师除了提供前几届学生的优秀创作之外，也没有提供更多具体实用的工具，如果可以，还应再丰富一些。

最后，对现代诗歌审美特点的分析并不充分。因为本单元的目标聚焦在意象和意境这两个方面，所以以研究古典诗词中的意象内涵和意境特点为主，只是选择部分现当代经典诗歌证明意象内涵是存在传承和演变的，而意境特点的赏析是所有诗歌共有的审美范式，所以对现代诗的审美特点分析并不充分，如果有现代诗学习单元，可以继续加深对此方面的学习。

七、巩固拓展

（一）沁园春·长沙

毛泽东

独立寒秋，湘江北去，橘子洲头。看万山红遍，层林尽染；漫江碧透，百舸争流。鹰击长空，鱼翔浅底，万类霜天竞自由。怅寥廓，问苍茫大地，谁主沉浮？

携来百侣曾游。忆往昔峥嵘岁月稠。恰同学少年，风华正茂；书生意气，挥斥方遒。指点江山，激扬文字，粪土当年万户侯。曾记否，到中流击水，浪遏飞舟？

1. 请结合词中的意象，分析词的上阕营造了怎样的意境。

2. 词的下阕表达了怎样的情感？与上阕的意境有什么关系？

（二）过香积寺

唐・王维

不知香积寺，数里入云峰。古木无人径，深山何处钟。

泉声咽危石，日色冷青松。薄暮空潭曲，安禅制毒龙。

3. 苏轼评价王维的诗“诗中有画”，这首诗如何体现了这一特点。

【参考答案】

1. 上阕诗人选取了橘子洲头所见秋景中的典型意象：“山”“林”“江”“舸”“鹰”“鱼”等。“万山红遍”“层林尽染”“漫江碧透”“百舸争流”，由高空写到江面，展现了一幅山水相映、绚丽多姿、清朗壮阔的秋景图；“鹰击长空，鱼翔浅底，万类霜天竞自由”则由远及近、由点代面，以“鹰”与“鱼”为代表，写出了秋天的活力与生机，展现出开阔自由的一片天地。作者把自己置于秋水长天的广阔背景之中，把读者带进了一个意境高远、壮丽蓬勃、宏伟雄峻的深秋境界。

2. 上阕诗人在辽阔蓬勃的秋景中，由眼前“万类霜天竞自由”之景，由世界万物联想到人类社会，提出谁是大地主宰的问题。下阕诗人回忆自己和伙伴们往昔的峥嵘岁月，展现了青年学子们生机勃勃、意气风发、昂扬奋进的形象，艺术地回答了“谁主沉浮”的问题：那些有能力、有才华、以天下为己任的青年，正是“苍茫大地”的主宰，表达了诗人以天下为己任、改天换地的壮志豪情。全词由景到情，由实到虚，情由景发，融情入景，壮丽雄伟的意境既触发了壮志豪情，也烘托了诗人的情感。

3. “诗中有画”指王维诗歌长于描绘景色，具有浓厚的画面感，使人如置画中。第一联未直接写所访香积寺，但通过山峰高耸入云的景象写出了香积寺所在的神秘、幽远的环境；第二、三联写寻访古寺沿途所见景物，通过

“古木”“无人径”“深山”“钟声”“泉声”“危石”“冷青松”等意象营造了一个幽远僻静、深奥缥缈的意境；最后一联写夕阳下的空潭清澈、潭岸曲折，通过写寺外清潭的空旷幽寂，衬托出香积寺的深幽超尘。全诗通过对寻访香积寺所见之景的描绘，写出了诗人超脱尘俗、忘我入禅的空灵之心。

唐诗游学项目策划书

——唐诗单元学习现场

一、单元导语

阅读古典诗词一直是语文教学中的难点，具体表现为：教师对诗歌内容及情感的解读不能引发学生的兴趣，学生接触的诗歌数量太少，没有积累足够丰富的意象含义，学生没有掌握有效的诗歌阅读方法，面对一首新诗常常不知道从何读起，学生不能感同身受地理解诗歌表达的情感、营造的意境，不能从审美与文化的角度理解诗歌的丰富情感内涵。

本任务选择从学生真实生活经历（即游学）切入，以来自课本及《唐诗鉴赏辞典》中的一百多首经典唐诗为学习资源，引导学生回忆自己在面对某些景色时会产生什么样的情感，对比唐代经典写景抒情诗歌中诗人面对相似景色时的情感，寻找两种情感的相通与不同之处。进而引导学生发现，我们民族共有的情感生发路径与情感结构，拉近学生与古典诗歌的距离。

二、设计依据

课标依据

依据《普通高中语文课程标准（2017 年版）》，古典诗歌学习主要涉及学习任务群 5“文学阅读与写作”、学习任务群 8“中华传统文化经典研习”两个任务群的学习。

根据学习任务群 5“文学阅读与写作”学习目标与内容，引导学生阅读古代经典诗歌，掌握写景抒怀题材诗歌阅读方法，使学生在感受意象、品味语言、体验情感的过程中，提升对诗歌的鉴赏能力。学生能够结合自己的生活经验和阅读经历，发挥想象，加深对诗歌作品的理解，力求有自己的发现。

根据任务群 8 “中华传统文化经典研习” 学习目标与内容，选择唐代写景抒情类代表作品进行精读，引导学生体会诗歌中的情感内涵、审美追求和文化价值。学生通过阅读中华传统经典诗歌作品，积累诗歌阅读经验，培养民族审美趣味，增进对中华优秀传统诗歌文化的理解，提升对中华民族情感和文化的认同感与自豪感，增强文化自信，更好地继承和弘扬中华优秀传统文化。

本单元不仅提供了丰富而经典的唐代诗歌，更以总结经典写景抒情类诗歌的结构模式作为收束任务，引导学生在阅读具体诗歌过程中，归纳不同诗歌中共通情感的生发路径与结构模式，在训练学生抽象思维能力的同时，促进学生深入认识中华民族特有的情感生发路径与情感结构模式，拓宽学生认识的广度与深度，使学生深入了解经典诗歌的魅力，培养自身的审美趣味。

文本分析

本单元选择来自课内及《唐诗鉴赏辞典》的一百多首写景抒情类诗歌作为学习资源，优势在于以下三点：其一，所选诗歌来自权威教材和鉴赏类工具书，诗歌经典性得到了保证。其二，诗歌数量丰富，类型较为统一，在保证多样选择的同时，也保证了同一学习目标的落实。任务并不要求学生完成所有诗歌的阅读，每个学生都可以依据自己的兴趣确立选诗主题，选择不同的诗歌，但因为提供的诗歌都是写景抒情类的诗歌，所以无论学生的选择有多么不同，训练方向都是一致的。其三，诗歌解读资料权威且丰富，对学生来说，解读一首陌生的诗存在难度，这时候便可以参考前人给出的较为权威而丰富的解读，利用单元给出的读诗工具，还原这些解读的过程，比较不同解读之间的优劣，逐步掌握阅读诗歌的方法。

“唐诗游学项目策划书” 单元设计能很好地发挥所选唐诗的内容优势，降低诗歌文本阅读的难度。一方面，自主确定游学主题，选择相关诗歌，可以提高学生阅读的兴趣，在有效阅读的基础上，潜移默化地积累诗歌中的意象、意境和读诗的方法；另一方面，丰富的文本资源也给了处于不同语文能力层级的学生成长的空间，对阅读古典诗歌已经比较有心得的学生可以大量阅读单元提供的丰富而经典的诗歌，打开自己视野的同时，丰富自身关于古典诗歌的储备与积累，那些语文学习水平较低的学生，则可以从课内诗歌入手，由易到难，循序渐进地掌握读诗的方法，感受经典诗歌的魅力。

学情分析

建议学段：可以是初三年级、高一年级、高二年级。如有需求，高三上学期也可进行。

学生在初中阶段曾接触过数十首唐诗，但这种接触主要在于背诵、默写与浅尝辄止的理解，大部分学生没有系统学习过阅读一首诗的方法，对诗歌中许多意象的文化内涵与情感表达理解得较为肤浅。多数学生对古典诗歌的感觉就是难读难解，不能发自内心地欣赏。因此，对于不少学生来说，这是第一次系统学习读诗方法的单元学习，也是第一次拉近“我”与诗歌距离的学习，是非常实用且有新鲜感的学习。

因此，在本单元中，教师可以在介绍单元学习内容时，启发学生调动已有的游学经验，引导学生将自身的情感经验与诗歌中表达的诗人的情感经验进行对比，产生共情心理。同时，教师也应及时提供帮助学生读诗的工具，逐步训练学生掌握读诗的方法，帮助学生总结提炼写景抒情诗歌的情感结构模型，使学生真正获得阅读写景抒情类诗歌的能力。

综上，只要对学生的兴趣进行有效调动，对学习的过程给出工具支持，在学生遇到困难时及时指导，使学生真正投入写景抒情类经典唐诗的阅读中去，这样的过程对提升学生的诗歌阅读能力，拉近学生与经典诗歌之间的距离，提高学生语文学习的核心素养是极有裨益的。“语言建构与运用”方面，炼字炼句的诗歌表达、文化内涵深厚的诗歌典故可以增加学生的语文知识积累；“思维发展与提升”方面，对情感结构模型的归纳总结、提炼概括可以使学生抽象思维能力得到增强；“审美鉴赏与创造”和“文化传承与理解”方面，对我们民族面对某些景物生发的共通的审美感受与文化情感的有效分析，可以使学生获得相关的文化传承。

三、单元设计内容

学习目标

1. 能够根据自己确定的游学主题，从标题、诗句、炼字、手法、知人论世、后人评论等多个角度深入理解所选唐诗，并基于以上理解灵活运用相关唐诗。

2. 能够基于相关主题的一组唐诗，通过代入体验的阅读方式提炼诗歌背后共同的情感结构模型，并分析该类情感生发的原因。

核心问题

为什么人们在某种特定的场景中会产生特定的情感？

核心任务

撰写《唐诗游学项目策划书》。

任务说明：随着游学活动逐渐进入中小学校园，人们对游学项目的文化内涵要求越来越高。请你结合本单元提供的唐诗，策划一次唐诗游学特色活动。

1. 子任务一：确定游学主题，设计游学路线。
2. 子任务二：编写导游解说，凸显游学主题。
3. 子任务三：强化游客体验，总结情感模型。

唐诗游学项目策划书质量量规

策划内容	示范级	合格级
主题选诗关联性	能够针对特定的游学对象确定某个较有吸引力的主题； 所选 5 首诗歌紧密围绕主题并组成完整而有梯度的系统，能够从不同阶段/角度反映主题，5 首诗之间差异较大，能够给读者带来丰富的阅读体验； 围绕 5 首诗歌设计的游学路线非常合理且吸引人，关照到游学展开的季节、预算与交通等现实因素。	能够针对特定的游学对象确定某个明确的主题； 所选 5 首诗歌均与主题相关并组成有机的系统，能够从不同阶段/角度反映主题； 围绕 5 首诗歌设计的游学路线较为合理，关照到游学展开的季节等现实因素。

续表

策划内容	示范级	合格级
解说排序合理性	能够借助诗歌解读工具、查找相关资料、结合自身的情感体验，从标题、诗句、手法、炼字、知人论世、后人鉴赏等多个角度正确、深入且有自己特色地解读所选唐诗； 能够基于每首诗的情感特色，综合审视 5 首诗歌之间的关系，给出合理的排序。	能够借助诗歌解读工具、查找相关资料，从标题、诗句、手法、炼字、知人论世、后人鉴赏等多个角度正确、深入地解读所选唐诗； 能够综合审视 5 首诗歌之间的关系，给出合理的排序。
体验结构科学性	能够结合诗歌具体内容，为游客设计最佳观景地点，保证游客站在该观景点能够看到诗人创作时看到的重要风景，在感受诗歌情感的同时，想象自己会在此时此地产生怎样的情感，并对此进行比较； 能够思考 5 首诗歌在观景点、产生情感方面的相同与不同，以及古人与今人情感的相同与不同，抽象概括出该组诗歌背后共同的情感结构模型，并分析该类情感生发的原理。	能够结合诗歌具体内容，为游客设计合理的观景地点，保证游客站在该观景点能够看到诗人创作时看到的主要风景，并感受诗歌情感； 能够思考 5 首诗歌在观景点、产生情感方面的相同与不同，抽象概括出该组诗歌背后共同的情感结构模型，并分析该类情感生发的原理。

子任务一

确定游学主题，设计游学路线

任务说明：作为游学项目的策划者，请你检索阅读本单元提供的唐诗资源（见学习资源），结合自己的兴趣与思考，确定游学主题。然后，围绕该主题选择5首相互关联且能从不同阶段/角度呈现主题的唐诗，并在地图上勾画出具体而合理的游学路线。

我最终确定的游学主题是：

____

______________________________。

我选择的5首唐诗，按情感逐渐升华的顺序排列为：

（1）《______________________》

（2）《______________________》

（3）《______________________》

（4）《______________________》

（5）《______________________》

设计意图：本单元聚焦于训练学生阅读写景抒情类唐诗的能力，为了激发学生自主学习的内动力，单元提供了大量写景抒情的唐诗，供学生根据自己的兴趣进行选择。引导学生调动自己真实的游学经历，站在游学项目策划者的角度，思考可以组合哪些经典写景唐诗，从而设计一条主题游

学习现场 1

学习节点：

学生明确自己作为游学项目策划者的身份，检索阅读单元提供的唐诗，进入子任务一。

现场描述：

这一节点呈现的学习路径是多样的：有学生选择从自己熟悉的唐诗入手，设计游学路线不成功之后，再去阅读不熟悉的唐诗，从中寻找资源；有学生则直接从唐诗的名称里筛选自己可能需要的唐诗，逐一阅读进行匹配。教师观察学生整体的学习进程，随时解答个别学生的学习疑惑。

教师观察：

不少学生完成初步阅读之后，可以较快地选出近10首相关主题的唐诗。教师巡视一圈，发现学生对唐诗诗意及感情的理解存在不准确的现象：有学生将田园诗理解为思乡诗，选诗与主题不符；有学生对诗人的情感理解较肤浅，不能设计出情感逐渐深入的游学路线。这时候，教师便可以指导学生借助《唐诗鉴赏辞典》等工具书中的解读文章，重新理解诗歌内容和情感。

同时，一些语文能力较弱的学生面对数量庞大的唐诗资料有些无所适从，教师可以指导他们较快锁定主题，只阅读相关的几首诗歌，降低阅读难度。

形成性评估：

学生在地图上标注自己选定的唐诗之后，往往会发现情感上不断加深的诗歌，可能会存在路线上的交叉、重复，于是不得不重新调整诗歌。借助地图工具，可以帮助学生完成学习的形成性评估。

注意事项：

本单元涉及的唐诗数量较多，学生刚刚拿到可能会有抱怨，教师可以提前解释这是出于让同学们能够自主、多样选择的目标而做的设计，并不要求全部阅读，每位同学根据自己设计的主题有选择地阅读即可。

学路线。这种设计既考查了学生对诗歌内容的把握，也考查了学生将想象与现实结合的能力，给出地形图之后，学生可以在地图上标画自己的设计，进而发现路线不能过于跳跃，地点要各有特色，所涉诗歌的情感最好逐层升华，这些都对学生确定主题、选择诗歌、自主设计带来了不小的挑战，也使他们在完成任务的过程中，反复阅读经典唐诗，从而锻炼自己读诗的能力。

子任务二

编写导游解说，凸显游学主题

任务说明：想要为游学项目撰写具有丰富文化内涵的导游解说词，不仅要实地调研，了解景点的特色，还要深入、细致地解读诗歌对景点的描绘、呈现，引导游客透过诗歌的标题、炼字、诗句，跨越时空看到诗人当时看到的景色。此外，还要结合主题，引导游客关注诗人创作时的情感与生命状态，将自己目前的情感、生命状态与之对比、关联，最终获得独特的情感触发与游学体验。请参考下面的示例，为自己选择的5首诗撰写解说词。

标题：____________________

学习现场2

学习节点：

学生选好同一主题的5首诗歌之后，进入对诗歌的深入解读阶段。主要训练其借助标题、炼字、手法、诗评、知人论世等一系列切入点或方法，完成对诗歌内容的深入理解及意境的把握。

现场描述：

这一节点学生以自主学习为主，教师以观察答疑为辅。进入正式阅读之后，学生读诗的问题开始暴露，此时对学生学习过程中存在的较为普遍的问题，教师可以做出统一回应。

生：阅读一首诗的时候，觉得想象作者所处的观景位置有些困难，结合诗人的生平经历去感受体悟诗歌情感比较困难，此外，还不太会结合诗评来读一首诗。

师：首先，要表扬大家掌握了按照标题、字词、诗句、诗评、知人论世的顺序阅读一首诗的流程。不过知人论世与结合诗评读诗本就是诗歌阅读的难点，大家可以参考单元提供的诗歌阅读工具去读诗，找出帮助自己理解诗歌的具体方式。

形成性评估：

学生在完成表格的过程中，可以根据表格给出的提示性内容完成形成性评估，一旦提示的内容没有完成，就能认识到自己在这方面的读诗能力有待提高。

教师观察：

不少学生已经掌握了读诗的基本流程，但是对具体方法的把握仍然不够熟练。比如，不能有效地在诗歌中选择出“诗眼”，不能充分理解诗评的含义，或是缺乏想象力，难以确定诗人观景的具体位置。这时候，老师可以就具体的诗歌给出指导，帮助学生完成诗歌阅读，提醒学生主动使用提供的学习资源与工具，掌握深入阅读一首诗的方法。

系统排序：____________________

诗句：____________________

景点解说（季节/位置/地形/观景点/特色等）：____________________

____

____

____

诗歌呈现（标题/字词/诗句/诗评等）：____________________

____

____

____

诗人经历（年龄/背景/关系/情感/事业等）：____________________

____

____

____

设计意图：因为要深入阅读写景抒情类诗歌，所以本任务要求学生要身临其境地感受诗歌中呈现的诗人看到的景色，不是泛泛提到景物便可，而是要具体说明诗歌中描写的景物所处的季节、位置，猜测诗人大致的观景位置，并赏析诗歌中描写景色的特色。接着，为了能够让学生掌握阅读一首诗的规范流程，本任务运用填空的形式，将学生阅读一首诗时需要关注的内容都罗列出来，要求学生完成这些内容的梳理，梳理完这些内容后，学生便自然而然完成了读诗的流程。再接着，本任务还要求学生通过查阅资料完成对诗人创作某首诗歌所处的年龄、时代背景、社会关系、情感与事业状态等内容的收集，在此基础上，再去审视诗歌描写的景色，就会对诗人为什么将景色描写得与众不同有深入的感受。此外，本任务单还特意标注了"系统排序"，引导学生关注5首诗之间的情感变化，在对诗歌内容有更深入的理解后，可以调整自己初读时的排序。

子任务三

强化游客体验，总结情感模型

任务说明：在项目正式发布之前，需要再次明确游客的身份类型与情感状态，然后预设游客在此状态下参观景点后会产生怎样的情感，并将其与诗人在诗歌中的情感进行比较，分析异同，进而总结情感生发的具体路径。5个景点游览结束之后，引导游客思考为什么在这些景点会产生这些类型的情感，并总结这一组相关主题诗歌拥有的共同情感结构模型。

游客身份/情感预设	游客情感体验	与诗人情感异同	情感生发路径	共同情感结构模型

设计意图：提炼诗歌中的情感结构模型很难一蹴而就，毕竟这对学生

学习现场3

学习节点：

学生开始结合自己选择的主题、预设的游客身份与自身生活经验，猜测看到相关景色时会拥有的情感体验，并与诗人在诗歌中表达的情感相比较，分析其情感发生路径，进而提炼出共同的情感模型结构。

现场描述：

生：老师，为什么人类会有诸如看到秋天的景色会觉得悲伤的情感呢？

师：很好，你看到了人类情感的相通之处。我们可以从秋天自身的特点说起。首先，秋天到了，草木凋零，人们会联想到人生的短暂，美好青春如草木般凋零，可是人生的理想可能还未实现，所以产生伤感之情；其次，秋季叶落归根、大雁南飞等现象，也会引起漂泊在外的游子的故乡之思，心情也难免孤独伤感。同学们，你还能发现类似的情感结构吗？可以小组分享、班级分享哦。

形成性评估：

学生在完成任务过程中，如果对游客或诗人的情感反应揣测有误，就难以提炼出共同的情感结构模型，或是提炼出某种自己也不认可的情感发生路径。如果得到这样的结果，就需要重新返回之前的任务，检查自己的诗歌阅读理解是否准确。

教师观察：

当学生身临其境地去想象诗歌描写景色的特点时，是会对人类面对此类景色的共通情感有所感知的，进而能够提炼出相对合理的情感结构模型，从而获得阅读诗歌的“钥匙”，为以后继续阅读相关诗歌做理论储备。

的理论抽象能力要求较高。本任务便引导学生在关注情感的前提下，通过比较今人与古人、学生与诗人这些不同时代、不同身份角色之间情感的异同，发掘出其中共通的情感，诸如见到秋天会感到伤感等；然后，再分析这一共通情感生发的具体路径，诸如“秋天—草木零落—青春逝去—壮志未酬—伤感忧郁”等；最后，通过分析5首情感方向一致、情感深度不断递进的诗歌的情感路径，总结、提炼其情感结构模型。模型是抽象有规律的内容，可以作为以后阅读同类型的诗歌的理论工具。

四、学习资源与工具

唐诗学习资源

初中阶段建议学习古诗词：

《次北固山下》（王湾）
《送灵澈上人》（刘长卿）
《钱塘湖春行》（白居易）
《野望》（王绩）
《望岳》（杜甫）
《望洞庭湖赠张丞相》（孟浩然）
《石壕吏》（杜甫）
《黄鹤楼》（崔颢）
《使至塞上》（王维）
《送元二使安西》（王维）
《渡荆门送别》（李白）
《宣州谢朓楼饯别校书叔云》（李白）
《赤壁》（杜牧）
《茅屋为秋风所破歌》（杜甫）
《观刈麦》（白居易）
《白雪歌送武判官归京》（岑参）
《羌村三首》（杜甫）
《过故人庄》（孟浩然）
《登楼》（杜甫）
《题破山寺后禅院》（常建）
《走马川行奉送封大夫出师西征》（岑参）
《泊秦淮》（杜牧）
《竹里馆》（王维）
《杳杳寒山道》（寒山）
《峨眉山月歌》（李白）
《长安古意》（卢照邻）
《滁州西涧》（韦应物）

高中部编版教材给定诗歌及其他拓展诗歌：

《于易水送人一绝》（骆宾王）
《滕王阁诗》（王勃）

《灵隐寺》（宋之问）
《晚次乐乡县》（陈子昂）
《边词》（张敬忠）
《凉州词》（王之涣）
《登鹳雀楼》（王之涣）
《夏日南亭怀辛大》（孟浩然）
《题义公禅房》（孟浩然）
《从军行七首（其一、其五）》（王昌龄）
《采莲曲二首（其二）》（王昌龄）
《终南望余雪》（祖咏）
《渭川田家》（王维）
《辋川闲居赠裴秀才迪》（王维）
《过香积寺》（王维）
《山居秋暝》（王维）
《终南山》（王维）
《积雨辋川庄作》（王维）
《蜀道难》（李白）
《关山月》（李白）
《塞下曲六首（其一）》（李白）
《金陵城西楼月下吟》（李白）
《庐山谣寄卢侍御虚舟》（李白）
《梦游天姥吟留别》（李白）
《渡荆门送别》（李白）
《东鲁门泛舟二首（其一）》（李白）
《下终南山过斛斯山人宿置酒》（李白）
《登金陵凤凰台》（李白）
《秋登宣城谢朓北楼》（李白）
《望天门山》（李白）
《越中览古》（李白）
《行经华阴》（崔颢）
《宿云门寺阁》（孙逖）
《山中留客》（张旭）
《塞上听吹笛》（高适）
《钓鱼湾》（储光羲）
《逢雪宿芙蓉山主人》（刘长卿）
《长沙过贾谊宅》（刘长卿）
《登余干古县城》（刘长卿）
《题张氏隐居二首（其二）》（杜甫）
《同诸公登慈恩寺塔》（杜甫）
《后出塞五首（其二）》（杜甫）
《哀江头》（杜甫）
《春宿左省》（杜甫）
《曲江二首（其一）》（杜甫）
《秦州杂诗（其七）》（杜甫）
《蜀相》（杜甫）
《狂夫》（杜甫）
《江村》（杜甫）
《野老》（杜甫）
《客至》（杜甫）
《江亭》（杜甫）
《水槛遣心二首（其一）》（杜甫）
《倦夜》（杜甫）
《禹庙》（杜甫）
《旅夜书怀》（杜甫）
《白帝》（杜甫）
《宿江边阁》（杜甫）

《秋兴八首（其一、其二、其三）》（杜甫）
《阁夜》（杜甫）
《登高》（杜甫）
《登岳阳楼》（杜甫）
《春行即兴》（李华）
《山房春事二首（其二）》（岑参）
《月夜》（刘方平）
《春怨》（刘方平）
《华子岗》（裴迪）
《暮春归故山草堂》（钱起）
《柏林寺南望》（郎士元）
《宿石邑山中》（韩翃）
《春山夜月》（于良史）
《自巩洛舟行入黄河即事寄府县僚友》（韦应物）
《赋得暮雨送李曹》（韦应物）
《幽居》（韦应物）
《诣红楼院寻广宣不遇留题》（李益）
《游终南山》（孟郊）
《宿王昌龄隐居》（常建）
《成都曲》（张籍）
《夜到渔家》（张籍）
《凉州词三首（其一）》（张籍）
《雨过山村》（王建）
《山石》（韩愈）
《谒衡岳庙遂宿岳寺题门楼》（韩愈）
《答张十一》（韩愈）
《插田歌》（刘禹锡）
《金陵怀古》（刘禹锡）
《昼居池上亭独吟》（刘禹锡）
《西塞山怀古》（刘禹锡）
《再游玄都观》（刘禹锡）
《石头城》（刘禹锡）
《乌衣巷》（刘禹锡）
《望洞庭》（刘禹锡）
《村居苦寒》（白居易）
《琵琶行》（白居易）
《邯郸冬至夜思家》（白居易）
《燕子楼》（白居易）
《蓝桥驿见元九诗》（白居易）
《南浦别》（白居易）
《西湖晚归回望孤山寺赠诸客》（白居易）
《杭州春望》（白居易）
《与浩初上人同看山寄京华亲故》（柳宗元）
《登柳州城楼寄漳、汀、封、连四州刺史》（柳宗元）
《柳州榕叶落尽偶题》（柳宗元）
《南涧中题》（柳宗元）
《秋晓行南谷经荒村》（柳宗元）
《中夜起望西园值月上》（柳宗元）
《渔翁》（柳宗元）
《行宫》（元稹）
《连昌宫词》（元稹）

《题李凝幽居》（贾岛）
《暮过山村》（贾岛）
《题兴化寺园亭》（贾岛）
《穷边词二首（其一）》（姚合）
《山行》（项斯）
《题金陵渡》（张祜）
《暮春浐水送别》（韩琮）
《长安秋夜》（李德裕）
《谪岭南道中作》（李德裕）
《南园十三首（其十三）》（李贺）
《马诗二十三首（其五）》（李贺）
《南山田中行》（李贺）
《感讽五首（其五）》（李贺）
《秋日赴阙题潼关驿楼》（许浑）
《金陵怀古》（许浑）
《登洛阳故城》（许浑）
《咸阳城西楼晚眺》（许浑）
《汴河亭》（许浑）
《谢亭送别》（许浑）
《长安秋望》（杜牧）
《润州二首（其一）》（杜牧）
《题扬州禅智寺》（杜牧）
《题宣州开元寺水阁，阁下宛溪，夹溪居人》（杜牧）
《齐安郡后池绝句》（杜牧）
《寄扬州韩绰判官》（杜牧）
《金谷园》（杜牧）
《经五丈原》（温庭筠）
《处士卢岵山居》（温庭筠）
《商山早行》（温庭筠）
《苏武庙》（温庭筠）
《重过圣女祠》（李商隐）
《隋宫》（李商隐）
《筹笔驿》（李商隐）
《马嵬（其二）》（李商隐）
《板桥晓别》（李商隐）
《楚宫》（李商隐）
《安定城楼》（李商隐）
《曲江》（李商隐）
《黄陵庙》（李群玉）
《经炀帝行宫》（刘沧）
《湖口送友人》（李频）
《长安秋望》（赵嘏）
《楚江怀古（其一）》（马戴）
《灞上秋居》（马戴）
《华清宫三首（其一、其三）》（崔橹）
《题报恩寺上方》（方干）
《旅次洋州寓居郝氏林亭》（方干）
《山亭夏日》（高骈）
《黄河》（罗隐）
《绵谷回寄蔡氏昆仲》（罗隐）
《怀宛陵旧游》（陆龟蒙）
《台城》（韦庄）
《南海旅次》（曹松）
《故都》（韩偓）
《深院》（韩偓）
《金桥感事》（吴融）

《登单于台》（张蠙）　　　　　　《春晚书山家屋壁二首》（贯休）
《夏日题老将林亭》（张蠙）　　　《绣岭宫词》（李洞）

设计意图：提供课内学过的唐诗，帮助语文能力较弱的学生快速进入；提供来自《唐诗鉴赏辞典》的大量写景抒情类的经典唐诗，既能让学生结合自身兴趣做出选择，又能让学生在阅读经典唐诗的过程中，感受唐诗的魅力。

唐诗游学项目选题建议工具

1. 参考地域范围设计主题：区域如塞北、荆楚、江南、中原、燕赵、齐鲁、蜀地等；城市如西安、扬州、金陵、成都、济南等。

2. 参考游览对象设计主题：如，名楼、名河、名湖、名山、名景等。

3. 参考情感寄托设计主题：如，壮志雄心、怀古忧思、禅修悟道、回归田园、毅力坚持等。

……

设计意图：在学生刚刚接触任务书，没有思路的时候，可以从地域范围、游览对象、情感寄托等角度帮助学生打开思路，选择出各自感兴趣的主题。

唐诗游学项目选诗建议工具

1. 根据主题确定筛选诗歌的方式，尽量筛选出较多的诗歌备用（建议20首左右）。

2. 游学项目一般在一两周内完成，明确诗歌写作的具体季节，筛选出同一季节的诗歌。

3. 游学地点安排应由近及远，明确诗歌景点的具体位置，按照路线远近给备选诗歌排序。

4. 标出不同诗歌的情感阶段或情感特点，筛选出能够建立合理关联（最好是逐步升华）的诗歌。

5. 站在游客的角度，检查游学路线设计的合理性，游客情感是否能随时间和路线的推进而有所升华，最终确定游学诗歌系统。

设计意图：预估到筛选的诗歌可能在组织游学路线时出现包括季节不符、路线不合适、情感没有形成阶梯等问题，此工具将这些问题罗列出来，帮助学生提前筛查出问题，避免在完成细致分析后发现诗歌不合适不得不重新选择诗歌的情况出现。

诗歌解读表格工具

解说项目	具体栏目	解说建议
景点解说	景点描述	可以先参考诗歌中对景点的具体描述，然后回忆自己曾经参观过的景点景色，或是搜索该景点的图片或相关介绍，再进行描述。
诗歌解说	标题解读	标题是诗歌内容、形式、题材等信息的载体，有的标题概括诗歌的主要内容，有的标题揭示诗歌的主要线索，有的标题奠定诗歌的感情基调，有的标题揭示写作的时间、地点、对象、事件、主旨等，因此，我们要重视标题的内容，可以带着标题去读诗，通过解读标题，猜想揣摩诗歌的具体内容，较快地深入诗的内容中去。
	诗句解读	借助之前诗歌单元提供的“跳跃—空白”工具，对诗句进行散文化，并寻找分析诗句中的艺术手法，包括虚实、动静、远近、上下、象征、抑扬、白描、工笔、渲染、烘托、衬托、对比、联想、想象、乐景哀情、拟人、对比、借代、夸张、排比、双关、反复、衬托、用典、设问、反语、通感、主客移位等，也可以借鉴《唐诗鉴赏辞典》等工具书。
	炼字炼词	关注诗歌中“非常规”的字词，思考其对诗句的特殊影响。如关注具有“多重含义”的动词，“羌笛何须怨杨柳”的“怨”字明显用了拟人手法，既是曲中之情，又是吹笛人之心；关注形容词的运用，特别是活用作动词，如“红杏枝头春意闹”之“闹”即热闹，写红杏在枝头绽放，开得灿烂、热闹，用了通感手法，把无声的姿态描摹得好像有声，写尽一派盎然的春意、蓬勃的生机；副词修饰动作的程度、范围、变化等，能够突出情感的表达力度，暗含情感的微妙之处，“玉阶空伫立”之“空”即徒劳地、白白地，表达了苦苦等待而没有结果的孤寂、惆怅，增添了全词的“愁”味，使主题更加鲜明；数词的运用，有时是用虚数，不可当真，但可使诗歌借助夸张增强表现力，有时是确数，使诗词精练有力，含意丰富，如郑谷把僧齐己的《早梅》诗中的“数枝开”改为“一枝开”，凸显了题目“早梅”之“早”；诗歌中虚词的锤炼恰到好处时，可以获得疏通文气、开合呼应、悠扬委曲、活跃情韵、化板滞为流动等美学效果，如“落霞与孤鹜齐飞，秋水共长天一色”，去掉“与”“共”二字就会大为减色。
	后人诗评	不必完全认同后人对该诗歌的评价，可以根据自己对诗歌的阅读与理解，筛选后人有价值/有启发的评价——翻译该评价——给出自己的理解进行佐证/反驳——深入鉴赏诗歌。

续表

解说项目	具体栏目	解说建议
诗人解说	知人论世	查看诗人创作此诗的社会大背景（政治/经济/文化等）、诗人的生命阶段（青年/中年/晚年等）、职业状态（求学/羁旅/仕宦等）、与他人的关系（离家/别友/思人等）等。

设计意图：本工具从标题解读、炼字炼词、诗句解读、后人诗评、知人论世等角度，带领学生完成一首诗的深入阅读，由易到难、由浅入深，告诉学生阅读一首诗的基本方法与路径，使他们在考场上面对新诗时不会感到无从下笔。

诗歌解说示例工具

诗题：早寒有怀

内容：木落雁南度，北风江上寒。我家襄水曲，遥隔楚云端。乡泪客中尽，归帆天际看。迷津欲有问，平海夕漫漫。

景点解说：各位游客大家好，欢迎大家在这个寒冷秋天的早晨（季节），和我们一起来到江苏省常州市长江沿岸（位置），登上孟浩然《早寒有怀》这首唐诗提到的景点——长江下游的一条游船上（观景点）。在经过的路上，相信大家已经注意到本地的树木，尽管还有不少绿意，但随着秋季的到来，开始有风吹落叶的现象。现在的鸟类比较少，不知道这几天有没有游客注意到天空中偶尔有大雁飞过的场景，现在我们只能看到水面上时不时有水鸟飞过。此刻，我们处于长江下游，放眼望去，我们可以看到周围的水面十分开阔，水天相接，平如镜面。长江水虽然不如一千多年前那么清澈，但仍然波光粼粼，奔流不息。几千年来永不停止的滔滔江水，不知包蕴了多少故事、多少沧桑、多少诗情与愁思、多少探索与漂泊。我们的游船现在正在向上游行进，周围的地势在逐渐增高（景点描述）。假设有人的家乡在湖北襄阳，离这里有几千里的距离，按照现在的行船速度，会不会觉得故乡遥不可及？会不会产生思乡的感情呢？那么如果非常想家却不能回家，要漂泊在一条船上，又在追求些什么呢？让我们一起走进孟浩然的诗歌，去体会一千多年前的他漂泊在这条游船上在想些什么。（引出诗歌）

诗歌解说： 我们先来看标题，题目说是“早寒”，其实随着秋季的到来气温自然会降低，“寒”字自不待言，值得注意的是，作者特意加的“早”字。之所以作者要强调寒冷到来得比较早，一方面确实是因为诗中所谓“北风”呼啸，降温比较厉害，另一方面也可能包含自己对前程的迷茫与心灰意冷，所以才早早就开始觉得寒冷吧（标题赏析）。

我们再来一起解读这首诗，首先看诗中的字词，“楚”是指长江中下游，“津”是渡口，“平海”是指宽广平静的江水（重点字词释义）。这首诗告诉我们的是秋天早早来到，树叶飘落，北雁南飞，北风吹过使得江水更加寒冷。诗人看到长江之水不免想到自己在上游襄水附近的家乡，觉得家乡仿佛隔着云彩遥不可及，因此流下思乡之泪，想着家乡的人也在思念自己，会遥望着天际的归帆。为何如此思乡却不肯归去？是因为还未实现内心的理想，可内心尚且一片迷茫，前程如漫漫江水一样迷茫（诗句解读）。

这是首非常精彩的唐诗，首句用“木”字不用“树”字，把树叶脱落后秋季树木的干枯凋零之感体现得十分到位；第三句中“曲”字一方面描写了襄水曲折蜿蜒的特点，一方面也借助此特点写出了归乡之路的漫长、遥远，为“隔”字强调的两地隔绝做了铺垫。（炼字）五、六句从写自己到写家人，运用了主客移位的手法，五句直接写自己对故乡的思念，六句则通过描写家人遥望天际归帆思念自己的行为再次强调自己对家人的想念。（手法）

这首诗确实非常精彩，不仅受到当时人的肯定，也被后人高度赞赏。前人点评本诗开头两句：“客怀凄然，何等起手！”指出这两句写出了羁旅之客的凄然之情，起句不凡。实际上，这两句是由鲍照“木落江渡寒，雁还风送秋”二句脱化而来。既保留了“木落”“雁南度”“江寒”的秋意，又省去了“秋”字变“风”字为“北风”突出其凛冽、寒冷，更呼应题目的“早寒”之“早”。《王孟诗评》提出“读此四句（“我家”四句），令人千万言自废”，特别赏析了本诗的中间四句，强调此四句是思乡诗作中的佳句。因为这四句看似平淡、自然，实则“曲”“隔”等字炼字精妙，“客中”和“天际”又含有主客移位的手法，但两句话仿佛脱口而出，毫无斧凿痕迹。（后人诗评）

诗人解说：各位游客，大家刚刚解读了这首经典的唐诗，是不是已经能够猜测到诗人创作此诗的大致状态了？确实，本诗作于开元年间，社会一片太平（社会背景），诗人孟浩然40岁左右，人生七十古来稀，他这个年龄段算是不折不扣的中年了（年龄）。而在这个年龄，孟浩然仍然活得非常纠结，还没有确定人生的最终发展方向，虽然一直打着隐士的旗号，但又不能完全安心于成为一名彻底的隐士，时不时冒出一些求官的行为；想要求官吧，又不像真正求官的人那样投入精力，只是偶尔想走走上层路线，所以一直求官未果（职业状态）。这样纠结的结果便是孟浩然既不能充分享受田园生活，选择反复离开家乡到长江中下游漫游，长期与家人处于分离的状态（与家人的关系），又始终没有接近政治上的核心人物，获得真正的一官半职，所以不能在政治上有所作为（与其他人的关系），因而，此诗流露出的感情相当复杂：既有思乡的痛苦，又有对前途的失落，还有难以言说的迷茫，这种混沌而模糊的痛苦情感使得本诗弥漫着一种浓厚的愁苦之情。这些有没有唤起你的相关情感体验呢？

设计意图：诗歌解读表格工具给出的诗歌解读方式可能不够形象，因此选择一首较为典型的诗歌，再次给出示例工具，学生可以参考示例中分析诗歌的方法，进行模仿分析。

情感生发路径分析示例

游客身份/情感预设	游客情感体验	与诗人情感异同	情感生发路径
面对选科、选考比较迷茫的中学生，情感基调是低落、悲伤、迷茫的	作为内心迷茫的学生，看到风吹落叶的典型秋景，感受到秋日的清冷、寂寥，心情只觉忧郁，而这种低沉之感难以言说，虽然身处人群之中却只觉得孤独；看到宽阔而浩荡的江面，一方面有找不到具体奋斗方向的迷茫之感，另一方面也觉得未来可期，充满无限可能。	相同：迷茫、忧郁、孤独 不同：期冀 VS 思乡	秋季—草木凋零—青春逝去—人生理想没有实现 秋季—落叶归根/大雁南归—思乡 河流湖泊—漂泊—孤独—思乡

设计意图：学生比较容易体会自身的情感，但对于时代相隔久远的唐代

诗人的情感，则可能会觉得陌生。但人和人之间的情感本就有相通之处，本工具便引导学生将两种情感进行比较，分析情感生发过程中共同的路径，为提炼情感结构模型做准备。

五、学习成果

子任务三　优秀成果一

诗歌情感结构模型

游客身份/情感预设	游客情感体验	与诗人情感异同	情感发生路径	共同情感结构模型
身份预设：青春期在人际交往方面出问题的、有心理压力的学生 情感预设：忧伤、迷茫、低落、无措、烦躁	《宿江边阁》：作为生活、学业、情感不顺的学生，看到秋月与云雾会感到孤单、忧虑、烦闷。看到宽阔的湖面和鸟兽争食，可联想到学业竞争压力大，感到低落，另一方面又因自然景色的壮美产生走遍世界的斗志和向往。	相同：忧虑、烦闷、压力大 不同：斗志、压力 VS 无措、忧国	对于诗人： 秋季—月亮—寒冷、月圆—孤单—凄凉、悲伤 秋季—薄云—烦闷 云遮月—前途无望 动物争食—竞争—残忍—战乱—忧国 对于学生： 水面—宏伟—奋斗 动物争食—学业竞争—压力大	秋天、孤月、孤舟、寒风—孤单孤独—寂寞凄苦 月圆—人散—孤独之情 薄云浓雾—迷茫沉闷—理想难以实现—心理压力大 自然美景—如入仙境—心生神往—渴望归隐田园
	《登岳阳楼》：学习中的学生看到日月星辰在水中的倒影感到壮观，产生上进心、斗志。看到孤月，觉得孤单寂寞，联想与家人朋友的不合等人际交往问题，感到忧伤孤单寂寥。	相同：孤单、忧伤 不同：斗志 VS 忧国忧民、思乡	对于诗人： 湖水—壮阔—国家战乱—忧国忧民 孤舟—孤单—家人离散—思乡寂寞 对于学生： 大江—浩瀚—神往—斗志 孤舟—孤单—情感矛盾—寂寞	

续表

游客身份/情感预设	游客情感体验	与诗人情感异同	情感发生路径	共同情感结构模型
身份预设：青春期在人际交往方面出问题的、有心理压力的学生 情感预设：忧伤、迷茫、低落、无措、烦躁	《宣州谢朓楼饯别校书叔云》：作为游学期间“漂泊在外”的学生看到秋月，一方面因为没有朦胧云雾而感到心情舒畅，一方面因秋夜的凉气感到孤单凄凉。看到秋雁，联想到家人同学，感到想念，觉得孤单。 登高看到广阔的景色，感到神往，又想到李白理想的夭折，担心自己也无法实现梦想，愁苦低落，想起诸事心中烦躁，有逃离尘世回归自然的愿望。	相同：欲逃离尘世，烦忧，低落 不同：与亲友离别之愁 VS 思乡	日、月、水 + 凉风—壮观，向往，凄凉，担忧—担忧理想，环境，过去—忧伤，欲逃离 秋雁—南飞—想起自己漂泊在外—思乡，想起旧事	水面、日月等浩瀚之景—胸怀阔大—心生斗志
	《梦游天姥吟留别》：作为心理压力大的学生，看到宏伟山势，湖面升起的朝阳时会因此感到震撼、惊艳，而薄雾笼罩的天姥山更让人有如入仙境之感。对比自己在都市中的生活，产生落差感，失望，也因此更向往仙境、自然。	相同：向往自然仙境，感到震撼、惊艳，又因与现实的落差而感到失望	自然美景—如入仙境—向往自然 对比现实 & 梦境—落差感—失望—向往归隐	
	《山居秋暝》：雨后空气干净，秋风怡人，心中压力巨大的学生有心灵受到洗礼之感。松间的明月与清泉则让人觉得安静美好，让人有欲回归自然之感。	相同：向往隐居生活，欲回归自然	新雨、清泉、山、松树、月亮—清新美好—回归田园，逃离世俗	

（董馨忆）

成果点评：该游学项目设计对象身份十分明确，是青春期存在学业压力、人际交往压力的学生。项目选择的诗歌，主题相关，都是处于人生不得志阶段的诗人诗作。此外，所选诗歌之间存在情感的加深与升华，可引导学生在面对秋夜、冷月、寒风、迷雾等相关景色，在感受孤独、寂寥情感的基础上，借助自然界更为广阔的美景如水面、日月、山川等打开胸怀，最后借助田园生活中幽静、恬然的景色帮助学生获得情感的升华。作者对每首诗歌中的情感生发路径分析准确，对5首诗歌中共同存在的情感结构模型提炼到位，可以作为理论模型去解读同类型的诗歌，是非常有意义的。不过，碍于作者诗歌阅读数量有限，对情感结构模型的总结有些简单，希望作者在阅读更多诗歌后，可以总结出更完善、更有效的模型。

子任务三　优秀成果二

诗歌情感结构

游客身份/情感预设	游客情感体验	与诗人情感异同	情感发生路径	共同情感结构模型
身份预设：初中毕业与挚友分别的学生。	《采莲曲》（其二）：作为共同学习生活三年之久的挚友，在尚未分别、依旧相聚之时，见到莲荡中江南少女轻歌采莲这样一幅美好的画面，一定会引起共同的回忆——对从前年少之时一起游戏的温馨回忆，因此觉得初中三年的青春岁月十分美好。但同时，也会有一些伤感之情，毕竟青葱岁月已逝，故人将各自离散。	相同：艳羡、欣喜愉悦、怀旧 不同：伤感离别将至（游客）VS伤感年岁渐老而仕途失意（诗人）	芙蓉向脸—姣好容貌—青春美好—自己年迈—伤感年岁渐老 采莲—活泼欢快而无忧无虑—自己仕途失意愁云顿生—艳羡采莲女	自然美景美物—美丽美好—美好青春—年华老去—伤感之情 自然美景—与知己共赏—知己不在—伤感思念

续表

游客身份/情感预设	游客情感体验	与诗人情感异同	情感发生路径	共同情感结构模型
情感基调：毕业之际，与挚友分别，心中分外不舍。会对过去相处的日子有怀念，也会对未来独自前行的日子有担忧。	《送灵澈上人》：毕业来临，黄昏时分，大家各自目送挚友的背影渐行渐远，彼此间郑重地告别。此时再见到竹林中的夕阳、听到空灵的钟声，想到几百年前在此地曾有一位诗人送别一位挚友，此情此景皆能引起共鸣——送别之人对远去的友人有着十分的不舍之情，心中怅然若失，对自己的未来也有着些许的迷茫、凄惶之感。	相同：不舍、怅惘、伤感、迷茫 不同：惶惑（游客）VS淡泊闲适、坦然潇洒（诗人）	钟声、斜阳—时间流逝—青春逝去的伤感—珍视生命中的美好 分别、背影—不舍之情—对未来的迷茫	钟声、斜阳等—时间流逝—生命中的美好不在 分别场景—对友人的不舍+对未来的迷茫 美景、古镜、苔藓等—逃离世事—隐居之情
	《夏日南亭怀辛大》：分别之后，大家渐渐习惯了挚友不在身边的生活。但偶尔重新回归宁静之后，见到温柔的明月、闻到荷花的幽香、听到露水滴入池塘的声音，不自觉地就会想到，这样一个美好的夏夜，若是有知己好友在身旁该有多好。此情此景，会勾起游客对许久未曾相见的友人深深的思念之情，情感基调是忧伤与怀念的。	相同：思念怀念、无可奈何 不同：深深的悲伤（游客）VS淡淡的伤感（诗人）	月亮—温柔皎洁—景色美好—希望与友同乐—友人不在—思念挚友 鸣琴—弹琴奏乐—钟子期俞伯牙—知音—知音不在—思念挚友	

续表

游客身份/情感预设	游客情感体验	与诗人情感异同	情感发生路径	共同情感结构模型
情感基调：毕业之际，与挚友分别，心中分外不舍。会对过去相处的日子有怀念，也会对未来独自前行的日子有担忧。	《宿王昌龄隐居》：学习生涯仍在继续，对朋友的思念也依然存在，这时候，见到微弱的月光、凌乱的花影和青翠的苔藓，知道这是王昌龄与好友常建一同归隐之时的故居，不免产生欣羡之情。想起从前和友人一起自习的教室、一起奋斗的学习生涯，难免感慨万分，思念旧友的情感再度加深，希望能与友人在这大好时光里一起学习奋斗。	相同：思念怀念、愿与友人同道而驰 不同：愿与友人共同奋斗努力学习（游客）VS 愿与友人共同归隐、不理红尘（诗人）	月光—“海上生明月，天涯共此时”—想念不知在何方的友人 孤云—孤独冷清—无人可依—思念友人 苔纹（苔藓）—冷清荒芜—许久无人行走—挚友离开已久—怀念友人—希望友人归来	
	《庐山谣寄卢侍御虚舟》：友人确实很难相聚，身处不同学校的人无法相约在共同的时空中奋力遨游了。无奈之下，鼓起勇气，决定独自走上新的人生旅程，勇敢探索新的知识领域，彼此遥遥关心、共同长大。此时见到气势磅礴的庐山，一方面被庐山美景的壮丽惊艳，心胸变得开阔，立下为未来拼搏的雄心壮志，另一方面与朋友一起分享这世间美好风物，彼此勉励，相约共同走向美好的未来。	相同：对庐山的赞叹赞美之情、豪情 不同：在学业上拼搏奋斗的雄心壮志（游客）VS 归隐山水摆脱世俗的羁绊的信念	山映在湖面—山青水秀—热爱自然风光—寄情山水—不理俗世红尘 石镜—照镜子—照清自己—使得心灵清净—向往道教修仙	

（满易）

成果点评：本游学项目选择的游客身份来自真实的生活，学生比较有话说。刚刚经历过初三毕业的分别，作者将分别时的复杂感情分析得非常细致，既有对过去同学共游生活的怀念，也有对未来独自踏上学习旅程的迷茫，还有时不时产生的对友人的怀念。依据这些感情，作者选择了对应的诗歌，匹配得当、引导巧妙。尤其让人眼前一亮的是，选择的诗歌也多是诗人怀念友人的主题，阅读这一系列诗歌，不仅能够加深作者对送别诗这一诗歌题材的认识，还能提炼出送别诗中常见的情感结构模型，可以说是一举多得。略有遗憾的是，作者拆分出的情感较为丰富，情感之间的变化过渡需要时间较长，很难在短短十几天的游学中完成，不太符合生活真实。

六、单元反思

达成效果

首先，学习任务能够调动学生直接的生活经验，可以很好地激发学生学习的内动力。阅读古典诗歌，对初高中的学生来说，是个不小的难题。学生自己的生活与诗歌中描写的场景、营造的意境相去甚远，很难产生读诗的动力。阅读诗歌过程中，需要学生调动联想、想象的能力去感受诗人的所见所闻，结合诗人创作的时代背景与生平经历，去理解其创作某首诗歌时，心中复杂的情感。这些是阅读诗歌的难点，也是学生学习的痛点。本任务选择从学生游学经历的角度切入，将学生在游学过程中产生诗意感受的场景与诗歌中的景色相联系，将学生在生活中真实产生的情感与诗歌中诗人表达的人类共通的情感相联系，从而使学生惊喜地发现，诗歌中的情感与自身的情感存在相通之处，诗歌中描写的景色自己也曾经见过。如此一来，不仅能够打消学生对阅读诗歌的畏惧之感，还能让学生深入挖掘自身情感背后的文化内涵，总结情感生发的共同路径与结构模型。如此一来，不仅加深了学生对诗歌的认识，还加深了学生对自身生活经历及文化背景的认识，帮助学生在精神层面获得更好的成长。

其次，学习任务为学生提供了较大的选择空间，可以满足学生多样的学习需求。本任务提供了一百多首经典唐诗，既有学生课内已经学过的唐诗篇目，帮助语文学习能力一般的学生快速进入，也有非常经典的《唐诗鉴赏辞典》编选的唐诗，帮助语文学习能力较高的学生打开视野。同时，这些唐诗都是写景抒情类诗歌，无论选择哪几首细读，都可以帮助学生充分掌握写景抒情类诗歌中共通的情感结构，为学生以后阅读其他诗歌提供理论储备。同时，这些诗歌囊括山水、田园、边塞、怀古等许多题材，涉及塞北、荆楚、江南、中原、燕赵、齐鲁、蜀地等各个区域，在引起学生兴趣的同时，也给了学生充分的选择空间，学生可以根据自身经历或兴趣爱好选择自己感兴趣的诗歌去阅读、选择，在完成充满理想色彩的游学项目策划书的过程中，完成对诗歌的审美赏析之旅。

再次，本任务可以提升学生在各方面的语文素养。语言表达方面，优美的诗歌写景语言，白描、细描、高低远近的视角、动静结合的手法、包含文化寓意的事迹典故、炼字炼句等，都能丰富学生语文基础知识的积累。文化审美方面，唐代诗人借助诗歌凝固下的充满诗意的生命瞬间，引发了学生情感上、审美上的共鸣，发现自己与唐代诗人情感上的共通之处后，学生也能因此解锁属于我们民族文化所特有的情感密码，在文化上找寻到自己的“根”，增强学生文化上的归属感。思维提升方面，学生不仅掌握了从标题到诗句，从炼字到手法，从背景到经历这一系列读诗的方法，还会对人生不同阶段的情感生发路径有所探讨，并试图在不同的情感生发路径中提炼出共通的情感结构模型，这些都使学生的归纳思维能力、演绎思维能力、抽象思维能力有所提高。

最后，本任务学习资源丰富且准确，学习工具实用性强。教师组各位教师结合自身的读诗经验，反复翻阅《唐诗鉴赏辞典》，遴选出一百多首写景抒情且适合初高中学生阅读水平的诗歌，帮助学生在打开眼界的同时，不会被难度较高的诗歌吓退。同时，本任务还提供了非常实用的教学工具，避免诗歌教学中常见的混沌现象，将如何阅读一首诗的方法用流程化的方式清晰地呈现在学生面前，使得学生能够通过一步步具体、实在的操作真正掌握阅读一首诗的方法。

改进方向

首先，提炼情感结构模型难度较大。尽管任务已经为学生搭好了阶梯，要求学生先赏析具体的诗歌，再总结诗歌中情感的发生路径，最后基于 5 首诗歌中的类似路径提炼出共通的情感结构模型。但对于刚刚进入高一年级、抽象思维还未发育完全的学生来说，完成这一步仍然存在不小的难度。这时候，就需要老师给出适当的援助和指导，帮助学生发现情感发生路径中的相似之处，帮助其总结共通的情感路径。

其次，没有真正去检验任务总结出的情感结构模型是否可以用来解读其他诗歌。本任务的最后一步只落在要求学生总结情感结构模型上，其实可以再进一步，要求学生用自己总结的情感结构模型去解读一首新的诗歌，如果能够解读成功，说明情感结构模型总结成功；如果解读不成功，说明情感结构模型的总结出现了问题。这也是帮助学生进行形成性评估的很好方式。可惜，碍于学习时间，任务没有提出更进一步的要求，部分语文学习动力不足的学生，很可能总结完情感结构模型就扔在一旁，不会在真正的读诗实践中去运用，这是非常可惜的。

七、巩固拓展

渭川田家

王　维

斜阳照墟落，穷巷牛羊归。野老念牧童，倚杖候荆扉。
雉雊麦苗秀，蚕眠桑叶稀。田夫荷锄至，相见语依依。
即此羡闲逸，怅然吟《式微》[①]。

注：①式微，《诗经》篇名，其中有“式微，式微，胡不归?”之句。

日　暮[①]

杜　甫

牛羊下来久，各已闭柴门。风月自清夜，江山非故园。
石泉流暗壁[②]，草露滴秋根。头白灯明里，何须花烬[③]繁。

注：①此诗写于杜甫晚年流寓夔州时期。②“石泉流暗壁”即暗泉流石壁。③花烬：灯芯结花，民俗中有“预报喜事”的意思。

1. 下列对以上两首诗的赏析，不恰当的一项是（　　）

A.《渭川田家》第一句描写夕阳斜照村落的景象，第二句“穷巷”即“深巷”，“穷”字也透着宁静、粗朴的况味。

B.《渭川田家》三、四句写人，野老拄着拐杖倚着柴门，急切地喊着牧童的名字，打破了山村傍晚的宁静。

C.《日暮》诗“牛羊下来久”着一“久”字，便另创新的境界，使人自然联想到山村傍晚时的闲静。

D.《日暮》诗“各已闭柴门”，使人联想到寂静的山村家家户户深闭柴扉，团聚享受天伦的景况。

2.《渭川田家》《日暮》两首诗，同样刻画了日暮山村的图景，但表达的情感却各有不同，请结合诗句分别说明两首诗的具体情感。

【参考答案】

1. B “急切地喊着牧童的名字”，“急切”错，与后文强调的“闲逸”格调不符，“打破了山村傍晚的宁静”描述也不恰当，野老的呼叫恰恰衬托了山村的宁静。

2.《渭川田家》一诗，“羡闲逸”一句，表现诗人对田园悠闲生活的喜爱、向往之情（1 分），而“怅然吟《式微》”一句，通过描写自己吟诵《式微》的诗句，联想到自己无所归的处境，表达了归隐太迟的惆怅、苦闷之情（1 分）。

《日暮》诗中，“江山非故园”一句提到眼前幽静的村落并非自己的故乡，表达了自己怀念故园、思乡恋亲、忧国忧乡之情（1 分），“头白”两句，通过灯芯结花的眼前之景联想到自己人至暮年的处境，顿生感怀身世迟暮、济世渺茫、感慨时光易逝的悲凉之感（1 分）。

【要点提示】

《渭川田家》一诗描写的是初夏傍晚农人生活的场景：夕阳西下，暖色的光芒照着村落，放牧的牛羊依次回到家中。家门口，农家老人正倚着手杖、靠着柴门，口中念叨着还未归家的牧童。田野里，青青的麦苗正在生长，喂养大量蚕宝宝的桑树叶子已经开始变得稀疏，农夫经过一天辛苦的劳动，扛着锄头回到家里，和熟人开始闲话一天的生活。诗人有意描写一系列宁静和谐的景色，借此表现农村闲适恬静的生活，并以此衬托自己在官场不得志的郁闷之情，全诗运用白描的手法营造出一种清新自然的意境。

《日暮》一诗描写的是秋季傍晚山村生活的场景，诗中既有放牧牛羊归家、各自闭门的农人，也有在月朗风清的夜晚，感叹自己远离故乡、充满愁思的诗人，还有静静流淌在山石间的泉水、暗暗凝结出白露的草木。看到这典型的秋景，诗人的心中不由得浮起愁绪与思乡之情；见到草木凋零，诗人也不免感叹青春逝去、人生迟暮。想到自己已经满头白发，却还未实现自己的人生理想，看到眼前灯花报喜的场景，不仅不觉快乐，反而倍觉烦恼，充满了辛酸苦楚之情。这首诗中，诗人借助秋夜牛羊归家、草木零落等典型的秋景，表达自己漂泊在外、年华老去、思念故乡之情，读来使人倍觉凄楚悲凉。全诗表达含蓄蕴藉，寓情于景，余味无穷。

为作品的人物设置代入一个变量

——《平凡的世界》单元学习现场

一、单元导语

《平凡的世界》是路遥先生创作的一部百万字长篇小说。该书以 20 世纪 70 年代中期到 80 年代中期的中国城乡为背景，展示了在时代巨变中一大批普通人所走过的艰难曲折的道路，被誉为“普通人的奋斗史诗”，激励了一代又一代中国人。但对中学生来说，该书的体量庞大，人物众多且关系复杂，阅读起来并不容易；再加上时代隔膜，学生很难对这部作品产生共鸣。本单元以“为作品的人物设置代入一个变量”为核心任务，聚焦某一个主要人物，梳理该人物的成长线，找到影响他/她命运的关键点，并通过代入“变量”，重新建构这个人物的生命轨迹，引导学生在角色转换和与原著的比较中深刻理解长篇小说中的人物形象，理解人与人、人与所处时代的关系，从而获得有益的成长体验。

二、设计依据

课标依据

依据《普通高中语文课程标准（2017 年版）》，《平凡的世界》学习单元主要涉及学习任务群 1“整本书阅读与研讨”、学习任务群 5“文学阅读与写作”、学习任务群 10“中国现当代作家作品研习”三个任务群的学习内容与目标。

根据学习任务群 1“整本书阅读与研讨”要求，在阅读方法上，本单元提供了阅读长篇小说的一些通用方法。如通过梳理人物关系图来整体把握作品内容；通过提炼人物成长的“核心六词”和撰写人物回忆录，指导学生根据不同的阅读目的，综合运用精读、略读和浏览的方法阅读全书；通过撰写人物小传，欣赏人物形象，探究人物的精神世界；通过“代入变量”、替书中人物走完人生路等方式重构人物经历，体会人物形象特别是人物性格、心理等变化的过程，将个人经验和阅读经验打通，实现跨越时代的理解。

根据学习任务群 5“文学阅读与写作”要求，在本单元学习过程中，教师设计了为人物设置“代入变量”这一具有挑战性的问题情境，学生为了选择恰切的代入点，需要反复阅读作品；同时，代入变量后需要学生合理续写情节，交代人物命运走向。在这样的写作任务指导下，学生需结合自己的生活经验和读写经历，在“大胆想象—小心比对—确定方案”的推敲过程中完成创作，加深对人物和作品的理解，呈现出独立而有价值的思考。

根据学习任务群 10“中国现当代作家作品研习”要求，本单元以《平凡的世界》这本曾获“第三届茅盾文学奖”、入选“新中国 70 年 70 部长篇小说典藏”的优秀长篇小说为学习素材，通过梳理人物的性格成长史，感受普通人在时代巨变中面临的艰难挑战，通过思考核心问题“普通人在大时代中应持有什么样的人生态度”，引导学生树立正确的人生观。

文本分析

选择《平凡的世界》一书作为整本书阅读对象，优势在于：第一，可读性强。该书虽然是部近百万字的长篇小说，但语言朴素，结构清晰，人物成长线清晰，人物命运跌宕起伏，易调动学生的阅读兴趣。第二，该书具有强大的鼓舞人心的力量。如孙少平、孙少安兄弟，虽身处困境，但他们自强不息的奋斗精神和对尊严道德的坚守激励了一代又一代中国人。对正处于成长期的中学生来说，学习该书不仅是学会怎么读一部长篇小说，更能获得丰富的精神给养。不过阅读本书也有一定难度，主要在于：第一，篇幅太长，人物众多，阅读习惯不好或者阅读能力较差的学生容易产生畏惧心理，很难坚持读完；第二，故事背景过于陌生。本书讲述的故事发生在四十多年前的中国，此后中国已经发生了翻天覆地的变化，时代隔膜、城乡差异，都增加了学生理解作品以及作品中人物的难度。

“为作品的人物设置代入一个变量”的单元设计力图“扬长避短”。根据长篇小说的特点，学习目标之一为能够理解主要人物的性格成长史，这样设计可以化繁为简，学生只需要选择一个人物即可，学生更易聚焦，更容易研究透彻。同时，为帮助学生更好地理解人物，理解时代和人物的关系，我们设计了“选择节点代替人物走完人生路”的活动，让学生转换角色介入人物的命运中，替人物选择更理想的生活，从而激发学生的学习兴趣，学生也更容易调动起人生体验和价值判断，加深对作品的理解。

学情分析

教学对象可以是初三、高一、高二年级学生。

对于学生来说，小说可能是他们最喜欢阅读的文学体裁了。中学阶段，他们学习了《孔乙己》《在烈日和暴雨下》《我的叔叔于勒》等中外小说佳作，掌握了小说阅读的基本方法，如分析人物形象、概括故事情节、梳理情节脉络、欣赏环境描写的作用等，同时，他们也阅读过《西游记》《鲁滨孙漂流记》等经典作品，对长篇小说有一定的阅读经验。不过，《平凡的世界》这部小说人物性格相对复杂，且有一个成长变化的过程，学生不但要梳理这个过程，还要分析影响人物性格变化的因素，这对学生的分析理解能力和概括能力都是不小的挑战。

与此同时，学生和作品之间存在着较大的时代隔膜，“公社”“责任制”“砖窑”等陌生的名词容易让学生产生畏难情绪，对此，除了提供必要的学习资源外，我们也设计了家长和孩子共读一本书的活动，鼓励家长参与到孩子的阅读过程中，作为那个时代的亲历者，家长的经历和感受可以拉近学生和作品的距离，也能够丰富他们对作品的理解。

综上，只要明确单元学习目标，提供合适的脚手架，减少对小说面面俱到式的学习要求，同时尊重学生自己的解读，在人物小传、续写等格式要求上不做过多限制，学习《平凡的世界》一书不但过程有趣，对提升学生的语文核心素养也极有裨益。“语言建构与运用”方面，提取“关键六词”的过程有助于学生精准理解词语含义，路遥质朴的文风也将给他们强大的感染；“思维发展与提升”方面，“代入变量”的过程有助于学生批判性思维和创造性思维的发展；“文化传承与理解”方面，学生深刻感受书中主人公在苦难中顽强拼搏、在挫折中坚守理想的精神，这也是民族精神的重要组成部分。

三、单元设计内容

学习目标

1. 能够理解长篇小说中主要人物的性格成长历程。

2. 能够基于一个主要人物理解作品中人与人、人与时代之间的关系。

核心问题

普通人在大时代进程中应持有什么样的人生态度?

核心任务

为作品的人物设置代入一个变量。

任务说明:假如在某个节点,“我”成为《平凡的世界》中的一个人物,替他/她走完后面的人生路……

1. 子任务一:人物关系图。选一个可以自我代入的主要人物,以此为基点,绘制作品人物关系图。

2. 子任务二:“六词”回忆录。为该主要人物撰写微型传记,用六个关键词连缀成文。

3. 子任务三:自我代入变量。将自我代入所选定人物,请说明代入的节点、内容及理由。

4. 子任务四:设计因变量。代入变量后,预设作品的走势变化,并以此与原作比较。

子任务一

人物关系图

任务说明：选一个可以自我代入的主要人物，以其为基点，绘制作品人物关系图。

设计意图：这个任务的核心要求在于“基点”，这个基点就是学生选择研究的主要人物，子任务二中的人物传记、子任务三和子任务四的代入变量预设走势的对象都是他/她，因此，学生在确定这个人物的时候要对后续任务有所考虑。

为避免后期子任务成果被推翻重做，要慎重选定代入人物，至少应确保：①微型传记的可读性。②该人物性格和人生走向的变化，能对人物关系图中其他人物的经历和命运造成明显的影响。

建构“人物关系图”的步骤：

1. 梳理出书中与主人公相关的所有人物，可借助暑假作业。

2. 按照一定的类型逻辑分类，如家人—朋友—同事、青年—中年—晚年、长辈—同辈—后辈，私事—公事等。

3. 按照与主人公关系的亲疏排序，用不同颜色、距离远近等表示出来。

4. 标注与主人公的具体关系。

学习现场 1

学习节点：

学生阅读《平凡的世界》，根据子任务一量规，梳理人物关系图。

现场描述：

这一节点以学生自主学习为主，教师注意观察学生阅读进程，对人物关系理解出现的典型问题进行点评、提醒。

教师观察：

阅读一旦展开，学生会很快沉浸在情节之中，有的学生甚至会忘记学习任务。对这样的学生，教师可要求他们将单元学习规划放在桌角等看得见的地方，用规划指引自己的阅读进程。

在梳理人物关系时，有的学生会一边阅读一边筛选，将跟基点人物有关的人物名称、身份、信息、结局等记录在本子上，方便下一步整理。而有的学生没有这个意识。教师应关注学生学习过程中的表现，在阅读方法和做事步骤上进行指导。

在确定基点人物时，大多数学生都需要阅读一段时间之后才能确定。有的学生会在两三个人物之间来回调整，这些都是正常现象，这个基点人物会贯穿四个子任务，在确定基点人物时要对这一点进行充分考虑。

绘制人物关系图时，学生往往会出现这样几个典型问题：第一，人物筛选不全或太多；第二，人物筛选得准确全面，但是没有按照一定的逻辑展开；第三，筛选和逻辑都没有问题，但是呈现方式不够一目了然。针对这些问题，教师可以制作“关系图 1.0 版”“关系图 2.0 版”“关系图 3.0 版”等，直到“示范版”，展示给学生，方便学生明白问题所在，也让不同水平的学生都找到进步的台阶。

注意事项：

教师在单元学习开启之初，要指导学生测试自己的阅读速度，根据阅读速度调整自己的学习规划。

人物关系图量规

	示范级	良好级	合格级
人物关系图	· 能够以代入人物为基点，绘制准确、清晰的人物关系图。 · 关系图忠于原著，能够涵盖代入人物的主要社会关系，并以一定的逻辑层次展开。 · 人物与人物之间有一定的关系解说，解说简明规范。	· 能够以代入人物为基点，绘制人物关系图。 · 关系图忠于原著，能够呈现代入人物的主要社会关系，并以一定的逻辑层次展开。 · 人物与人物之间拥有一定的关系解说，解说简明。	· 能够以代入人物为基点，绘制人物关系图。 · 关系图忠于书籍内容，能够呈现代入人物的主要社会关系，没有重大遗漏。 · 人物与人物之间拥有一定的关系解说。

子任务二

“六词”回忆录

任务说明：为该主要人物撰写微型传记，用六个关键词连缀成文。

设计意图：《平凡的世界》一书分上中下三部，时间上跨越十年，每个主要人物都经历了十年的成长，经历复杂，人物性格比较丰富。“六词”回忆录能够让学生在阅读时就思考辨析人物经历中的关键事件，帮助学生提纲挈领式地梳理基点人物的成长线，

学习现场 2

学习节点：

子任务二完成，小组交流、互评回忆录。

现场描述：

课前准备：统计并按照所选人物提前分组。

对照量规，小组互评

师：同学们，之所以把你们按选择的人物分组，是因为共同关注会让你们更有发言权，也更能给对方提出有价值的建议。接下来请同学按照流程、对照量规进行互评，每个人至少要评价 3 个人的作品，写下你的反馈意见。

同学互评，教师巡视、观察，记录典型问题和代表性例文。

总结经验，解答困惑

师：请同学们拿回自己的文章，认真阅读同学的意见，在你同意的意见后打勾，不同意的打叉，存疑的打问号。

生 1：回忆录的人称，我觉得第一人称更有代入感，更有感染力，就像是主人公在跟读者谈心似的，读起来很舒服。我的是第三人称，当时没意识到这个点。

生 2：回忆录的篇幅不要太长，我的篇幅太长了，同学说像是缩写本，主要事件不够突出。我们组张同学的也就千字左右，短小精悍，是我需要学习的。

理解人物的主要性格特点。撰写回忆录而不是单纯的人物传记，是因为前者需要学生角色代入，要用书中人物的身份去回望、总结、反思自己的一生，既要有经历，还要分析原因，从而实现对人物的深度理解。

“六词”回忆录量规

	示范级	良好级	合格级
核心六词	· 通过整体阅读提取“六词”，并确定每个词都与人物的重要经历或性格特质密切关联。 · 与“六词”相关的人生经历和人物性格，都能够在书中找到依据并建立联系。 · 所提取的“六词”自成体系，能够共同涵盖人物经历中的关键事件，能够完整地呈现人物经历的时间线或性格的成长史。	· 通过阅读提取“六词”，并确定每个词都与人物的经历或性格相关。 · 与“六词”相关的人生经历和人物性格，能够在书中找到依据。 · 所提取的“六词”自成体系，能够对应人物经历中的关键事件。	· 凭着大体的阅读印象提取“六词”，有部分词语与人物的经历或性格相关。 · 与“六词”相关的人生经历和人物性格，只能够在书中找到部分依据。 · 所提取的“六词”难以构成体系，只能部分对应人物经历中的关键事件。

学习现场 2（续）

生 3：老师，怎样在回忆录中表现人物性格？

师：在叙事中穿插抒情和议论，第一人称可以通过心理活动，表达人物情感，解读人物选择的原因，从而表现人物性格。

生 4：我有个困惑，我们写的都是田晓霞，可是我俩选择的事件不完全一样，不知道这个该怎么评判。

师：遇到这样的争议，首先我们要看量规，不要孤立地看其中一个事件，而要把几个事件连缀起来，看能否呈现主人公的人生轨迹、主要性格或精神面貌。只要能达成目标完成任务都是对的。比如田晓霞，大家一定都写了她最后的牺牲，因为没有这个事件，晓霞的人生轨迹、精神面貌就是不完整的，但在表现她爱情生活方面，是写她和少平相识、重逢还是去煤矿看望少平的情节呢？可以都写，也可以只写一两个，只要自成逻辑就好。

生 5：老师，回忆录最后是否需要有个总结段呢？我看有的同学有，有的没有。

师：我的意见是，是否总结，最好以文章的完成度来衡量，如果字里行间对人物性格命运体现得很充分，就不必总结。若人物性格命运体现不足，可以最后总结升华一下，体现你对这个人物的认识。

续表

	示范级	良好级	合格级
“六词”回忆录	· 选定的“六词”能够合理、自然地散布在语段之间。 “六词”回忆录能清晰呈现人物命运的发展轨迹和结局。 · “六词”回忆录能够直接或间接地反映人物性格的主要侧面（不少于2个），既能立体表现人物的整体形象，又能突出其独特个性。	· 选定的“六词”分布基本均匀、合理。 · “六词”回忆录对人物命运的发展轨迹和结局交代不够完整或不够全面。 · “六词”回忆录能够直接或间接地反映人物1—2个主要性格侧面。	· 选定的“六词”分布不够合理。 · “六词”回忆录对人物命运的发展轨迹和结局交代不完整、不全面或者不准确。 · “六词”回忆录中经历和性格两层皮，从叙述经历中看不出人物的性格特征。

学习现场2（续）

他山之石，可以攻玉。结合意见，修改完善

师：理解相关人物能帮助我们从另一个角度理解所选人物。下面请每个人物组推举一篇优秀文章，要有推荐意见。不合格的同学必须进行修改，合格级以上的建议修改升格。

注意事项：

单元学习开始之后，如何快速、准确地进行作业反馈是一个大问题。常见的方式有老师批改、同学互评、个人自评三种方式。要想保证后两种方式的效度，就必须确保量规清晰、科学、通俗易懂。同学互评时，为了让小组交流更高效，老师需要根据交流目的提前确定分组标准、人员分工、讨论流程等，还需准备必要的材料，如白板、纸张、彩笔等。

子任务三

自我代入变量

任务说明：确定代入人物后，请说明代入的节点、内容及理由。

自我代入量规

	优秀级	良好级	合格级
代入节点内容	·能够用简洁、规范的语言，明确交代代入的具体节点。 ·能够交代代入变量的性格特点和改变目的，性格侧面较多，改变目的与作品主旨的设置相关。	·能够明确交代代入的具体节点。 ·能够交代代入变量的性格特点和改变目的，性格有不同侧面，改变目的明确。	·能够明确交代代入的具体节点。 ·能够交代代入变量的性格特点、改变目的。
理由	·能够有理有据地说明该节点对人物命运、情节发展、作品主旨产生影响的原因。	·能够有理有据地说明该节点对人物命运、情节发展产生影响的原因。	·能够有理有据地说明该节点对人物命运或情节发展产生影响的原因。

设计意图：影响一个人一生发展的因素很多，确定节点的过程其实是引导学生去思考哪些因素可能是影响

学习现场 3

学习节点：

学生阅读《平凡的世界》，完成子任务三。

现场描述：

这是整个单元学习中学生创造力和想象力高度迸发的一个阶段。为了让学生有一个安静的、互不打扰的学习环境，教师可以提前将座位安排成单人单桌。

在梳理完主要人物的人生经历和命运结局、明确所选人物的性格特征后，大多数学生能比较明确地决定代入节点，对于不能确定的学生教师可以提供这样的问题帮助他们构思：你认同这个人物在面对困难、机遇或人生岔路上做出的选择吗？为什么？可以用“假如她/他……，命运就会不同……”进行构思。

值得注意的是，有的学生可能是在小说的“最后”才代入，不管是情节还是人物命运都没有什么发挥的空间，教师可以提醒他设计时要“瞻前顾后”，做好整体规划。

学生在思考代入理由时，容易观察发现，学生最大的问题是代入后内容设计不合理。比如，学生在设计代入节点的内容和理由时，可能会出现这样的困惑，如：

必须改变代入人物的性格吗？

能让少平和少安的性格一样吗？

我能设计某个人物的“副人格”吗？

……

教师可以提前将这些问题制作成一个个小纸条，并附上回答。当学生有疑问时，抽出对应的纸条。如果学生看了纸条还不明白，再进一步口头交流。

注意事项：

子任务三直接关系到子任务四能否顺利展开，因此，教师要密切关注学生的任务完成情况，及时反馈，严格把关，不合格的要重新设计，直到达标才能进入下一个任务。

学习任务一旦展开之后，学生的学习节奏很快就会不一致，这个时候教师不用焦虑，但个别化的指导需要加强，教师需要在这方面付出大量劳动和智慧。

人物命运的关键因素，这不但是理解长篇小说人物性格成因的途径，而且对指导学生如何把握机遇、规划人生也都有潜移默化的作用。

确定代入节点后，学生要构思代入之后的内容，如人物命运会发生什么改变，人物关系会如何调整等，这里不需要详细展开，但要有整体规划，好为子任务四做铺垫。分析代入理由时，学生要运用已有的阅读经验，从人物形象、情节发展、小说主旨等多方面思考，同时也要完成“角色代入”，调动自己的生活经验、思考自己的人生理想，只有这样 ，才能“替”剧中人物找到理想的人生道路。

子任务四

设计因变量

任务说明：代入变量后，预设作品随之发生的变化，并与原作比较。

设计因变量量规

	指标	优秀级	良好级	合格级
设计因变量	不变内容	·除代入的变量外，书中社会背景、家庭背景、其他人物的性格均与原著一致。	·除代入的变量外，书中社会背景、家庭背景、其他人物的性格均与原著一致。	·除代入的变量外，书中社会背景、家庭背景、其他人物的性格均与原著一致。
	因变量	·能用结构图或梗概的形式呈现变量代入前后该人物不同的经历、命运、结局等，概括全面而准确； ·能用结构图的形式呈现变量代入前后与该人物相关的人物命运走势的变化，梳理全面而准确。	·能用结构图或梗概的形式呈现变量代入前后该人物不同的经历、命运、结局等； ·能用结构图的形式呈现变量代入前后与该人物相关的人物命运走势的变化。	·能呈现变量代入前后该人物的不同的经历、命运、结局等； ·能呈现变量代入前后与该人物相关的人物命运走势和结局的变化。

学习现场 4

学习节点：

代入变量，完成“预设作品走势变化”后，学生根据量规自评、互评“预设”任务完成的质量。

现场描述：

教师提供评分表，学生先自评，再小组内互评。小组由选择不同人物的同学组成，人物互相关联，一个人的命运改变，往往会引起连锁反应。让不同人物组成一个组，方便互相判断情节设计是否合理。

对学生出现的共性问题，教师集中讲解。

如：有的学生预设情节过于平淡，可以告诉他们一帆风顺、相安无事，一般不会有情节的发展。情节发展的动力，一般来自矛盾冲突，人与人之间、人与环境之间都可以有矛盾，人物的性格也常常集中暴露于其中。

又如：有的同学预设情节时只考虑人物结局是否幸福，喜欢设计大团圆结局，这时要提醒学生要综合考虑情节链和人物关系，避免出现不合理情况。另外，也要引导学生关注不同的结局对小说的影响，考虑小说塑造人物的目的。

再如：情节怎么设计才能更好地体现人物性格。恰巧有两个学生都设计了少平和晓霞分手的情节，一个是因为距离原因自然分手，一个是因为少平多疑分手，显然后一个设计更能表现人物性格。

还如：有的同学因为对当时的时代背景不了解，会做出一些与社会环境相违背的预设。这是难免的，只要不影响情节主线和人物关系即可。总之，在指导学生修改作业时，教师要时时想着学习目标，不脱离主线。

续表

	指标	优秀级	良好级	合格级
设计因变量	与原作比较	·能通过与原著比较，加深对作品主旨的理解，加深对人与人、人与时代之间关系的理解。	·能通过与原著比较，加深对人与人、人与时代之间关系的理解。	·能通过与原著比较，加深对原著中人与人、人与时代之间关系的理解。

设计因变量写作建议

项目	建议
人物及其关系	①代入人物身上附着了你的人生观、价值观，可以按你的想法生活； ②应基于人物的“前世”，设计人物的“今生”； ③你为人物所做的设计和你的运作，都是为了表现“这个人”是什么样的人（性格特征或精神风貌）； ④借鉴原有“人物关系图”，思考变后“人物关系图”。
情节及其发展	①一帆风顺、相安无事，一般不会有情节的发展。情节发展的动力，一般来自矛盾冲突，人与人之间、人与环境之间都可以有矛盾，人物的性格也常常集中暴露于其中； ②一部长篇小说的情节链条比较长，应想明白情节发展不同阶段之间是否有因果关系，是否有关联的合理性。
主旨及其表现	①主旨可以与原作一致，也可以加入自己的想法，但因为“因变量”体量有限，主旨可能难有质的变化； ②主旨的内涵可以藏在叙述的字里行间，也可以比较明确地表达出来，但要注意简洁精练，点到为止。（其实，在艺术性上，“潜台词”要高于“画外音”。）

设计意图：这个任务又包含三个小任务：构思走势变化、详写两个片段、完成与原著的比较。在子任务三中，学生只是粗线条地构想了一下代入之后的内容，而这个任务要求学生丰富代入内容，设计出代入变量之后人物详细的命运走势。然后选择两个节点进行片段描写，可以侧重写人，也可以侧重写事、写场景等，但不管写什么内容，重要的是确保有详写的价值。完成续写之后与原著比较，比较点可以是人物形象的塑造、情节设置、主旨、语言风格等，比较的结论不是重点，重点在比较的过程，既能加深对原著的理解，又能培养学生的批判性思维。

四、学习资源与工具

“六词”提取步骤及方法

步骤	提取方法	备注
1	以此人物为主线，在已完成的《〈平凡的世界〉大事记表》中纵向标画出属于此人物的主要事件或特征信息。	
2	在该人物主要事件或特征信息中，圈出标志性词语。	
3	将这些词语按照该人物的人生阶段、事件内容、性格类型等维度分类。	
4	对分类后的词语，在类内逐步进行压缩，在保证人生经历、事件内容、性格类型等主要信息齐全的前提下，最后压缩至6个词语。	

“六词”回忆录常见问题及解答

问题	回答
“六词”都是什么样的词？	①不必拘泥概念，词、短语甚至短句皆可。 ②词性可以是名词、动词、形容词等。 ③内容：人名、地名、器物、动作、心理等。
“六词”怎么来？	见《“六词”提取步骤及方法》。“由多到少”：阅读标画提取，先不计数量，在拥有一定体量基础上归类、压缩，直至“六词”。
回忆录用怎样的人称？	一般用第一人称，相对真切真实； 也可用第三人称，相对客观冷静。
回忆录多长篇幅？	简洁呈现即可，一般为内容充实的千字文，但要呈现主人公的人生轨迹、主要事迹、主要性格或精神面貌。达成目标、完成任务是最重要的。
“六词”如何呈现？	见《“六词”回忆录量规》，要点是合理分布，表现人物。最后用红色笔突出标注“六词”。
回忆录最后要总结人物的一生吗？	是否总结，最好以文章体现的完成度来衡量，如果字里行间对人物性格命运体现得很充分，就不必总结。若人物性格命运体现不足，可以最后总结升华一下。

“因变量”设计与写作评价表

指标	评价内容	赋分（5—10 分）
因变量	①能用结构图或梗概的形式呈现变量代入后该人物不同的经历、命运、结局等； ②呈现变量代入后与该人物相关的人物命运走势以及相关情节的变化，矛盾冲突设置合理，情节链条连贯； ③为人物所做的设计和运作，都是为了表现该人物的性格特征或精神风貌。	
详写部分	①或侧重写重点人物，外貌、言行、心理，甚至细节； ②或侧重事，如某情节中的一个冲突点等； ③或侧重写场景，自然的、社会的皆可，人事在其中展开。语言生动、传神、细腻，有画面感。每篇应不少于 500 字，共两篇。	

核心问题 · 持续理解日志

语文教学班：　　　　　　　　姓名：

需要持续理解的核心问题：普通人在大时代进程中应持有什么样的人生态度？

日期	今天发生了……/我做了……	今天我对核心问题的理解	我目前尚不理解的问题

注：持续理解日志表格仅供参考，日志的架构和内容，可以根据自己的实际情况改造。

设计意图：《平凡的世界》一书记录了 80 年代前后中国城乡社会中众多普通人物的奋斗历程，面对时代巨变，不同的人采取不同的态度，收获了不同的命运。这个单元的核心问题是“普通人在大时代进程中应持有什么样的人生态度？”，就是引导学生在阅读本书的过程中，去关注人物命运，思考个人选择对命运的影响。同时也启发学生，作为新时代的普通人，可以从书中获得什么样的人生启示？学生要边读，边思，边记录，以逐步加深对这个问题的认识。

五、学习成果

子任务二　优秀成果

十　年

——孙少平回忆录

我的前半生，不说极尽波澜壮阔，也不说成功辉煌。它在反抗命运的过程中历尽苦难艰辛，最终归于平淡。我在这条布满荆棘的路上蜗行摸索，遍体鳞伤，但最终还是踏出了一条窄窄的、被鲜血浸透的小路来。

我生于 1958 年，生长于陕西省原西县双水村，而我想讲述的十年，开始于 1975 年的二三月间，止于 1985 年的春天。短短十年间，我便已经从一个不谙世事的少年，迈进阅尽红尘的而立之年。

我其实算不上一个有文化的人，因为除了爱好读书之外，上高中的那段时间实在是荒废了，贫困使我衣服破破烂烂；只能吃最便宜的高粱面馍，连菜都吃不起；每天还有繁重的劳动，使我没能抽出很多时间读书。没能在正确的时间做正确的事，这的确是我的一大罪过，但还好我保持着酷爱读书的良好习惯，这也是我反复强调给现在的年轻人的。

我还记得那个女孩子，同我一起吃着最便宜的高粱面馍，一同阅读着《红岩》。我们是同样身处贫苦的人，于是命运使我们走到了一起，相互取暖。很可惜，后来，青春的朦胧好感还没有表露就被残忍地揭开，我们终于形同陌路。我似乎还救过她，不论以什么形式，然而我已经不记得她的名字。

我记得这件事，其实不是因为她，而是那一年，我结识了我一生中遇见的最灿烂最美好的一个人——田晓霞。大约是一起宣传演出吧，总之，我们，一个土生土长的农民子弟、一个衣食富足的高干子弟，两个身份迥异的人，就这样相识。我们曾经一同交流志向，想要靠自己的努力闯出属于自己的一片天空；我们曾经在放学后挤在一起，偷偷抄写革命诗歌；我们也曾经互相鼓励，无论生活到了哪种地步，都不要放弃努力、放弃读书……我想，大概那时候我就已经怦然心动了，只是随即的分别和内心深处的自卑让我自己也没有意识到这种好感究竟意味着什么。

意料之中的高考落榜后，我留在初中教书，那三年我成长了很多，可是我心里始终明白，我想要的不是那种生活。我渴望到陌生的地方去，去凭借着自己的努力奋斗、负重前行，哪怕是一意孤行也好，最后一无所获也好，只要不像现在一样依附于一大家子人，平庸至死就好。那时我还不懂这叫独立，叫自立，同时也叫梦想。我想我和大哥终究还是不一样的，大哥是一个不折不扣的农民，他的生活便注定纠结于土地、生活、财富。而我呢？我在见识到了书本上那么多浮世繁华之后，又怎能守住内心不去向往呢？

教师生涯结束后，我明白我的机会到了。“离家远行”这个行动终于迫在眉睫，而我，怀着迷茫但一意孤行的执拗，抓住了它的尾巴。我来到了黄原，想要成为一名揽工汉。可是我几乎什么也不知道，不知道住哪里、不知道干什么、不知道去哪里。这样稚嫩却坚定的远行，回首望去的确愚不可及，但同时也构成了我性格中不可或缺的一部分。开始是怎么样的，我早已经忘了，但是石头压在身上皮开肉绽的痛苦却一直深深地刻在我的脑海、我的骨头里，时刻提醒我，不能放弃。终究是太过不谙人情世故，我才干了不久，就因为得罪了人，受尽冷落被赶了出去。

于是我又换了另一个建筑工地干活，活儿仍然很重、很辛苦，但是我已经显得游刃有余，这三个月我所学到的吃苦耐劳与坚韧不拔，比我过去三年学到的还要多。我想，这就叫作艰辛磨炼后的成长吧。直到家里来信，我才得知大哥已经与我们分了家。回家一趟，我将自己赚的钱分了个精光，那时我想，我大约已经算是个顶天立地的男子汉了吧。

我始终记得1980年那个下着连绵细雨的十月，我在剧院门口，转过身去，就那样与晓霞相遇。原本是两个世界的两条平行线，如今却梦一般有了交集……即便之后我是多么痛恨命运，那一刻，我全心全意地感谢这命运的馈赠。我与晓霞经常一起交流见解，甚至一起去爬山。我至今记得我触碰晓霞的手时，手指的颤抖和僵硬，就好像一把火，一直烧到了心里。可是我又多么痛恨我自己没有珍惜，以致它轻易便从指缝溜走，如今每每回想，便如万箭穿心。

我渐渐习惯了每天装作一个文盲，过着揽工汉的生活。我知道自己在言行举止上正在慢慢被同化，但是我知道，我的心、我的理想、我的志向是不会被同化的，因为我的心中，始终存在那一片净土。

我第一次向缥缈不定的命运反抗，是在1981年的4月间。看见包工头胡永州对尚且未成年的小翠动手动脚，我恨不得把他打死，让这个禽兽付出代价。我救下了小翠送她回家，那时我以为我是个顶天立地的大英雄，可是结果呢？小翠又回来了，继续被胡永州欺负。而我难道能做什么吗？不，我不能。我救下她第二次，她还会回来第三次，而小翠被父母压榨的事实，我又怎能改变？我努力改变小翠卑微的地位，却失败得彻底。我流着泪扑倒在小南河岸的草丛边，捶打着草地，在心里发誓，我会同它战斗到底。

之后大哥和晓霞来找过我一次，大哥想让我回去帮着忙工厂里的事情，当然我毫不犹豫地拒绝了。对我而言，黄原，已经不仅仅是一座我可以打工挣钱的城市那么简单了，它代表着我藏在心里的爱人，代表着我所渴望的独立的生活，它深深吸引着我，它有它的魅力。

1981年8月，下午，古塔山上，我会永远记得那天。我终于拥有了把晓霞拥在怀里的勇气。

我与她相约，两年后，就在那天，同一个地方，无论我们身处何处，无论我们在干什么，一定要赶来相见。

我记得她说过的每一个字，可是我没有想到，这一句誓言终究没能实现。它终究化为了一把钢刀，时时刻刻，让我遍体鳞伤。

从那时起我便陷入了甜蜜的恋爱之中。虽然我和晓霞不能够时常相见，但是我总相信，我们的精神，始终在一起。

经过曹书记的推荐，我终于拥有了第一份稳定工作，并为之坚持了这么多年。也许你们会疑惑，为什么我讲到这里，才开始将自己算作出人头地的开始。但是我想，如果没有勤奋好学、没有磨炼意志、没有爱情的滋润，我是无论如何都不能走到这一步的。

我记得在煤矿里依旧拼死累活甚至九死一生的工作；记得用自己的努力终于换来一份稳定的收入时欣喜激动自豪的心情；记得我敬爱的师傅王世才

对我的关注和对生病的我的照料；记得晓霞愿意忍受地下作业的艰难来这里采访；记得晓霞来信说同事在追求她时自己从内心深处升起的自卑与退缩；记得师傅王世才为了救安锁子失去了自己的生命；记得我因为愧疚和感激照顾惠英嫂和明明，与他们一起在这个充满苦痛的世界里依偎取暖互相救赎……

然而这平静的一切，都被那张报纸顷刻间冲垮。

晓霞死了。为救人而死。

我不记得我是怎样在那个大雨滂沱的夜晚跑出了矿区，不记得我是怎样伏在铁道旁的泥水洼里绝望地呻吟，不记得我是怎样满身泥浆地返回宿舍，不记得我是怎样到了晓霞家里见了或许永远不会承认我的晓霞的父亲和弟弟，不记得我是怀着怎样悲痛到麻木的心情接受那沉到将我压垮的三本晓霞的日记，不记得我是怎样重新爬到古塔山上，望着夕阳泪流满面……命运再一次将我玩弄得彻彻底底，让我从幸福的云端坠落谷底。

我以为我会这样一蹶不振，可是那样我便不是孙少平了。人之所以为人，不就是因为人拥有不断站起来的能力和勇气吗？晓霞的死仍然是我心中最深最痛楚的回忆，可是我已经能渐渐将它埋在心底，尽管翻看她的日记时，心仍然会被扎得鲜血淋漓。我爬起来了，以一种我从未想过的、顽强不屈的方式。

经过了这么多年，我终于在和命运的对抗中胜利了一次。1984 年 6 月到了麦收时节，煤矿很多工人都跑回家收割麦子，还迟迟不肯返回矿上，我们都知道这会使全国的煤炭产量大幅度下降。自然而然，我就制定出了麦收期间上班的奖惩制度，也就是不来上班要罚款直到来上班为止。我很幸运，得到了领导认可，并在全局推广。我知道最后当然不会和我有任何关系，但对我来说，这便是我的拼死奋斗得到的，最甘甜的果实。

很多人质疑我和惠英之间的关系，但我想说，我们是在苦难中互相依偎取暖的，在这个无亲无故的地方的最亲的人。我失去了挚爱的晓霞，惠英失去了丈夫王世才。我有义务照顾他们，不仅仅是回报他们曾经对我的关怀，更是因为他们是我在这个城市唯一的牵挂与寄托。

我以为命运对我的磨炼已经结束了，我以为我已经足够成熟了，但接下来，命运再一次狠狠地扇了工作渐入佳境的我一个大大的巴掌。

1985年元月一日，我为了救喝醉的工友被矸石砸伤面部，虽然痊愈但还是留下了疤痕。其实，救人和毁容，对我来说是一个很简单的选择题。命运想要我就此沉沦于自卑之中，但是我没有让它得逞。是，我是震惊，是自卑，是拒绝了秀的表白，是不愿走在大街上向别人展示我这张狰狞的脸，不过是因为这大城市，不是我最终的归属。

我最终是要回到煤矿去的，去奋斗，迎接属于我的生活。望着向我奔来的惠英和明明，我想我终于找到了答案。

这十年间，我永远不会忘记那段艰苦求学的日子；永远不会忘记古塔山上对我笑得灿烂的晓霞；永远不会忘记那段背石块钻炮眼的痛苦日子……我始终记得那些人，那些带给我痛苦、快乐、悲伤、无奈、激动的人。我也始终记得自己与命运的斗争，那些失败和成功的瞬间，并一直斗争下去，纵然遍体鳞伤，纵然脚下的路被鲜血浸透。我不会回去的，我会一直待在这里，待在这个我属于的地方，做我和晓霞都希望成为的那种人。

（王涵璐）

成果点评：通过反复阅读作品，作者确定了“六词”回忆录的关键“六词”是“求学、立志、远行、成长、恋爱、成熟”。这篇文章围绕“六词”，讲述了孙少平在读书、爱情、事业追求等方面的人生经历，完整地呈现了孙少平的人生轨迹。在孙少平对世俗平庸的反抗、对事业的追求、对感情的定位方面的叙述既准确又深刻，人物感情描写十分细腻，人物性格变化的微妙之处分析透彻合理，语言流畅优美。不足之处是选材不够精练，事件过多，导致主要事件不够突出了。

六、单元反思

达成效果

首先，学习任务激发了学生的阅读兴趣。《平凡的世界》是部近百万字的长篇小说，刚拿到书的时候不少学生担心自己没毅力读完全书。但单元学习结束时，绝大多数学生至少读完两遍全书，有些内容阅读的次数还会更多，他们对书中的情节和人物非常熟悉。这很大程度上得益于单元任务的设计。

“为作品的人物设置代入一个变量”提供了一种很有趣的阅读方法——“代入式”阅读或称为“角色扮演式”阅读，阅读变成了时空穿越，有种做游戏的感觉。类似的任务还有“‘六词’回忆录”“设置因变量”等，这些任务既有挑战又充满趣味，同时又直指学习目标，学生在任务的牵引下不知不觉走进了人物内心深处，开始感悟人物的精神世界，去思考人物性格背后的成因，实现了“理解长篇小说中人物性格成长经历”的学习目标。

其次，学习任务激发了学生的创造力。本单元的核心任务是为作品中的人物设置代入一个变量，选哪个人物、在哪个节点代入、代入之后的人物命运走向如何……都需要学生自己确定、自己设计。在单元学习过程中，学生展现出前所未有的参与热情，他们独立思考，不断尝试，反复比较每个方案的优劣，学生的创造力、批判性思维能力都得到了很大的提高。自我代入“续写人物经历”的任务有很强的代入感，学生写作时，不但调动了自己的生活经验、阅读经验，还投入了强烈的感情，用学生自己的话说是“爱得深沉”，因此，最后的任务百花齐放，质量很高。正如那句谚语“一千个读者就有一千个哈姆雷特”，学生的想象力、创造力得到了充分的体现。

改进方向

在进行单元设计时，虽然我们预估了很多可能出现的问题并做了预案，但开始实施之后，还是发现准备不够充分，很多问题在实操中出现了，老师才去想对策，指引性略差。比如“六词”回忆录的“六词”有没有最优组合，什么类型的“六词”更能承载目标，确定“六词”的路径是什么，等等。

七、巩固拓展

阅读下面文章，回答问题。

我的遥远的清平湾（节选）

史铁生

①我插队的时候喂过两年牛，那是在陕北的一个小山村儿——清平湾。和我一起拦牛的老汉叫“破老汉”，几颗零零碎碎的牙，几根稀稀拉拉的胡

子，只带着个七、八岁的小孙女过，叫留小儿。

②越是穷地方，农活也越重，总不得闲。清明节的时候我病倒了，腰腿疼得厉害。我一个人躺在土炕上。那天，队长端来了一碗白馍。后来才知道，是叫“子推”，是为纪念春秋时期一个叫介子推的人的。破老汉说，那是个刚强的人，宁可被人烧死在山里，也不出去做官。那天，队长把一碗“子推”放在炕沿上，让我吃。他也坐在炕沿上，“吧达吧达”地抽烟。队长看着我吃，不言语。临走时，他吹吹烟锅儿，说：“唉！‘心儿’家不容易，离家远。”“心儿”就是孩子的意思。队里再开会时，队长提议让我喂牛。社员们都赞成。“年轻后生家，不敢让腰腿作下病，好好价把咱的牛喂上！”老老小小见了我都这么说。

③我喂十头，破老汉喂十头，在同一个饲养场上。破老汉爱唱，也唱得好。“老汉的日子熬煎咧，人愁了才唱得好山歌。”确实，陕北的民歌多半都有一种忧伤的调子。但是，一唱起来，人就快活了。

④喂牛没什么难的，用破老汉的话说，只要勤谨，肯操心就行。喂牛，活不重，就是熬人，夜里得起来好几趟，一年到头睡不成个囫囵觉。冬天，半夜从热被窝里爬出来的滋味可不是好受的。尤其五更天给牛拌料，牛埋下头吃得香，我坐在牛槽边的青石板上能睡好几觉。破老汉在我耳边叨唠：黑市的粮价又涨了，合作社来了花条绒、留小儿的袄烂得露了花……我“哼哼哈哈”地应着，刚梦见全聚德的烤鸭，又忽然掉进了什刹海的冰窟窿，打了个冷颤醒了，破老汉还没唠叨完。“要不回窑睡去吧，二次料我给你拌上。”老汉说，“这营生不是后生家做的，后生家正是好睡觉的时候。”然后“唉，唉——”地发着感慨。我又迷迷糊糊地入了梦乡。

⑤秋天，在山里拦牛简直是一种享受。半崖上小灌木的叶子红了，杜梨树的叶子黄了，酸枣棵子缀满了珊瑚珠似的小酸枣……尤其是山坡上绽开了一丛丛野花，淡蓝色的，一丛挨着一丛，雾蒙蒙的。灰色的小田鼠从黄土坷垃后面探头探脑；野鸽子从悬崖上的洞里钻出来，“扑楞楞”飞上天；野鸡“咕咕嘎嘎”地叫，时而出现在崖顶上，时而又钻进了草丛……我很奇怪，生活那么苦，竟然没人捕食这些小动物。也许是因为没有枪，也许是因为这些鸟太小也太少，不过多半还是因为别的。

⑥一阵山歌，破老汉担着两捆柴回来了。“饿了吧?”他问我。“我把你的干粮吃了。”我说。

……

⑦看牛顶架，那实在也是一项有益的娱乐。那年春天，我的红犍牛处在新秀的位置上，开始对老黑牛有所怠慢了。它们拉开了架势，对峙着，用蹄子刨土，瞪红了眼睛，慢慢地接近，接近……猛地扭打到一起。红犍牛占据了有利地形，逼得老黑牛步步退却，只剩招架之功。红犍牛毫不松懈，瞧准机会把头一低，一晃一冲，顶到了对方的脖子。老黑牛转身败走，红犍牛追上去再给老首领的屁股上加一道失败的标记。为了这事，破老汉阴沉着脸给我看。他抽着烟，望着老黑牛屁股上的伤痕，说：“它老了呀！它救过人的命……”

⑧据说，有一年除夕夜里，家家都在窑里喝米酒，吃油馍，破老汉忽然听见牛叫、狼嗥。他想起了一头出生不久的牛不老，赶紧跑到牛棚。好家伙，就见这黑牛把一只狼顶在墙旮旯里，黑牛的脸被狼抓得流着血，但它一动不动，把犄角牢牢地插进了狼的肚子。老汉打死了那只狼，卖了狼皮，全村人抽了一回纸烟。

⑨“不，不是这。”破老汉说，“那一年村里的牛死的死，杀的杀，快光了。全凭好歹留下来的这头黑牛和那头老生牛，村里的牛才又多起来。全靠了它，要不全村人倒运吧！”破老汉摸摸老黑牛的犄角。他对它分外敬重。“这牛死了，可不敢吃它的肉，得埋了它。”破老汉说。可是，老黑牛最终还是被人拖到河滩上杀了。那年冬天，老黑牛不小心踩上了山坡上的暗洞，摔断了腿。牛被杀的时候要流泪，是真的。只有破老汉和我没有吃它的肉。那天村里处处飘着肉香。老汉呆坐在老黑牛空荡荡的槽前，只是一个劲抽烟。

⑩那年冬天，我的腿忽然用不上劲儿了，回到北京不久，两条腿都开始萎缩。住在医院里的时候，一个从陕北回京探亲的同学来看我，带来了乡亲们捎给我的东西，最后从兜里摸出一张十斤的粮票，说是破老汉让他捎给我的。粮票很破，渍透了油污，中间用一条白纸相连。“我对他说这是陕西省通用的。在北京不能用，破老汉不信，说：‘咦！你们北京就那么高级？我

卖了十斤好小米换来的，咋啦不能用?!’我只好带给你。破老汉说你治病时会用得上。”

⑪哦，我的破老汉，我的牛群，我的遥远的清平湾……

（原载《青年文学》1983 年 1 期，有删改）

1. 请简要概括文中“破老汉”的性格特点，并结合文本说明依据。(3 分)

2. 结合你对“破老汉”性格的把握，展开联想和想象，用一段包含人物详写的情节，补全第⑥段，150 字左右。(6 分)

3. 作品从“清平湾”到“我的清平湾”，变化中蕴含了作者对清平湾和乡亲们的深厚情感，也饱含着作者的人生体悟。请结合文章说说为什么作者说“清平湾”是“我的清平湾”？(6 分)

【参考答案】

1. 豁达乐观，唱山歌排遣失意和苦闷；关爱他人，乐于助人，帮“我”拌喂牛的料，让我睡觉；念旧、感恩，心疼黑老牛的伤痕，不忍心吃老黑牛的肉；质朴、慈爱，给我捎粮票，担心我的病。

2. 写作需要体现老汉不小气、朴实、乐观等性格特点，能够体现一种性格特点 2 分，能体现 2 种得 4 分。（4 分）使用人物详写手法，如语言描写、神态描写、动作描写等。(1 分) 情节设计合理、文笔流畅。(1 分) 如:“吃得下那号干粮?”他似乎感到快慰。老汉穷，可不小气（贫穷却不小气）。他“哼哼唉唉”地唱着，带我到山背洼里的一棵大杜梨树下（唱着歌，吃酸杜梨充饥，乐观)。“咋吃!”他说着爬上树去。他那年已经五十六岁了，看上去还要老，可爬起树来却比我强。他站在树上，把一杈杈结满了杜梨的树枝撅下来，扔给我。（情节设计）那果实是古铜色的，小指盖儿大小，上面有黄色的碎斑点，酸极了，倒牙。

3. ①清平湾是作者生活过（插队）的地方，曾给作者留下了很多美好的回忆，是作者人生的重要组成部分。(2 分) ②在清平湾，作者感受到了人性的美好、善良、质朴、坚强、勇敢等，对人性、人与人之间的情感有了更深的理解。(2 分) ③清平湾是作者悟出人生哲理之地，尽管生活总是充满了艰辛，但仍要积极乐观面对人生的苦难。(2 分)

拟定“世界文学形象名人堂”入驻名单

——小说单元学习现场

一、单元导语

拟定“世界文学形象名人堂”入驻名单，旨在运用“名人堂”入驻选拔的方式调动学生认识和分析文学人物形象。整体上，单元带领学生共读经典小说篇目，深度剖析和比较文本，帮助学生掌握刻画人物形象的常见表现手法，初步勾勒出人物形象的典型特征。同时，通过联系社会现实，比较相似人物形象异同，加深对人物时代性的感受，提升对不同文本视域下的人物形象的理解。

二、设计依据

课标依据

依据《普通高中语文课程标准（2017 年版）》，本单元主要涉及学习任务群 5“文学阅读与写作”的学习。

根据学习任务群 5 的学习目标与内容，本单元创设“世界文学形象名人堂”的阅读情境，引导学生阅读古今中外优秀小说作品，学会发现和整合作品中肖像描写等描写手法以及象征、反衬、对比等表现手法，在品味语言、发现技巧、体验情感的过程中，充分感受作品中的艺术形象，提升文学欣赏能力。另外，比较、选拔作品人物进入“世界文学形象名人堂”的过程也能激发学生的阅读兴趣，引导学生自主梳理阅读、鉴赏，探究了解小说的一般规律，提高相应的审美鉴赏能力。

文本分析

本单元所选文本，一部分出自部编版教材高一必修下册第六单元，一部分依据设计需要增添与之有一定联系的文本。它们都是通过虚构的人物形象与故事情节反映社会生活，描摹人情世态，具有较强社会批判性的名家名篇。这样的小说在人物形象的塑造上活灵活现、深刻典型，在世界文学之林中占据一席之地，教师能带领学生从中学习多种人物刻画方法，让学生抽丝剥茧、层层深入，充分感知这些人物的魅力。

同时，小说的批判性决定了读者不能单以品格好坏论人物，必须发现人物形象的多面性和层次性；不能孤立地欣赏这些人物形象，必须要在人物与社会环境共生、互动的关系中认识人物形象。所以，单元设计中，安排了翔实的人物档案整理任务，在梳理、分析、对比人物形象之后，撰写属于该人物的专属解说词，入选“世界文学形象名人堂”，最终让学生能够了解、品味、鉴赏小说在人物形象、语言等方面的典型性和独特性。

学情分析

建议学段：高中阶段。

学生在初中阶段甚至小学阶段，都曾接触过小说阅读，对人物描写的常见手法如肖像描写、语言描写、动作描写等也都有所了解，对对比、反衬等表现手法也有基本的概念，但是初中阶段只是初步认识这些手法，融会贯通的能力较弱，而且之前所接触的文本阅读难度较低、容量较小，因此不建议安排本单元的内容。高中阶段的学生已经开启了长篇文本阅读之旅，像《祝福》《变形记》等篇幅较长、内容相对复杂、社会批判性极强的小说也入选了部编版高中教材，本单元可以进一步引导这一阶段的学生对人物、社会、文化的深入思考，联系自身生活经验与对社会环境的观察，获得更深的体悟。

因此，使用学生熟悉的“名人堂”入选形式，能够较好地激发学生细读文本、发现人物特征、关联社会背景的学习热情，最终拓宽学生对人物形象和社会时代的理解边界。

三、单元设计内容

学习目标

1. 能够通过阅读所提供的经典作品，掌握其中刻画人物形象的方法（如肖像描写、细节描写、心理描写、侧面描写等）和表现手法（象征、隐喻、对比、衬托等），理解、分析、评价典型人物形象。

2. 能够分析、总结作品中人物所处的社会环境，理解人与社会之间的关联性，体会人物形象所反映的时代特征。

3. 能够比较不同作品中相似人物形象的异同，综合评价人物形象的典型性、时代性与丰富性。

核心问题

如何理解特定社会环境下的人物形象？

任务说明：“名人堂”是一座用来纪念历史杰出人物的建筑，例如法国的先贤祠、德国的瓦尔哈拉神殿。在不同的领域也有更加专门化的“名人堂”，美国篮球界有“NBA 名人堂”，音乐界有“摇滚名人堂”，等等。现在，“世界文学形象名人堂”也即将建成，我们将遴选作家笔下那些个性鲜明且最具有代表性的人物形象，进入这座殿堂。

核心任务

拟定“世界文学形象名人堂”入驻名单。

1. 子任务一：人物档案整理。

2. 子任务二：遴选人物，撰写解说词。

资源篇目

《祝福》《骆驼祥子》《变形记》《促织》《装在套子里的人》《小公务员之死》《水浒传 · 林教头风雪山神庙》《水浒传 · 杨志卖刀》《守财奴》（节选自《欧也妮 · 葛朗台》）《儒林外史》（第五回：王秀才议立偏房　严监生疾终正寝）

拟定“世界文学形象名人堂”入驻名单量规

任务	优秀	合格	待改进
人物鉴赏卡	能够按照顺序完整地梳理人物主要经历，抓住所有关键事件，点明人物在事件中体现出的性格特质，清晰地呈现人物命运的发展轨迹和结局；能够准确判断作品刻画人物的描写方法和表现手法，并结合文本分析其作用；能够完整、全面地概括人物形象特点。	能够较为完整地梳理人物主要经历，抓住关键事件，点明人物在事件中体现出的性格特质，大致呈现人物命运的发展轨迹和结局；能够准确判断作品刻画人物的描写方法和表现手法，并分析其作用；能够较为完整、全面地概括人物形象特点。	未能完整地梳理人物主要经历，对关键事件的提取有缺失，未能判断出人物在事件中体现出的性格特质；未能准确判断作品刻画人物的描写方法和表现手法，无法认识其作用；对人物形象特点的概括有失偏颇或太过简略。
时代影响卡	能够准确概括小说的时代背景；能够找出恰当、典型的语句说明小说中反映的时代特征；能够充分挖掘社会因素的不同方面，清楚地分析、阐述社会因素对人物命运的影响。	能够较为准确地概括小说的时代背景；能够找出相关的语句说明小说中反映的时代特征；能够将社会因素与人物命运之间的关联建立起来。	未能对小说的时代背景进行说明；找出的语句与时代特征无关；只是孤立地认识人物，未能结合社会因素理解人物命运。
撰写解说词	能够结合小说文本对人物进行有针对性的分析，与同类别的其他人物进行对比，形成综合性评价，主要包括以下几点：能够准确概括人物所代表的群体的普遍特点，并挖掘人物的个性特征；能够结合时代与社会的背景理解人物，展现人物的现实性；能够深入分析小说塑造人物的方式和手法。	能够结合小说文本对人物进行分析，与同类别的其他人物进行对比，形成一份较为全面的评价，主要包括以下几点：能够兼顾人物的代表性与个性；能够结合时代与社会的背景理解人物；能够了解小说塑造人物的方式和手法。	对人物的评价片面、单薄，未能综合各个方面进行考量，部分环节有缺失。

子任务一
人物档案整理

设计意图：子任务一包括两个板块："人物鉴赏卡"和"时代影响卡"。两卡的功能不同，"人物鉴赏卡"是从人物经历、描写方法、形象刻画等方面来完成人物形象分析的过程，"时代影响卡"是从时代背景、社会交往、社会舆论、风俗习惯等各个外部环境因素与人物之间的互动关系来复现人物形象构建的原因。经过对人物形象详细的梳理和全方位的了解，学生已经为子任务二的人物遴选打下基础。

1. 阅读小说，完成"人物鉴赏卡"

任务说明：在遴选人物之前，要先对作者刻画人物的各个方面进行充分的了解，才能准确地对人物形象进行评价。现在"世界文学形象名人堂"的资料馆中还有一些人物档案没有得到整理，请阅读小说后，梳理人物经历，体会人物命运的发展历程，判断刻画人物形象的描写方法和表现手法并分析其作用，逐步加深对人物形象的理解。

学习现场 1

学习节点：

学生阅读完任务书，开始阅读《祝福》等指定篇目，填写子任务一。

现场描述：

阅读和填表环节，如果没有特别提示的内容，尽量不要打扰学生自主阅读和思考的过程。

生：老师，表格里有初读判断，还有再读判断，两者应该是有不同的，但是对个别人物的判断，我觉得前后没有差别，怎么办？

师：通常来说，初读之后和再读之后，读者对人物的理解会有不同。这种不同可能是颠覆式的，是完全不同的印象；也可能是丰富式的，再读过程中，重新发现了人物身上新的闪光点；还可能是递进式的，对人物的某些特质有了更加深刻的理解。那么，你感到没有差别，可能是只关注人物的某个特征，对人物的多面性认识不足，或者对人物特征的理解不够深入。试试和周围同学交流，看看你们对同一人物的看法有什么不同，不妨在不同之处做出自己的判断。

一些同学开始自发形成小讨论。

师：大家的讨论非常有趣，也有了思想火花的碰撞。提醒一句，请先自主阅读和完成"人物鉴赏卡"中"人物主要经历"板块，思考描写手法和表现手法，这样才能让讨论有基础，而不是纸上谈兵、泛泛而谈。

教师观察：

学生自发的小讨论后来不限于人物形象的判断，对核心情节的确定、表现手法的选择都展开了讨论，学习内容得到了延伸。

形成性评估：

自主阅读，常常会变成学生自己干自己的活儿，埋头苦干却效率低下。有学生能发现自己的问题，完成对自我学习过程的一次评估，并在评估之后，自主调整阅读的节奏、讨论的内容，不是老师教棒下的提线木偶，这在课堂上十分难得。

人物鉴赏卡

形象姓名	初读判断	人物主要经历（至少写出两个典型事件）	我的判断与分析（以下每方面至少写出两处） 正面描写 肖像/语言/动作/心理描写等	侧面描写 1. 他人评价 2. 次要人物的观察角度、行动、神态、反应等 3. 环境烘托（自然环境、社会氛围）	表现手法（象征/讽刺/对比/衬托/夸张等）	再读判断
祥林嫂		事件 1：＿＿＿＿＿＿ ＿＿＿＿＿＿＿＿＿ ①祥林嫂如何应对： ＿＿＿＿＿＿＿＿＿ ②体现她何种性格特点：＿＿＿＿＿＿				
祥子						
林冲						
杨志						
别里科夫					手法：讽刺 例文： 分析：	
切尔维亚科夫						
成名						
成名儿子			写出一处即可	写出一处即可	写出一处即可	
格里高尔					手法：象征 格里高尔变成甲虫是一种象征，请结合文本说明具体象征了什么。	

续表

形象姓名	初读判断	人物主要经历（至少写出两个典型事件）	我的判断与分析（以下每方面至少写出两处）			再读判断
			正面描写 肖像/语言/动作/心理描写等	侧面描写 1. 他人评价 2. 次要人物的观察角度、行动、神态、反应等 3. 环境烘托（自然环境、社会氛围）	表现手法 （象征/讽刺/对比/衬托/夸张等）	
葛朗台						
严监生						

设计意图：该表格中最左侧一列是选择的小说篇目中最核心的人物形象。以推进情节发展的主要事件（即人物经历）为锚点，发现人物的应对方式以及由此体现出的性格特征。再围绕该事件，寻找其中的描写手法和表现手法，在文本细读中分析人物形象，完成对人物从初步印象到深度认识的判断过程。

注意：教师应当对表格的完成情况做到心中有数，比如成名儿子的形象刻画较少，因此写出一处即可。又如，一些小说某些手法非常典型，为了防止学生遗漏，务必在表格中标明，作为必做任务，如《变形记》中的“象征”手法等。

2. 再读作品，完成“时代影响卡”

任务说明：每一个人物都处于具体的时代与社会中，人物命运不可避免地要受到社会因素的制约，请结合小说的具体内容加以分析。填写下面的小说“时代影响卡”，梳理出人物与时代的关系，继续完成相关的资料整理工作。

“时代影响卡”示例：《骆驼祥子》中的祥子

人物	小说所处的时代背景	小说中反映时代特征的语句（社会环境、人物命运等）	时代背景下，哪些社会因素（包括社会制度、社会交往、道德规范、社会舆论、风俗习惯等）影响了他/她，并简要分析是如何影响的
祥子	20世纪20年代前后，军阀混战，民不聊生，社会局势动荡不安，没有基本的生存秩序，底层劳动人民的生存没有基本保障。旧社会的封建腐朽思想根深蒂固，城市文明处于失序状态，尚未得到修复与重建。	例：战争的消息与谣言几乎每年随着春麦一块儿往起长，麦穗与刺刀可以算作北方人的希望与忧惧的象征。 ……	例：社会战乱的影响 祥子辛苦劳作了三年买了辆车，却很快就在兵荒马乱中丢了。当时有一位客人想去清华，出价很高，但大家都怕那边有兵不愿去，祥子抱着侥幸的心态，想抓住这个机会赚钱，于是便接下了，结果没跑多远就被十几个兵捉住了。当时弱肉强食、黑暗动乱的社会剥夺了他的理想，让他承受了巨大的经济损失和心理打击，正是社会秩序的丧失使得底层人民谋生格外艰辛，逐渐绝望。

时代影响卡

人物	小说所处的时代背景	小说中反映时代特征的语句（社会环境、人物命运等）	时代背景下，哪些社会因素（包括社会制度、社会交往、道德规范、社会舆论、风俗习惯等）影响了他/她，并简要分析是如何影响的
祥林嫂			
林冲			
别里科夫			
成名父子			
格里高尔			
葛朗台			

子任务二

遴选人物，撰写解说词

1. 人物形象对比

任务说明："世界文学形象名人堂"进入了布展阶段，展厅中陈列着各类文学名篇中的典型形象，如海明威笔下的"硬汉"圣地亚哥、曹雪芹笔下敏感忧郁的林黛玉、塞万提斯笔下疯狂的骑士堂吉诃德……，这些立体、饱满的人物形象给广大读者留下了深刻的印象，列入"名人堂"中可谓当之无愧。但是，"世界文学形象名人堂"中尚有五个位置处于空缺状态，分别是反抗无果而被吞噬者、忍无可忍的反抗者、体制中畏手畏脚的小人物、吝啬鬼和被异化者，请依据量规，对比每组类似人物形象，从每组选出一个人物入驻"名人堂"，并为这个人物撰写解说词。

第一组：反抗无果而被吞噬者

《祝福》：祥林嫂／《骆驼祥子》：祥子

第二组：忍无可忍的反抗者

《水浒传·林教头风雪山神庙》：林冲/《水浒传·杨志卖刀》：杨志

第三组：体制中畏手畏脚的小人物

《装在套子里的人》：别里科夫/《小公务员之死》：切尔维亚科夫

学习现场 2

学习节点：

进入子任务二的人物形象比较表的填写环节。

现场描述：

师：不少同学已经开始了子任务二的学习，现在我们来看下这个表，大家先思考一下，可能出现的难点或者问题有哪些？

生 1：老师，"个性"中的丰富性是什么意思？我以为应当是人物本身的多面性，但是看说明上说描写人物是不是运用了丰富的艺术表现手法，不是很理解。

生 2：老师，这个"其他角度"我想不起来有什么角度，感觉典型性、时代性和丰富性都涵盖了。

师：感谢两位同学的问题。对于第一个问题，按照任务书的要求，丰富性主要是指艺术表现手法的多寡，链接的是子任务一"人物鉴赏卡"中大家对人物判断和分析的手法，子任务一是展开详细分析，子任务二是集中论述，略有不同。而且，通常来说，丰富的艺术手法意味着丰富的人物特征，两者有一定关联。

对于第二个问题，其他角度需要你们调动在文本细读时的发现，比如哪个人物更能引起大家的共鸣，哪个人物的悲剧性更强，又或者哪个人物的反差更明显，等等。期待你们提供的创造性答案。

教师观察：

子任务二的对比表看似简单，内容不多，但填好它需要建立在扎实的文本阅读、深入的分析概括、精准的总结判断之上，难度比子任务一大。

注意事项：

面对难度较大的任务，教师务必提前分析难点在哪儿，避免学生走无谓的弯路，尽量保证学习过程的持续进行，不要不停地卡壳或者返工，这会对学生的积极性有较大的打击。

第四组：吝啬鬼

《欧也妮·葛朗台》：葛朗台/《儒林外史》：严监生

第五组：被异化者

《变形记》：格里高尔/《促织》：成名父子

人物形象对比操作说明：

按照下面的步骤，对比人物形象，发掘两者的共性与个性，由此选出你心中有资格进入“世界文学形象名人堂”的人物。

第一，请在“共性”一栏填写两个人物形象的相似之处。

第二，请在“个性”一栏填写两个人物形象的不同之处。“个性”的标准并不统一，可以从表格中列出的几个角度考虑，也可以基于你认同的角度来思考。①“典型性”，你认为哪个人物更能够代表其所属的群体，更具备鲜明的个性特征，并说明理由；②“时代性”，你认为哪个人物更能够反映其所属的时代特征，并说明理由；③“丰富性”你认为哪个人物身上体现了更为丰富的艺术表现手法，得到了更为鲜活的塑造，并说明理由。

第三，综合以上各个角度的评价，请你从每组的两位候选人物形象中选出一位，并在人物名字后面画“√”。

人物形象比较表

人物形象	共性	个性 典型性/时代性/丰富性（三个角度可以都谈，也可选择一二来谈）	其他角度 （角度： ）
祥林嫂□			
祥子□			
林冲□			
杨志□			
别里科夫□			
切尔维亚科夫□			
葛朗台□			
严监生□			
格里高尔□			
成名□			

设计意图：通过比较人物形象的异同，推动学生对人物形象进行深入挖掘，特别是对个性特质的挖掘。需要特别说明的是，个性分析部分，提示了“典型性”“时代性”“丰富性”三个维度，这是人物最后入选“名人堂”的重要依据，一个形象能够代表一种人物类型，能够在世界文学史上留下浓墨重彩的一笔，势必在这三个维度有着突出的表现，人物形象足够典型，人物能够体现时代特征，人物形象足够立体多面和引人思考，只有这样的人物才有资格在绵延浩大的文学长河中成就不朽。

2. 拟定解说词

确定每类的最终人选后，请按以下给定的格式，撰写拟定入选人物形象的解说词——

提示：填写中若有疑问，可参考解说词撰写说明（见学习资源与工具）

反抗无果而被吞噬者解说词①

“反抗无果而被吞噬者”，入选这一类别的人物形象是__________，这类人物在文学史上为数众多，这类人物的普遍特点是__________，在__________的身上，这些特点得到了很好的体现，因为__________________。同时，他/她还具有鲜明的个性特征，主要体现在________________________。

这个人物处在一个____________________的时代，____________________都体现了时代的特征。作者塑造这一人物的技巧高超，其中令人印象最深刻的是____________________。以上种种，使得人物形象具有经久不衰的魅力。

设计意图：经过“人物鉴赏卡”“时代影响卡”和“人物形象比较表”的填写，学生已经对人物有了较为清晰的认识，但是仍然需要完成撰写解说词这一步骤，以此训练学生学会使用规范的语言完整地描述人物形象特征，展现人物形象魅力。

① 忍无可忍的反抗者、体制中畏手畏脚的小人物、吝啬鬼、被异化者解说词格式同上。

四、学习资源与工具

解说词撰写说明

以“反抗无果而被吞噬者解说词”为例

“反抗无果而被吞噬者”，入选这一类别的人物形象是填写你选择的人物，这类人物在文学史上为数众多，这类人物的普遍特点是填写“反抗无果而被吞噬者”的共性特征，在填写你选择的人物的身上，这些特点得到了很好的体现，因为填写你选择的人物身上如何体现了这些共性特征，可从人物的性格、经历、命运等角度展开。同时，他/她还具有鲜明的个性特征，这主要体现在填写与其他“反抗无果而被吞噬者”相比，你所选择的这一人物有何独特的个性特征，能够彰显这一人物的独特性。

这个人物处在一个可填写两三个词语，概括人物所处时代的典型特征的时代，填写人物的哪些行为举动、经历、命运是受到其所处时代和社会环境所影响的都体现了时代的特征。作者塑造这一人物的技巧高超，其中令人印象最深刻的是填写小说塑造这一人物时，让你印象最为深刻的一种描写方法或表现手

学习现场 3

学习节点：

进入子任务二解说词撰写的反馈环节。

现场描述：

师：解说词的撰写应当说是本单元学习成果的最终呈现，同学们基本可以按照量规和“撰写说明”两大法宝完成撰写，难度不大。不过，老师需要提醒大家，这个解说词不仅仅是个单元任务，它更承载着我们分析小说人物的思路。现在，请大家把任务书合上，再想想，共同回忆一下这个解说词是由哪几个部分构成的。

（同学们七嘴八舌，共同还原）

师：如果你们能在脑中复刻出来，说明你们已经大致掌握了分析人物的要点。如果不能的话，要继续巩固。

教师观察：

有时候，把任务书背后的目的告诉学生，让学生意识到它的重要性，学生的学习会更深入、更主动，比如这里同学们共同还原、回忆单元学习任务的积极性很高。

法（例如，如果你认为小说《祝福》对“祥林嫂的肖像描写”令你印象深刻，请对小说中所有涉及肖像描写的内容进行分析，说明这种方法的运用如何对这一人物的塑造起到了重要作用）。以上种种，使得人物形象具有经久不衰的魅力。

五、学习成果

子任务一　人物档案整理优秀成果

人物鉴赏卡

形象姓名	初读判断	人物主要经历（至少写出两个典型事件）	我的判断与分析（以下每方面至少写出两处）			再读判断
			正面描写 肖像/语言/动作/心理描写等	侧面描写 1. 他人评价 2. 次要人物的观察角度、行动、神态、反应等 3. 环境烘托（自然环境、社会氛围）	表现手法（象征/讽刺/对比/衬托/夸张等）	
祥林嫂	一生受封建礼教束缚	事件1：夫家强逼，改嫁贺家 ①祥林嫂如何应对：撞香案 ②这体现了她何种性格特点：敢于反抗；受封建礼教影响，为亡夫守节	肖像描写：五年前的花白的头发，即今已经全白，全不像四十上下的人；脸上瘦削不堪，黄中带黑，而且消尽了先前悲哀的神色，仿佛是木刻似的；只有那眼珠间或一轮，还	他人评价+观察：人们都说鲁四老爷家里雇着了女工，实在比勤快的男人还勤快。到年底，扫尘，洗地，杀鸡，宰鹅，彻夜的煮福礼，全是一人担当，竟没有添短工。	对比：顺着眼，不开一句口，很像一个安分耐劳的人；顺着眼，眼角上带些泪痕，眼光也没有先前那样精神了；直着眼，和大家讲自己日夜不忘的故事。	祥林嫂勤劳、善良、质朴、顽强，但在旧社会她却成为一个被践踏、遭迫害、受鄙视而终至被封建礼教和封建迷信所吞噬的人物。

续表

形象姓名	初读判断	人物主要经历（至少写出两个典型事件）	我的判断与分析（以下每方面至少写出两处）			再读判断
			正面描写 肖像/语言/动作/心理描写等	侧面描写 1. 他人评价 2. 次要人物的观察角度、行动、神态、反应等 3. 环境烘托（自然环境、社会氛围）	表现手法（象征/讽刺/对比/衬托/夸张等）	
祥林嫂		事件2：夫亡子丧，再到鲁镇 ①祥林嫂如何应对：讲阿毛的故事，捐门槛，问魂灵 ②这体现了她何种性格特点：愚昧迷信	可以表示她是一个活物。 分析：这段肖像描写体现了祥林嫂此时的落魄不堪、精神麻木，表现了祥林嫂被人践踏、遭到迫害、受人鄙视，如此日复一日，已摧毁了祥林嫂的精神，表达了对封建礼教的批判。 语言描写：“我真傻，真的，”她说。“我单知道雪天是野兽在深山里没有食吃，会到村	然而她反满足，口角边渐渐的有了笑影，脸上也白胖了。 分析：通过他人的评价侧面反映出祥林嫂的勤劳，干活就能令她满足更是体现出了她的质朴。 他人评价：只是暗暗地告诫四婶说，这种人虽然似乎很可怜，但是败坏风俗的，用她帮忙还可以，祭祀时候可用不着她沾手，一切饭菜，只好自己	分析：经历了再嫁、再寡、夫死子亡的极度悲痛之后，她的身心受到了巨大的创伤。残酷的精神折磨，最终使她精神失常，在别人冷冷的笑容里，她只是“直着眼”。她此时已失去对生活的希望，尊严荡然无存，人格全然丧失，神情麻木，对生活彻底绝望。 反衬：标题“祝福”	

续表

形象姓名	初读判断	人物主要经历（至少写出两个典型事件）	我的判断与分析（以下每方面至少写出两处）			再读判断
			正面描写 肖像/语言/动作/心理描写等	侧面描写 1. 他人评价 2. 次要人物的观察角度、行动、神态、反应等 3. 环境烘托（自然环境、社会氛围）	表现手法（象征/讽刺/对比/衬托/夸张等）	
祥林嫂			里来；……果然，他躺在草窠里，肚里的五脏已经都给吃空了，可怜他手里还紧紧的捏着那只小篮呢。……”她于是淌下眼泪来，声音也呜咽了。 分析：这段语言描写体现了祥林嫂的自责、悔恨与伤感，体现出祥林嫂的可怜，也使下文中众人的表现显得更加的可恶。	做，否则，不干不净，祖宗是不吃的。 分析：四叔的一句“似乎很可怜”，体现出他并不同情祥林嫂，相反，他认为这样的人是可耻的、可恶的，而究其原因，则是祥林嫂嫁过两次人，且两个丈夫都去世了。而这其实怪不得祥林嫂啊，只怪她的恶婆婆。但对于封建百姓来说，这就是错的，由此体现出封建礼教的可恶。	分析：“祝福”指“除夕祭祀天地，祈求赐福的一种风俗”。祝福本是一件极为喜悦的事，当临近祝福时候，是万不可提起死亡疾病之类的话的。但祥林嫂却在祝福前惨死，这与人们虔诚地祈求来年的幸福形成鲜明的反差。作者用“祝福”作标题，一喜一悲，恰好以人们恭敬喜悦的祭祀气氛反衬命运坎坷的祥林嫂一生的悲惨。	

续表

形象姓名	初读判断	人物主要经历（至少写出两个典型事件）	我的判断与分析（以下每方面至少写出两处）			再读判断
			正面描写 肖像/语言/动作/心理描写等	侧面描写 1. 他人评价 2. 次要人物的观察角度、行动、神态、反应等 3. 环境烘托（自然环境、社会氛围）	表现手法（象征/讽刺/对比/衬托/夸张等）	
祥子	起初：健壮、坚忍 后来：麻木、潦倒	事件1：来到北平当人力车夫 ①祥子如何应对：苦干三年，凑足一百块钱，买了辆新车。 ②这体现了他何种性格特点：积极、向上、要强；自信、对生活充满希望。 事件2：连人带车被宪兵抓去当壮丁 ①祥子如何应对：逃出来后把骆驼卖了，在曹先生家拉包月，省吃俭用攒钱准备买新车。	肖像描写：他没有什么模样，使他可爱的是脸上的精神……。这样立着，他觉得，他就很像一棵树，上下没有一个地方不挺脱的。 分析：从以上的描写中可以看出，祥子刚进城时十分老实、坚韧、自尊好强、吃苦耐劳，他本是一个对生活充满希望的人，曾经是那么要强的头等车夫，他热爱生活，	他人评价：这可绝不是件容易的事。一年，二年，至少有三四年；一滴汗，两滴汗，不知道多少万滴汗，才挣出那辆车。从风里雨里的咬牙，从饭里茶里的自苦，才赚出那辆车。那辆车是他的一切挣扎与困苦的总结果与报酬，像身经百战的武士的一颗徽章。	对比：体面的，要强的，好梦想的，利己的，个人的，健壮的，伟大的，祥子，不知陪着人家送了多少回殡；不知道何时何地会埋起他自己来，埋起这堕落的，自私的，不幸的，社会病胎里的产儿，个人主义的末路鬼！	祥子堕落前憨厚能干、坚韧好强、以劳动为荣，本分、不愿过苟且偷生的生活，好胜、要强、淳朴善良，是一个体面的人。但他堕落后却变得懒惰、混日子、麻木、潦倒、狡猾、好占便宜、自暴自弃，无依无靠，最终成为社会的人渣。

续表

形象姓名	初读判断	人物主要经历（至少写出两个典型事件）	我的判断与分析（以下每方面至少写出两处）			再读判断
			正面描写 肖像/语言/动作/心理描写等	侧面描写 1. 他人评价 2. 次要人物的观察角度、行动、神态、反应等 3. 环境烘托（自然环境、社会氛围）	表现手法（象征/讽刺/对比/衬托/夸张等）	
祥子		②这体现了他何种性格特点：抱有希望、感到温暖和亲切。	热爱北平，他善良淳朴，对生活具有骆驼一般的积极和坚韧精神。 心理描写：有许多次，他抢上买卖就跑，背后跟着一片骂声。他决不回口，低着头飞跑，心里说："我要不是为买车，决不能这么不要脸！" 分析：这段描写极生动地写出了一位良心尚未完全泯灭的年轻人，因为生活所迫，	分析：这段描写通过他人的评价体现出此时的祥子吃苦耐劳、对生活充满希望。同时也可以看出这辆洋车的来之不易，为后文失去洋车后对祥子的打击做了铺垫。 环境描写：翠鸟像箭似的由水面上擦过去，小鱼大鱼都不见了，水上只剩下浮萍。祥子呆呆地看着这些，似乎看见，又似乎没看见，无心中的	分析：在整本书的结尾总结了刚进城时祥子的性格与堕落后祥子的性格，两者产生了鲜明的对比，对读者形成了冲击，更有力地批判了社会的黑暗。 讽刺：忽然，大家安静了，远远地来了一队武装的警察……，礼教之邦的人民热烈地爱看杀人呀。	

续表

形象姓名	初读判断	人物主要经历（至少写出两个典型事件）	我的判断与分析（以下每方面至少写出两处）			再读判断
			正面描写 肖像/语言/动作/心理描写等	侧面描写 1. 他人评价 2. 次要人物的观察角度、行动、神态、反应等 3. 环境烘托（自然环境、社会氛围）	表现手法（象征/讽刺/对比/衬托/夸张等）	
祥子			不得不出卖善良时的痛苦与矛盾的心境。祥子原本非常纯朴、善良，但在黑暗的重压下，开始一点点滑向堕落。	拾起块小石，投在水里，溅起些水花，击散了许多浮萍，他猛的一惊，吓得又要立起来。 分析：这段环境描写为祥子的悲伤烘托了气氛，制造出了一种悲凉、伤感的氛围，使读者沉浸其中，对祥子的遭遇感同身受。	分析：一直以礼教之邦闻名的人却会一窝蜂地聚集在一起，使大街上充满了汗臭味，就为了看杀人，这极大地讽刺了当时的社会，同时也表现出了当时社会中百姓的精神麻木。	

（郭晟毓）

时代影响卡

人物	时代背景	反映时代特征	社会因素及影响
祥林嫂	辛亥革命以后，帝制政权虽被推翻，但取而代之的却是地主阶级的军阀官僚的统治，封建社会的基础并没有彻底摧毁，中国的广大人民，尤其是农民，他们过着饥寒交迫的生活，宗法观念、封建礼教仍然是压在人民头上的精神枷锁。	①我们山里人，小户人家，这算得什么？她有小叔子，也得娶老婆。不嫁了她，那有这一注钱来做聘礼？ ②她未必知道她的悲哀经大家咀嚼赏鉴了许多天，早已成为渣滓，只值得烦厌和唾弃；但从人们的笑影上，也仿佛觉得这又冷又尖，自己再没有开口的必要了。 ③……他虽然读过“鬼神者二气之良能也”，而忌讳仍然极多，当临近祝福时候，是万不可提起死亡疾病之类的话的……	①道德规范的影响：从鲁四老爷与柳妈的话中可以看出，当时的农村社会上至有知识的地主下至受剥削的农民无一不受到封建礼教的毒害，《祝福》则反映出其中“贞洁”这一道德规范。祥林嫂勤劳、本分，没有一点过错，却只因为被迫改嫁而成了“人下人”，受到周围人的唾弃；而对于同样受到礼教毒害的她，想要反抗也是不可能的，可以说“吃人”的封建礼教正是祥林嫂悲惨命运的根本原因。 ②社会环境的影响：《祝福》中对于当时中国农民的“国民性”揭示得非常露骨。对于祥林嫂的悲惨遭遇，周围人的态度一致是冷漠、麻木的，包围着祥林嫂的是一片寒冷、压抑、敌视的空气，祥林嫂在此之中是无助、看不到一点希望的，亦可以说是她悲惨命运的一个重要原因。
林冲	梁山好汉所处的北宋末年与作者生活的元明之交有着一些相似之处——政治黑暗、官僚腐败、社会矛盾急剧恶化。相应地，农民起义此起彼伏。	①我因恶了高太尉，生事陷害，受了一场官司，刺配到这里。 ②陆虞候告道：“不干小人事；太尉差遣，不敢不来。”林冲骂道：“奸贼！我与你自幼相交，今日倒来害我！怎不干你事？且吃我一刀！”	①社会风气的影响：在封建社会中，“奸臣当道”往往意味着整个官场甚至社会风气的黑暗腐败。林冲作为禁军教头可谓安分守己、尽职尽责，却因得罪了高太尉被陷害，平白无故地受罪受刑，甚至差点丢了性命，只能走上反抗的道路。 ②社会交往的影响：在作者所处的时代，社会交往，特别是官场中的交往，见利忘义、寻求自保是主流。陆谦与林冲自幼相交，情谊不可谓不深，却因为畏惧权贵、贪图财势而一再地陷害林冲，毫不留情地想置他于死地。林冲只能逃离这种环境，在梁山好汉中寻求容身之处。

续表

人物	时代背景	反映时代特征	社会因素及影响
别里科夫	19世纪末，受欧洲进步文明潮流的影响，俄国也兴起变革之风，尤其在进步的知识分子和贵族中间，要求自由民主，改变专制制度的呼声日益强烈，并付诸行动。面对汹涌的变革浪潮，沙皇政府采取一切暴力手段进行镇压，逮捕流放革命者，禁锢人们的思想言论。全国警探遍布，告密者横行，一切反动势力纠合起来，对抗进步的潮流，竭力维护腐朽没落的沙皇统治。	①在别里科夫这类人的影响下，全城的人战战兢兢地生活了十年到十五年，什么事都怕。他们不敢大声说话，不敢写信，不敢交朋友，不敢看书，不敢周济穷人，不敢教人念书写字…… ②可是一个礼拜还没有过完，生活又恢复旧样子，跟先前一样郁闷、无聊、乱糟糟了。局面并没有好一点。	①社会制度的影响：别里科夫这种极度扭曲人格的形成，其根本原因就是沙俄腐朽黑暗的专制制度。别里科夫是这种社会体制所制造出的工具，用以维护绝对的专制，他不但自己完全按照政府的任何指示行事，还容不下别人一点“违背法令、脱离常规、不合规矩的事”，使得周围人由于他的存在过着压抑的生活，作为专制制度的牺牲品走向死亡。 ②社会环境的影响：专制制度之下是社会的思想、文化全方面的僵化、封闭。这个外界的大“套子”与别里科夫的小“套子”关联紧密，别里科夫病态的守旧、古板、固执，是这种社会环境的产物。
成名父子	明清时期，封建王朝的君主专制达到顶峰，统治者对穷苦人民的剥削日益加强。同时，地方官吏欺下媚上，贪污腐败成风。	①宣德间，宫中尚促织之戏，岁征民间。此物故非西产；有华阴令欲媚上官，以一头进，试使斗而才，因责常供……。里胥猾黠，假此科敛丁口，每责一头，辄倾数家之产。 ②天子偶用一物，未必不过此已忘；而奉行者即为定例。加以官贪吏虐，民日贴妇卖儿，更无休止。故天子一跬步，皆关民命，不可忽也。	①社会制度的影响：封建制度下皇帝独尊，一跬步皆关民命。成名父子的命运或沉或浮，皆系在一只小促织身上，其背后正是这种专制制度的体现。由于皇帝的一个小爱好，导致了下官谄媚，小吏作祟，受苦受难的则是成名父子这样的底层百姓。他们苦难的来由与自身毫无关系，而是全凭统治者的一念之差，这正是封建制度发展到作者所处的时代而造成的悲剧。 ②社会风气的影响：小说开头即描述了地方官吏腐败成风、压榨百姓的社会风气，成名父子则是这种风气的直接受害者。在县官的逼迫之下，成名挨打，儿子自尽，家徒四壁，丧失了希望。

续表

人物	时代背景	反映时代特征	社会因素及影响
格里高尔	第一次世界大战前后，社会发展迅速，但普通人的生活充斥着压力。盛行的物质主义使得人际关系变得淡漠。	①真不知自己生就什么命，竟落到给这样一家公司当差，只要有一点小小的差错，马上就会招来最大的怀疑！ ②……他的成功马上就转化为亮晃晃圆滚滚的银币，好让他当着惊诧而又快乐的一家人的面放在桌上。那真是美好的时刻啊，这种时刻以后就没有再出现过，至少是再也没有那种光荣感了……	①社会环境的影响：现代社会人的生活充斥着压力和对物质的需求，《变形记》对此进行了夸张处理，使格里高尔这一人物在高压之下人格被扭曲、被破坏、丧失自我。发现自己变成了甲虫，他想到的不是这件事的离奇古怪之处，而是自己有可能因为赶不上火车而被公司解雇。他实际上沦为了社会中的一颗缺失自我意识的小螺钉，最终被社会所抛弃。 ②社会交往的影响：在高度的生活压力与物质需求面前，人与人间的关系是脆弱、淡漠的。格里高尔变成了甲虫，没有了对于家人的价值，甚至成了负担，家人们在经历了一定的情感变化后选择了不顾他曾经为家人的付出、他对他们的爱而将他抛弃。
葛朗台	19 世纪上半叶，法国资产阶级在社会的动荡之中强大起来，凭借经济上的实力与贵族相抗衡。但同时，资本主义物质上的飞速发展却带来了精神上的失落、沦丧，拜金主义盛行，很多人良心泯灭、道德堕落、唯利是图。	①想到把这头和她自己一样洁白的羔羊，孤零零地留在自私自利的世界上任人宰割，她就发抖。 ②得啦，孩子，你给了我生路，我有了命啦；不过这是你把欠我的还了我：咱们两讫了。这才叫作公平交易。人生就是一件交易。	①思想观念的影响：葛朗台发迹的时代是资本主义发展迅速、拜金主义盛行的时代，葛朗台的极度贪婪、吝啬即是由这种思想观念所支配的环境下的产物。作品中查理的堕落也佐证了这一点。 ②社会交往的影响：拜金主义下人际关系是被金钱所扭曲的，葛朗台妻子和女儿丝毫看不到葛朗台作为丈夫与父亲应有的任何感情，他将一切用金钱进行衡量，甚至说“人生就是一件交易”，这即是金钱腐蚀人际关系的体现。

（骞一凡）

成果点评： 两张任务卡都做得不错，分析语言中肯、准确、翔实，展现出对人物的深入理解。“人物鉴赏卡”中，经过对人物描写手法的有效分析，对人物的初读判断和再读判断实现了很大的跨越；“时代影响卡”中，对社会因素影响的分析有理有据，体现出人物特质的形成与社会因素之间的紧密联系。

六、单元反思

达成效果

首先，本单元提供了丰富的经典小说作品，除了教材第六单元的素材，还补充了与之关联度较高的小说文本，带领学生沉浸在丰富多样的人物命运之中，感受他们的喜怒哀乐和在时代背景下的浮浮沉沉。只有足够的阅读积淀、有效的任务驱动，才能让学生真正爱上阅读、爱上小说、爱上其中每一位鲜活的人物。

其次，阅读不应只停留在感性的认识上，更应当是在理性分析下的思考。本单元通过鉴赏人物、联系社会背景、对比分析，一步步帮助学生掌握刻画人物形象的描写方法和表现手法（象征、隐喻、对比、衬托等）。同时，知人论世，提醒学生对人物的理解不能脱离对时代背景的影响的考虑，最终使学生学会正确地理解、分析、评价典型人物形象。

最后，比较、选拔进入“世界文学形象名人堂”的人物，让学生充分思考人物之间的共同点与不同点，既对某种人物类型有了更加全面的认识，也感受到了不同时代或不同国籍的作家在塑造相似人物时写作的不同特点，继而激发学生继续阅读其他小说文本、发掘其他类型小说的人物魅力。

改进方向

总体上本单元的设计完整紧凑、步骤明晰，教学过程顺畅。不过仍有两点有待改进。

一是“世界文学形象名人堂”的选拔环节以填写表格的方式为主，这次任务文本多、人物多、表格多，学生填写到后面难免会有一些厌烦情绪，所以应提前说明填表时可能出现的问题，避免学生反复回改，增大书写量。另外，可以进行一些展示活动，比如让学生扮演自己倾向入选的小说人物进行演讲，给出翔实的理由，让其他同学投票，将这个选拔环节拟人化、活动化、真实化，学生参与的积极性或许会更高。

二是部分表格的说明比较笼统，比如“人物鉴赏卡”的“判断与分析”中，只列出了正面描写、侧面描写、表现手法几个类型，但是表格内部要怎么分析，没有给出示例，学生初填写得比较粗糙，不够细致，此处若脱离老师指导，则无法达到预期的人物分析效果。

七、巩固拓展

阅读下面的文字，完成下面题目。

树　下

铁　凝

①自从儿子去北京念大学，老于连烟都戒了。不久，老同学项珠珠调至老于的城市做了副市长。于是，老于的老婆就说，能不能跟市长说说，给咱们找两间有暖气的房。老于说，怕不好开这个口。此时全家正吃晚饭，老于盯住女儿的双手，手肿着，青一块紫一块的。再看看孩子的耳朵，也冻了。女儿前不久刚参加全省高中组奥林匹克数学竞赛，拿了个第二，回家后她对老于说，她的目标是北大、清华，非这两个学校不考。明年女儿高中毕业，最关键的一年，老于拿什么来支持女儿的关键时刻？也许真应该去找老同学项珠珠副市长。

②第二天他特意早些上班，趁同事们还没进教研室，他给项副市长打了电话。电话里的项珠珠很热情，问老于是不是有什么事找她。这边老于连连说着没事、没事、真没什么事，声音挺大，就好像谁说有事谁就是诬陷了他似的。那边项市长说有事也没关系只要她能帮忙。这边老于仍高声坚持说没事，只是想见面聊聊。

③这晚老于骑了五十分钟自行车，从城郊赶到项副市长家。在项副市长温暖的家中，项珠珠就穿了一件薄薄的开司米圆领衫。老于一下子意识不到这些，他甚至看不见客厅里都摆列了些什么。房间阔大，地板很亮，果盘里的水果鲜美，杯中的绿茶馨香……这些和老于无关，或者，越是置身此情此

景，老于便越要使自己的谈话配得上这气氛和这气氛中的女市长。他于是就谈文学。

④他想起中学时的项珠珠是喜欢文学的，初次把陀思妥耶夫斯基介绍给她的正是他老于。果然，如今的项珠珠对文学仍然保持着并不虚假的爱好，她很轻易地就说出了一大串当代作家的名字和他们的小说，并和老于探讨这些作家的作品。老于谈着自己的见解，他发现项珠珠脸上是信服的神态，她的表情使老于很满意自己，当他满意自己的时候也开始焦虑：房子呢？房子的请求他究竟什么时候才能开口呢。他滔滔不绝地讲着，却也发现自己越来越无法对付自己，心中的另一个老于在同他捣蛋。他的话题越是宽泛，他说出房子的可能就越是狭窄；他谈话的内容越是高雅，他的房子问题就越是俗不可耐；他越是想说出房子的事，就越是说不到房子上去。他不知道他这是怎么了，他在点点滴滴、一分一寸地折磨自己枪毙自己，他同情自己又痛恨着自己，可是他必须一直往前讲。

⑤时间已经十一点了，他的事还没说呢，可他已经没有理由再说下去了。他站了起来，项珠珠也站了起来。以她的经验和洞察力，会猜出他是有求于她的，于是她又问老于真的没有别的事吗？没有，没有，没有，真的没有……老于边摆手边大步向门口走，叫人觉得你若再问反而是你对他的不礼貌了。项珠珠没有再问。出得门来，老于的脑子很乱。他解开棉袄领扣，让冷风吹一吹他那燥热的心。他推起自行车在便道上走了几步，站在一棵龙盘槐下。他是来求项珠珠解决两间带暖气的房子的，可他一晚上都说了些什么呀！

⑥他不能再将这请求原封带回家去。他应该说出来，他必得说出来，他鼓动着自己又朝龙盘槐靠近了一点儿，他把这棵树想成了项珠珠，他对着树说出了他那难以启齿的请求。他把满心的重负卸在了这棵树下，然后骑车离开了它。

⑦老于回到家时，已是夜半时分。他站在院子里没有立即进屋，因为他发觉自己又把另一个难以启齿的请求带回了家来：他准备请求老婆和女儿再也别让他去请求副市长了。

（1）下列对小说有关内容的分析和概括，最恰当的两项是（　　）

A. 老于想请中学同学项市长帮忙却不好意思开口，但女儿正处于学业的关键阶段又让他觉得自己必须开口。整个故事就在这两种心理的交叉冲突中展开。

B. 作者运用语言、神态、动作描写来刻画老于，如电话联系项市长时“声音挺大”“高声坚持说没事”，显示出他说话时的自豪心理。

C. 小说使用第三人称的视角，叙述方式灵活；平实细腻的语言描写，展现了老于内心矛盾复杂的斗争和辛酸无奈的心理。

D. 看到项市长家房间阔大，地板很亮，果盘里的水果鲜美，杯中的绿茶馨香……老于自感寒碜，为迎合项市长的爱好，只好大谈文学。

E. 老于最后对一棵龙盘槐倾诉，反映了知识分子维护自尊的心理，也直接批评了当今项市长之类的干部目中无人、脱离群众的现实。

（2）作品的第四段是如何表现老于的心理的？请简要分析。

（3）作品主人公老于是一个什么样的人物形象？请简要分析。

（题目来源：2014—2015 学年湖北省四校联考高一期中考试，有改动）

【参考答案】

（1）A、C

解析：B. 老于这些表现并不是他有自豪心理，而是为了掩饰自己有求于人的一种自尊心理的体现；D. “老于自感寒碜”不准确，他感到了自尊，市长的家越是美好，他越是不能表现出自己的“请求”，而要谈文学，这样才能“配得上这气氛和这气氛中的女市长”；E. 首先，老于并未“直接批评”，其次“项市长之类的干部目中无人”也不对，项市长对老于的态度还是很友好的，最后也不能直接看出项市长“脱离群众”。

（2）运用了对比手法，展现了老于既自尊又自卑的矛盾心理，将物质困顿而精神充足的底层知识分子刻画得非常形象到位。一方面，他带着妻女的期望，无可奈何，来到项副市长家中想提出请求；另一方面，在美好的谈话氛围中，他又试图通过谈论文学等高雅行为来掩盖自己有求于人的目的。

（3）①老于是一位生活在底层而又自尊心极强的知识分子。现实生活中比较困难，不能免俗想要求人，但是深爱文学，精神世界的清高让他难以放下身段，只想维护住自尊。

②老于深爱家人，愿为家人付出。为了供儿子念大学，戒烟省钱供养儿子。女儿高考，也打算硬着头皮去找老同学请求解决两间有暖气的房子，来支持女儿。

③做事犹豫不决。自认为难以向项副市长开口，为了家人还是决定去求项副市长；打电话给项副市长，但又坚持说只是想见面聊聊；见了面又只谈文学，始终没说出安排房子的事情，最后只能回家安抚妻女。

我为《呐喊》小说篇目排出 TOP 5

——鲁迅小说单元学习现场

一、单元导语

《呐喊》是现代文学家鲁迅的短篇小说集，收录了鲁迅于 1918—1922 年所作的 14 篇短篇小说，小说集真实地描绘了从辛亥革命到五四运动时期的社会生活。对于高一学生而言，鲁迅的小说语言文白夹杂，思想深刻，整本书阅读难度较大，所以本单元学习设计以“我为《呐喊》小说篇目排出 TOP 5”为任务驱动，用排序活动激发阅读兴趣，引领学生细细品读《呐喊》小说，赏析狂人、孔乙己、阿 Q 等一批不朽的艺术形象，深入理解小说的思想内涵。

二、设计依据

课标依据

依据《普通高中语文课程标准（2017 年版）》，《呐喊》整本书阅读主要涉及学习任务群 1“整本书阅读与研讨”、学习任务群 5“文学阅读与写作”两个任务群的学习目标和内容。

根据学习任务群 1“整本书阅读与研讨”要求，《呐喊》整本书阅读应当引导学生建构阅读整本书的经验，促进学生对鲁迅小说的深入学习和思考，从作品中汲取营养，丰富自己的精神世界。本单元设计用排序活动激发学生阅读《呐喊》的兴趣，提供丰富且有效的阅读支持，帮助学生掌握整本书阅读鉴赏方法，最终便于学生理解《呐喊》的人物形象和思想内涵。在阅读方法上，依照课程标准相应要求，不以教师的讲解代替或限制学生的阅读与思考，而是组织相应的自主阅读活动，最大程度地引导学生自主阅读，促进学生深入思考。

根据学习任务群 5“文学阅读与写作”要求，引导学生阅读《呐喊》这样一部优秀短篇小说集，让学生结合自己的阅读理解，通过“我为《呐喊》小说篇目排出 TOP 5”的方式，使作品内容与自己的阅读理解产生互动，从而使学生认识《呐喊》中丰富多样的人物形象，力求让学生有独到发现，提高阅读鉴赏能力和思辨能力。

文本分析

选择《呐喊》这样一部短篇小说集作为整本书阅读资源，优势在于：人物形象鲜明典型，艺术表现手法多样，作品结构严谨，有独特的写作风格，利于学生形成丰富的阅读体验。但其学习难度较高，主要表现在两个方面：第一，作品语言文白夹杂，学生阅读有时会觉得晦涩难懂；第二，作品思想深刻，内涵丰富，学生有时难于理解。

为《呐喊》的小说篇目排出 TOP 5 的单元设计能很好地发挥《呐喊》内容优势、提供阅读脚手架。一方面，用为《呐喊》的小说篇目排出 TOP 5 的任务驱动，增强学生的阅读兴趣，在有效阅读的基础上，在任务学习的驱动下，理解作品的思想内涵。另一方面，将整本书阅读转换为单篇排序的方式，提供阅读记录范例，帮助学生阅读理解文本，将阅读重点落实在整本书内容的比较、分析与理解上，紧紧围绕核心任务展开自主学习。

学情分析

建议学段：高一年级。

学生在初中阶段曾接触过《呐喊》中的个别篇目，如《社戏》《孔乙己》《故乡》《一件小事》等。但是，单篇文章毕竟篇幅短小，内容相对单薄，学生对作品思想的解读比较肤浅，还不能准确地把握其精髓。因此，在本单元中，教学设计应安排相应的阅读范例、排序工具，帮助学生在有效阅读的基础上，确定排序标准，在比较中反复阅读，对作品进行分析评价。

三、单元设计内容

学习目标

1. 能够分析作品对人物的刻画技巧和人物的成长变化轨迹。

2. 能够分析作者布局谋篇的艺术手法。

3. 能够分辨并比较：类似的情节、人物等元素在同一作家不同作品中的呈现。

核心问题

鲁迅小说耐读的原因到底是什么？

核心任务

我为《呐喊》小说篇目排出 TOP 5。

任务说明：在逐篇阅读的基础上，横向比较所有篇目，整理形成鲁迅小说排序的标准。排出《呐喊》小说 TOP 5，阐明推荐及排序理由。

1. 子任务一：完成篇目阅读记录表。
2. 子任务二：制定排序标准。
3. 子任务三：排出《呐喊》小说 TOP 5。
4. 子任务四：为《呐喊》撰写《读者序》。

《呐喊》小说排序量规

<table>
<tr><th colspan="2"></th><th>优秀</th><th>合格</th></tr>
<tr><td rowspan="4">小说排名 TOP 5 理由</td><td>标准</td><td>• 排名的标准明确、简练、有自己的特色。
• 标准能够体现明显的区分度。</td><td>• 排名的标准明确、简练。
• 标准能够体现区分度。</td></tr>
<tr><td>理由</td><td>• 排序理由能够紧扣自己的排名标准陈述。
• 作品的次序能够契合、体现自己的标准。
• 排名理由贴合并体现排名作品的特征、个性（如作品人物、情节、主旨、语言、叙事、结构等方面）。</td><td>• 排序理由能够围绕自己的排名标准陈述。
• 作品的次序体现自己的标准。
• 排名理由比较贴合并体现排名作品特征个性。</td></tr>
<tr><td>次序</td><td>• 能够紧紧围绕自己的排名标准为每一篇小说写出有明显区分度的上榜理由。
• 排名理由能够呈现 TOP 5 名次区别，即 5 篇的细微差别。</td><td>• 能够围绕自己的排名标准为每一篇小说写出有区分度的上榜理由。
• 排名理由能够呈现 TOP 5 名次区别。</td></tr>
<tr><td>语言</td><td>• 理由陈述简练、生动、深刻，能够体现充分的说服力和吸引力。</td><td>• 理由陈述简练、生动，能够体现说服力和吸引力。</td></tr>
</table>

子任务一
完成篇目阅读记录表

任务说明：逐篇阅读评注本书所有作品，完成相应阅读表格。

学习建议：1. 每篇小说至少需要“三读”。

一读：边读边圈点出每篇小说的重点字词、人物姓名、好词好句等，并整理到表格相应的位置上。

二读：梳理小说的情节发展链条，可以边读边用“/”“//”等划分层次，并概括每部分内容。确定“最复杂”人物，并圈点描写该人物的内容，批注人物性格的多面性、生长性等，填在整理表格相应的位置上。

三读：思考小说的主题内涵，将思考的内容整理到表格中，作为子任务二排序标准备选。

2. 下列各栏目内容可以根据具体篇目进行增删调整。

设计意图：完成阅读记录表，是完成核心任务的重要前提，旨在促使学生认真阅读文本内容、理解人物形象、梳理故事情节、分析文本主旨。这一任务能够展现学生自主学习的差异性，老师可以根据不同学生的任务完成进度和质量，追踪问题，进行有针对性的指导。

学习现场 1

学习节点：

学生阅读人物说明和阅读记录表，进入子任务一。

现场描述：

这一节点以学生逐篇自主学习《呐喊》为主，教师注意观察学生整体学习进程，适当解答个别学生对作品主旨、人物描写、任务操作等方面的疑惑。

教师观察：

学生的阅读问题主要集中在《狂人日记》《风波》《头发的故事》《端午节》《药》。学生所提问题分类如下：情节内容理解类，比如《药》中的华小栓为何吃人血馒头？《狂人日记》中狂人的形象特点是什么？怎么理解《端午节》中的方玄绰？主旨理解类，比如《风波》《头发的故事》要表现什么主旨？艺术手法理解类，比如“狂人”象征什么？“兔”“猫”“鸭”“蝌蚪”代表什么？

学生的阅读过程中问题庞杂，教师可以先将学生的问题分类。字词、情节等基本问题，可以让学生在课前自行解决，将有价值的问题放在正式课堂上讨论。讨论时可以让学生联系时代背景、作者经历，结合文本中的关键信息进行解读。

【例】阅读记录表

篇目名称	《一件小事》
重点字词	①装腔作势：故意装出一种腔调，做出一种姿势，用来比喻故意做作。 ②憎恶（zēng wù）：憎恨恶人、坏事。 ③踌躇（chóu chú）：犹豫不决，拿不定主意。 ④诧（chà）异：感到惊奇或奇怪。
人物关系表（或图）	“我”：坐车人，线索人物。 车夫：主要人物 伊：跌倒的老女人，次要人物
“最复杂”人物及分析	“我”：复杂体现在性格、心理的变化和成长上。 人物性格成长链条：遇到车夫之前，“我”“看不起人、坏脾气”——遇到车夫之后，“怪车夫多事，误了我的路”——憎恶老妇人假摔，认为车夫自讨苦吃——觉得车夫“满身灰尘的后影，刹时高大了、须仰视”，意识到“皮袍下藏着的‘小’”——给车夫钱，又怀疑这个行为是否妥当——时时反思，惭愧、自新、重获希望和勇气。
情节发展链	“我”早起赶路——车夫带倒老女人——“我”劝车夫不要理会——车夫扶着她去警局——警察让“我”自己雇车走，“我”托警察转交铜元——“我”内疚感动。
技巧与手法	叙事方法：倒叙。 人物塑造方法：对比。
作品主旨	赞美车夫这样的劳动人民的善良、质朴等崇高品质，正是这些人让“我”对国家的未来充满希望和勇气；同时也批判了以“我”为代表的小资产阶级的自私狭隘。
好句摘抄赏析（含义深刻、表达精彩的句子）	我这时突然感到一种异样的感觉，觉得他满身灰尘的后影，刹时高大了，而且愈走愈大，须仰视才见。而且他对于我，渐渐的又几乎变成一种威压，甚而至于要榨出皮袍下面藏着的“小”来。 赏析：这句话表现了“我”这个进步的小资产阶级知识分子对于劳动人民高贵品质的赞美和敢于解剖自己的革命精神，从而深化了作品的主题。这里的“小”对应车夫的“大”，是“我”面对车夫崇高品质时的自惭形秽。
我的阅读评价	我认为这篇小说中，倒叙手法使用恰当，能够激发读者对这件“有意义”的、“至今忘记不得”的小事的兴趣。此外，对比的运用也很突出，作者通过“我”与车夫对待同一件事的态度，“我”目睹这一事件后的前后心理变化，在对比中塑造了一位正直无私的车夫形象，表现出作者对“我”所代表的知识分子的批判与思考。

子任务二

制定排序标准

在逐篇阅读基础上，横向比较所有篇目，整理形成鲁迅小说排序的标准。可按以下步骤进行。

1. **列表头**：确定排行榜的评价维度，并说明理由。

可以从以下内容中选择，也可以自行补充。

a. 小说三要素：情节、人物、环境。

b. 思想性与艺术性。

c. 影响力：社会影响、文学史影响。

d. 情感触动：自身的阅读经验，与他人讨论得出的体悟。

举例：

情节	人物	环境	思想	我的情感触动

【说明】 因为要评选出小说的 TOP 5，所以评判者会比较关注小说三要素，认为《呐喊》这本小说的特色在于其深刻的思想性；同时，为了让这一排行榜凸显学生个人的思考和阅读经验，所以在表头列出这五个维度。

2. **设权重**：为排行榜表头涉及的维度赋予不同的权重，并说明理由。

举例：

情节 5%	人物 20%	环境 15%	思想 40%	对我的情感 触动 20%

【说明】 小说"三要素"中的情节固然是评判小说体裁的重要维度，从这方面来说，《呐喊》中的一些篇目中的情节要素是不够完备的，但《呐喊》作为中国第一部现代短篇小说集，情节不完备也是情有可原的，因此，表格中教师对"情节"不赋予太高的权重。人物性格立体是《呐喊》小说的特色，鲁迅先生的环境描写亦是精彩绝伦的，所以这两项的权重设计得高于"情节"；而《呐喊》中的深刻思想一直到现在还对人们有启示作用，所以教师赋予最高的权重；至于情感触动，教师也赋予了较高权重，用以体现排行特色。

3. **赋分数**：依次为《呐喊》各篇赋分，并结合小说文本的具体内容，说明赋分的理由。

举例：

篇目/维度	情节 5%	人物 20%	环境 15%	思想 40%	对我的情感触动 20%	总分 100%
《狂人日记》	文言小序是人物真正的结局，白话文部分记录狂人发狂的过程，情节张力较强，9 分。	狂人有自己的复杂性，梦中的自己怀疑自己，现实中的自己又是疯狂而执着的，文言小序中的自己已经妥协，人物生长性 9 分。	对日常生活中的反常态描写让人惊艳（如医生治病一段），但不是典型环境描写，赋分 8 分。	对中国历史“吃人”的分析，对国民性残忍的分析非常深刻，满分 10 分。	“从来如此便对吗”的质问启示我重新思考生活的惯性，非常有启发，满分 10 分。	9.45 分

篇目赋分及理由：

篇目/维度（自定）						
《狂人日记》						
《孔乙己》						
《药》						
《明天》						
《一件小事》						
《头发的故事》						
《风波》						
《故乡》						
《阿 Q 正传》						
《端午节》						
《白光》						
《兔和猫》						
《鸭的喜剧》						
《社戏》						

4. **选榜单**：可以按照不同维度、不同权重等设置至少 3 个不同侧重的排行榜，然后选出自己最喜欢的榜单或是在不同的榜单之间找交集，确定最终排行，并说明理由。

设计意图："制定排序标准"，是核心任务的前提，旨在通过列表头、设权重、赋分数三个步骤，促使学生认真思考，比较权衡，完成这项任务。同时，这一任务很好地展现了单元设计的开放性，学生能够从表头规定的维度，对作品具体内容进行概括，对文本再次深入地阅读、思考、分析。注意：这个任务，老师应充分尊重学生的自主性，由学生自己制定标准，老师提供帮助，不过多干涉。

子任务三

排出《呐喊》小说 TOP 5

任务说明：排出《呐喊》小说 TOP 5，阐明推荐及排序理由。此为本单元的核心任务。

一、依次排出《呐喊》小说 TOP 5，并按星级表示你的评分，最高 10 颗星，可以用彩笔涂星。

我的评选标准	名次	《呐喊》小说篇目	星级
	1		☆☆☆☆☆☆☆☆☆☆
	2		☆☆☆☆☆☆☆☆☆☆
	3		☆☆☆☆☆☆☆☆☆☆
	4		☆☆☆☆☆☆☆☆☆☆
	5		☆☆☆☆☆☆☆☆☆☆

二、阐明推荐及排序理由。

要求：1. 依标准写排名理由；

2. 呈现 TOP 5 名次区别。

TOP 5 排名理由：

NO. 1 排名理由：

____

____

NO. 2 排名理由：

____

____

NO. 3 排名理由：

____

____

学习现场 2

学习节点：

学生完成子任务一和二后，进入子任务三。

现场描述：

这一节点先让学生自主完成子任务三，之后教师组织学生小组讨论汇报。

流程：1. 阅读《呐喊》小说排序量规，明确标准；2. 小组（4—5 人）互相交流子任务三，对照量规在彼此的任务上点评；3. 小组推荐展示汇报一份子任务三；4. 组内共同研讨《呐喊》排名 TOP 5；5. 总结小组研讨，总结语贴在教室内的白板上。

期间教师巡视，可以参与讨论，听取汇报，及时点评，课后阅读学生的总结。

教师观察：

学生的排序标准都很明确：98% 的学生选择“人物、情节、环境”，80% 的学生选择“对我的情感触动”，70% 以上的学生选择“思想”，30% 左右的学生选择“艺术手法”，25% 左右的学生选择“语言”；学生的排序理由基本都能紧扣自己的排名标准陈述。

表现出的问题是小说排名的区分度不够，5 篇小说的细微差别没有体现。部分学生仅仅依靠自己的喜好，对自己的情感触动排名没有从不同的角度综合区分，理由没有足够的说服力。由排名可以看出学生对思想的理解不够到位深刻，因此，在总结时教师应重点帮助学生分析。

形成性评估：

学生在完成任务之前，对核心任务的目标进行了自我评估，不过无法判断需要达成怎样的目标，也很难确定自己要分配多少时间，但在与教师共同预估任务结果、得到满意的结论后迅速投入核心任务中。

注意事项：

学生对作品的排名及理由是依据学生自己拟定的标准来排序的。只要学生紧扣量规，标准明确，理由成立即可。

NO. 4 排名理由：

NO. 5 排名理由：

设计意图：“排出《呐喊》小说 TOP 5，是本单元的核心任务。经过子任务一和子任务二的学习，学生已经在阅读、思考、比较中对《呐喊》的部分作品有了较为深入的认识，学生可以参考量规，再阅读、再思考，陈述排名理由。理由陈述只要紧扣学生自己的标准，体现作品特点即可。

子任务四

为《呐喊》撰写《读者序》

任务说明：在综合以上三项子任务的基础上，再研读《〈呐喊〉自序》，为《呐喊》撰写一篇《读者序》。

序文共计 1200 字左右，内容、段落及篇幅建议如下：

1. 你对《呐喊》的总体阅读感受（2 点），1 个自然段，约 150 字。
2. 你从 3 个不同角度，赏析评价鲁迅小说的突出成就（或阅读价值），3 个自然段，约 750 字。
3. 你对中学生阅读《呐喊》的建议（2 点），1 个自然段，约 150 字。
4. 你呼吁当下及未来深入挖掘鲁迅及其作品的价值，1 个自然段，约 150 字。

(也可自定主题、内容、结构等)

设计意图：子任务四是以“序”的写作形式收束。经过子任务一、子任务二、子任务三的学习，学生已经对鲁迅的作品和思想、艺术价值有了一定的认识，学生可以联系《〈呐喊〉自序》、参考写作建议，撰写一篇自己独立创作的《读者序》。

四、学习资源与工具

阅读篇目

1. 《狂人日记》（1918 年 4 月）
2. 《孔乙己》（1919 年 3 月）
3. 《药》（1919 年 4 月）
4. 《明天》（1920 年 6 月）
5. 《一件小事》（1920 年 7 月）
6. 《头发的故事》（1920 年 10 月）
7. 《风波》（1920 年 10 月）
8. 《故乡》（1921 年 1 月）
9. 《阿 Q 正传》（1921 年 12 月）
10. 《端午节》（1922 年 6 月）
11. 《白光》（1922 年 6 月）
12. 《兔和猫》（1922 年 10 月）
13. 《鸭的喜剧》（1922 年 10 月）
14. 《社戏》（1922 年 10 月）
15. 《〈呐喊〉自序》（1922 年 12 月）

《呐喊》篇目阅读记录表样例

篇目名称	《狂人日记》
重点字词	
人物关系表（或图）	
“最复杂”人物及分析	
情节发展链	
技巧与手法	
作品主旨	
好句摘抄赏析（含义深刻、表达精彩的句子）	
我的阅读评价	

五、学习成果

子任务三　排出《呐喊》小说 TOP 5 优秀例文

我的评选标准：

1. 人物塑造是否立体生动，是否具有多样性、成长性、复杂性。

2. 人物的塑造是否能够直接反映、影响故事的主旨。

No. 1《阿 Q 正传》

阿 Q 是中国乃至世界文学史上的知名人物，其人物塑造在《呐喊》中排行第一是实至名归的。阿 Q 具有立体性和复杂性，他一面“有主见”地想要革命，一面又随波逐流，跟随众人盘上头发；一面好面子爱吹嘘，一面又自轻自贱，自比为虫豸……鲁迅笔下的阿 Q“活”了，他有多元的性格，也发生了变化。同时，阿 Q 的形象又具有代表性——揭露了当时国民愚昧无知的劣根性，直接体现了主旨。在《阿 Q 正传》中，无论是人物的多样性、成长性、复杂性，还是人物塑造体现主旨的程度，都可谓《呐喊》中当之无愧的榜首。

No. 2《孔乙己》

中国文学史上的穷苦读书人里，孔乙己要算一个小有名气的角色了。他的性格复杂多面：一面博古通今，知晓“茴”字的四种写法，一面无能迂腐，闲游多年却依然无法养活自己；一面有诚信和廉耻心，不拖欠酒钱；一面替人家抄书却又行偷窃之道……丰富的性格侧面使他的形象顿时鲜活起来。对孔乙己的人物塑造直接助益于中心主旨的表现：批判了封建科举制度对人们的残害。但是在当时的社会，孔乙己作为读书人，其人物形象不如普通百姓阿 Q 的形象有代表性，在性格多样性、复杂性上也逊于阿 Q，故排第二。

No. 3《药》

《药》中塑造了多个有代表性的典型人物：愚昧的老栓代表了广大国民；自私贪财的康大叔代表了社会中的奸佞小人；无私牺牲的夏瑜代表了

为民众利益奋斗的革命者……社会中的各色人等在《药》中被刻画得淋漓尽致。其中，每个人物都有多角度的刻画，如康大叔的粗鲁、大大咧咧却又自私贪财、冷酷狡诈……同时夏瑜的无私伟大和老栓的愚昧形成对比，间接批判了旧民主革命并没有得到百姓理解的社会现实，体现了主旨。但本文的人物性格没有成长变化的过程，在人物复杂性和成长性上不如孔乙己，故名列第三。

No. 4《狂人日记》

狂人具有复杂性和成长性。他在梦中时常自我怀疑，醒时就执着于揭露封建社会的吃人本质。由于人物“狂”的设定，狂人的性格多面性得以体现。成长性体现在他一步步发掘封建社会的本质时，由一个疯子到一个呼喊出“救救孩子”的人。通过他的心理变化来刻画其形象，同时也直接体现了中心主旨——封建社会的本质是吃人。但本文在人物形象的多样性、丰富性上逊色于《药》，因此排名第四。

No. 5《故乡》

《故乡》中用前后对比的手法塑造了闰土的形象。通过对闰土儿时的形象描写，对比长大后的闰土形象从而使人物具有了成长性。他从天真机敏变成了麻木迟钝，从勇敢善良变成老实愚昧……对于闰土的描写笔墨不多，却耐人寻味、使人震撼。但本文中闰土形象特点的变化对于主旨的表现不如前四篇明显、深刻，并且闰土的形象缺少复杂性，不如前几篇的人物形象立体、生动，因此名列第五。

（徐秋语）

成果点评：这个排名紧扣学生自己的标准——人物塑造的艺术性和现实性来陈述理由，结合作品的艺术手法进行客观的评价，是学生认真阅读和理性分析的体现。

子任务四　《〈呐喊〉读者序》优秀例文

鲁迅先生的短篇小说集《呐喊》中的每一篇文章都反映出一个深刻的社会现实，用笔或辛辣讽刺，或幽默轻松，从不同的角度层层揭开当时中国社会的真面目。这些作品都是他替中国无数有志青年发出的呐喊，惊醒了沉睡的中国人，也激起了众多青年的复兴之志。在新旧文学交替的时期，《呐喊》中的作品在我国的文学史上也具有了里程碑式的意义，其艺术价值、精神价值都是不可估量的。

鲁迅先生的小说语言独树一帜。他用辛辣讽刺的笔法刻画出了中国人的形象。在他笔下，杨二嫂“圆规似的腿”、热衷于“精神胜利法”的阿 Q、“木偶人”似的成年闰土……这一个个饱含当时中国时代特色的人物在他笔下纷纷鲜活、立体了起来。无论是用幽默讽刺还是沉重深刻的文风进行创作，他的语言都有一种张力：他能利用沉重现实与轻松笔调之间的强烈反差直抒胸臆，让读者对这样的时代、这样的“呐喊”有更深刻的体会，也可与他产生情感共鸣。鲁迅先生既有《阿 Q 正传》这样辛辣深刻的作品，也有《故乡》《社戏》等文笔细腻、词句优美的文章。总之，鲁迅先生在《呐喊》中所体现的创作特色和遣词用句的水准是非常值得诸君阅读的。

《呐喊》中的小说内容既有时代性，又有思想性。《孔乙己》中的咸亨酒店和如孔乙己一般的人物，都具有时代象征性。鲁迅先生真实地刻画、表现了当时社会中像孔乙己这样一类人的生活状况。同时在《药》中，作者暗喻了为革命牺牲的烈士秋瑾，也体现了当时时代中发生的大事件。无论是《阿 Q 正传》《孔乙己》这样表现一类人生活的文章，还是像《药》《端午节》这样表现当时社会中真实事件的作品，都具有时代意义。鲁迅先生选取社会中最具时代特色的事件，以时代性事件入文，创作风格真实而深刻。这样的内容可以集中反映出作品中的人物经历和社会现状，使读者的心受到震撼。因此，《呐喊》中优秀的情节内容，更使得它成为一部不容错过的作品。

鲁迅小说中蕴含的思想是其文章的精华。《故乡》《端午节》等作品的中心思想即使放在现在，也仍然有着先驱性和实用性；《药》《阿 Q 正传》等深刻辛辣的文章有力地揭示了旧社会中人民的麻木和愚昧……鲁迅先生对于小说中的真实事件有自己的观点和立场，他的思想使小说的内容有了深度。《呐喊》中每一篇作品的主旨都清晰明确——这也就造成了鲁迅小说简短深刻的特点。除此之外，鲁迅小说中的思想具有多元性，如《药》中既有对旧社会中人们迷信偏方的无情抨击，也有对夏瑜革命精神的赞扬，同时也表达了对人民麻木愚昧思想的痛心……《呐喊》多层次的丰富主旨具有深度和广度，是短篇小说中的上佳之作。

中学生阅读《呐喊》需要注意“常识的补充”和“思考的深入性”两方面。首先是弄清时代背景知识，了解鲁迅在文章中所描绘的时代特征，再探究文章中的故事内容是否有所隐喻。这样可以帮助中学生更进一步了解文章的思想内涵。其次是要深入思考文章的中心思想，不能光借鉴于网络或参考资料了解思想，而要通过自己的理解与思考来进行分析。这样一来可以提升阅读理解能力，二来可以深入理解鲁迅小说中最精粹的批判部分，可谓一举两得。

鲁迅先生的小说为我们揭露中国那个年代的黑暗腐朽，以此来激励警醒当时有志向的中国青年，为他们发出了改革的第一声呐喊。鲁迅先生在《呐喊》中所体现的思想一直指引着中国人民完成一场翻天覆地的社会改革，如今也并不例外。各位读者在深入阅读《呐喊》的过程中，不妨多加思考，将鲁迅先生的精神内涵发掘出来，继续作为当今时代建设的一盏引航灯吧！

（徐秋语）

成果点评：本文作者先从整体评价《呐喊》的现实意义和时代影响，然后从《呐喊》的语言、内容、思想三个角度评价鲁迅小说的成就，最后对中学生阅读《呐喊》提出两条建议：弄清时代背景知识、深入思考文章的中心思想。最后呼吁：读者在深入阅读《呐喊》的过程中，不妨多加思考，将鲁迅先生的精神内涵发掘出来，继续作为当今时代建设的一盏引航灯。美中不足的是对作品内容的时代性和思想性的点评过于简单粗略。但是总体来说，文章逻辑严谨，语言干净有力，不失为一篇佳作。

六、单元反思

达成效果

首先，核心任务调动了学生学习《呐喊》的内驱力。《呐喊》是短篇小说集，传统的教学方法是一篇篇地讲解，学生有时会觉得枯燥无味，“苦海”无边。“排出《呐喊》小说 TOP 5”的设计，用排序撬动学生的阅读，排序标准的制定自主权交给学生自己，最后的排序理由陈述只要紧扣自己的标准，体现作品特点、言之有理即可。按星级表示评分，最高 10 颗星，可以用彩笔填涂，活泼有趣。通过四个子任务的层层深入，学生不仅熟悉了《呐喊》的文本内容，也了解了当时社会下的众生相，对当时的社会环境有了更深入的认识，初步评价了鲁迅的思想，达到了本单元的学习目标。

其次，本单元能够多方面提升学生的语文素养。语言表达方面，鲁迅鲜明独特的语言风格，丰富了学生的阅读体验。文化审美方面，作品鲜明典型的人物形象、犀利深刻的思想，使学生为鲁迅的个人魅力所深深折服。思维提升方面，从不同角度制定标准，综合考虑排序的过程，使学生展开了深度的辩证思考。

改进方向

首先，子任务二中的《呐喊》篇目赋分及理由与子任务三有所重复，建议删除这步。其次，对子任务一的“三读”应加强阅读指导和督促。一些习惯较差、基础较弱的学生在阅读时应付了事，不到位的阅读势必无法使学生达成最终的学习目标。

七、巩固拓展

《呐喊》塑造了一批知识分子的形象，如孔乙己、陈士成、方玄绰等。请结合文本内容，谈谈他们三人之间的相同点与不同点。

【参考答案】

这三个知识分子的形象总体都较为负面。孔乙己偷书、好吃懒做，宁愿穿着长衫站着喝酒，遭尽白眼和凌辱，陈士成对财富功名极度渴望，甚至搭上一条性命，方玄绰天天捧着《尝试集》咿咿唔唔，但只是把看书当成一个幌子，在家里是坐吃等伺候的“家长”，在社会上是静观待变的“看客”。三人都有自私、贪婪、极力维护知识分子面子的一面。

不过，孔乙己和陈士成属于封建科举制度的受害者和牺牲品，并且他们深受其害而终不觉悟。方玄绰已经属于新式文人，靠着所谓新式思想获得了许多身为知识分子的既得利益，表面清高，但骨子里浅薄、市侩，对革命事业袖手旁观，做人表里不一，是个披着新衣的旧式文人。

最后，孔乙己和陈士成之间也有不同之处。孔乙己生活上四体不勤、穷困潦倒，抄书为生，偶尔盗窃。从他身穿长衫，总是满口之乎者也，给孩子们茴香豆吃，又看出他迂腐可笑，却心地善良。而陈士成有家有业，教书为生，出身于没落的豪绅阶级，从未放弃过功名，光宗耀祖的渴慕之心更为强烈，并没有像孔乙己那种善良迂腐的一面。

记录身边的生活

——纪实文学单元学习现场

一、单元导语

本单元引导学生阅读纪实文学作品，学会分析典型人物、典型事件、典型细节等，探究作品反映的生活状况、社会风貌和时代精神，让学生触摸时代脉搏，走进时代现场，解析社会现象。在此基础之上，教师提供范例和工具，让学生深入观察、体验，并尝试以报告文学、人物通讯等方式，记录身边生活。

二、设计依据

课标依据

依据《普通高中语文课程标准（2017 年版）》，本单元主要涉及学习任务群 2“当代文化参与”、学习任务群 7“实用性阅读与交流”两个任务群的学习目标和内容。

根据学习任务群 2“当代文化参与”目标，引导学生通过阅读反映中国当代价值追求的纪实类作品，体悟陈景润、屠呦呦等典型人物身上的时代精神；同时通过阅读《包身工》《红星照耀中国》等作品，理解当代文化追求的意义价值。

根据学习任务群 7“实用性阅读与交流”目标，引导学生阅读反映社会风貌和时代精神的纪实类作品，丰富学生的生活经历和情感体验，以提高其了解社会、适应社会、服务社会的能力。

文本分析

本单元推荐的五个纪实文学作品，《包身工》《哥德巴赫猜想》《屠呦呦：

用一株小草改变世界》《喜看稻菽千重浪——记首届国家最高科技奖获得者袁隆平》《红星照耀中国》，均为反映中国现当代社会风貌和时代精神的优秀作品，能够给学生以正确的精神导向和价值引领。这些作品基本都是以典型人物或群体来反映时代，便于学生在阅读过程中找到抓手，学习以人物为核心串起事件，以事件为载体承载主旨的写作手法。

学情分析

建议学段为高一年级。大部分学生在初中已经阅读了《红星照耀中国》，对于纪实文学的概貌有了初步了解，本单元以此为基础开展纪实类文本的阅读，过渡比较自然。在学生心智方面，需要正确的价值观、人生观来引领其成长，通过阅读这些横跨不同年代的作品，进一步了解社会，认识社会，进而融入社会，服务社会。

三、单元设计内容

学习目标

1. 能够分析纪实文学作品中的典型人物与典型细节，探究作品反映的生活状况、社会风貌和时代精神。

2. 能够借助观察、体验、采访等手段，运用“以人带事”“一线串珠”“典型处理”等手法，记录自己身边的生活。

核心问题

如何在清晰表达客观事实的同时又具感染力？

核心任务

记录身边的生活。

任务说明：这是一个日新月异的时代，我们生活的方方面面也都在时代的更迭中持续变化着，作为生活的体验者、见证者、记录者，你会如何发现、挖掘、展现具有典型意义的人物或事件，来感召别人、记录时代呢？请阅读经典纪实文学作品，同时对我们身边的生活加以观察、体验、整理，筛选出典型材料，尝试以报告文学或人物通讯的方式记录身边的生活。

1. 子任务一：阅读纪实文学作品。

2. 子任务二：记录身边的生活。

资源篇目

①《包身工》（夏衍）

②《哥德巴赫猜想》（徐迟）

③《屠呦呦：用一株小草改变世界》（王建柱）

④《喜看稻菽千重浪——记首届国家最高科技奖获得者袁隆平》（沈英甲）

⑤《红星照耀中国》（《西行漫记》）（埃德加·斯诺）

“记录身边的生活”写作量规

维度/等级	优秀	达标	待提升
真实性	所采访调查的人物、事件皆真实有据；叙述态度客观，不虚美，不丑化。	所采访调查的人物、事件真实有据；叙述态度客观，不刻意美化、拔高，也不刻意丑化、贬低。	所采访调查的人物、事件虽有真实依据，但所叙事实不够全面深入；叙述态度欠客观，仅站在某个角度叙述，主观倾向较重。
典型性	能够选择反映时代精神、社会风貌和生活本质的人物、事件素材。所选人物既有自身个性特征，又有其职业身份的共同特点。	能够选择反映时代精神、社会风貌和生活本质的人物、事件素材。所选人物有其职业身份的共同特点，但自身个性特征一般。	所选素材典型性较差，难以反映时代精神、社会风貌和生活的本质。所选人物虽有一定的个性特征，但缺乏代表性。
文学性	标题简洁且能体现文章核心。开头设计有悬念，引起读者的阅读兴趣。中间线索清晰，能够贯穿主要事件，并突出重点事件。结尾意蕴悠长，能引发读者思考。细节描写能够凸显人物和作品主题。	标题简洁。开头设计有悬念，引起读者的阅读兴趣。主体部分行文能够贯穿主要事件。结尾能引发读者思考。细节描写生动细腻，能够表现人物和作品主题。	文章结构松散，缺少设计。开头无特色，难以吸引读者，中间缺乏清晰的线索贯穿，重点事件不突出。结尾不能引发读者思考。缺乏生动的描写，难以凸显人物和作品主题。

子任务一

阅读纪实文学作品

任务说明：请按照以下表格栏目提示，逐篇赏析所推荐的篇目，并完成相应表格。

篇目：《＿＿＿＿＿＿＿＿》

要素	内容
典型人物（列出文中/书中的典型人物及其职业类型、性格特点等）	
事件概述（概述文中各典型人物所经历的主要事件）	
典型细节赏析（找到外貌/语言/动作/神态/心理等起到关键作用的描写语句，并分析其对表现人物/主旨等方面的作用）	

学习现场 1

学习节点：

子任务一属于任务开启阶段，教师解读表格，学生依据表格提示开启逐篇阅读。

现场描述：

教师为学生解读表格提示要点及每栏的设计意图，讲明纪实类作品中主要人物、关键事件等叙事要素，以及整体的行文架构和细部赏析，然后学生进入自主阅读阶段。过程中有学生提问，教师提供示例。

生：文章标题具体如何赏析？

教师提供《屠呦呦：用一株小草改变世界》文章标题赏析示例：这一标题简洁醒目，扼要概括了本文主人公及其主要科学贡献。提到屠呦呦，读者大多知道是发现青蒿素的大科学家，但是对屠呦呦本人及其科学发明过程知之甚少，因此"用一株小草改变世界"这个副标题，激发了读者了解屠呦呦与青蒿素的兴趣，吸引了读者的注意力。

生：文章中的细节描写如何赏析？

教师提供《哥德巴赫猜想》细部赏析示例：陈景润说，"噢，今天是新年了呵？我很高兴，谢谢你们，谢谢你们。新年好，你们好。"……"不要水果，不要水果，"陈景润推却了，"我很好，我没有病，没有什么……这点点病，呃……呃，谢谢你，我很高兴。"说着他收下了水果。……他又张手拦住，"不，不要进屋了，你没有给我打招呼"。赏析：这几句通过描写陈景润语无伦次甚至不合逻辑的个性化语言，生动地体现出了他性格中木讷内向、不善言辞等特点，反衬出他对于数学研究的痴迷与专注。其中，"今天是新年了呵"这句语言描写体现出了他对于新年已至的惊讶，写出了他对于数学研究已经到了"两耳不闻窗外事"的境界。

教师观察：

本环节的赏析框架相对固定，教师的观察注意力应集中在阅读赏析的细部和过程之中，比如，学生概述事件时语言的规范性、细部赏析中艺术手法表述的准确性、对于文章各部分赏析的前后一致性等。

续表

<table>
<tr><th>要素</th><th colspan="2">内容</th></tr>
<tr><td rowspan="4">文章各部分写作手法赏析</td><td>标题</td><td></td></tr>
<tr><td>开头部分
(文章开篇切入类型参考：人物、场景、个性化语言、心理描写、高潮或结局)</td><td></td></tr>
<tr><td>中间部分
(文章线索类型参考：时间线索、事件发展线索、人物成长变化线索等)</td><td></td></tr>
<tr><td>结尾部分
(文章结尾类型参考：议论式、抒情式、以景结情式等)</td><td></td></tr>
<tr><td>文章主旨</td><td colspan="2"></td></tr>
</table>

设计意图：本任务意在通过设置梳理表格，引导学生对所提供的纪实类文学作品进行逐篇阅读赏析，从纪实文学的叙事要素，到文章的宏观结构，再到局部的细节，层层推进，使学生能够全面理解作品。在此基础之上，教师指导学生适当交流讨论，对某些难点，鼓励多元解读的同时引导合理解读。

子任务二
记录身边的生活

任务说明：基于对身边生活的体验、观察、采访，确定好典型人物，筛选出典型事件，尝试用报告文学或人物通讯等方式来记录我们身边的生活。

（一）确立选题，完成调查采访

1. 选择最能反映时代精神、社会风貌和生活本质的题材。

2. 观察、体验、理解校园中或生活中某个人或某类人的生活——了解他/她或他/她们的身份特点、生活方式、学习方式/工作方式、心路历程等。比如同学好友、学长学姐、社团成员、心理咨询师、竞赛教练、教育顾问、学科教师、食堂员工、清洁工人、医护工作者……

关注发生在自己身边的重要事件，如选科选考的变化、学习方式的变革、国旗班的故事、课外班的学习生活、社团活动、学科竞赛纪实等。

调查采访记录表

选题内容及理由	
已有的观察/体验	
查阅的相关资料	
采访当事人（采访录音、文字稿）	
采访相关人员（采访录音、文字稿）	
调查结果分析	

学习现场 2

学习节点：

进入子任务二，本环节在前面纪实文学作品阅读的基础上，引导学生确定选题和事件主人公，实地调查采访，预设写作要素，撰写纪实作品。

现场描述：

这一环节的“学习现场”远远超出了课堂本身。有的学生以家庭成员为采访和写作对象，此时的家人已经转换为不同职业的人，如医护人员、科研工作者、银行职员、公司管理人员、艺术工作者、出租车司机、个体工商户，甚至当年参加过对越自卫反击战的老兵；有的学生以身边的同龄人为采访对象，有优秀竞赛生、学生会骨干成员、社团创始人、公益活动发起人；有的学生以学校教职员工为采访对象，有心理咨询师、竞赛教练、教育顾问、学科教师、食堂员工、清洁工人、校医……

采访片段示例

采访人：北京市十一学校 2019 级高一学生吕晓非。

受访人：北京市十一学校校友、北京大学“罗德学者”称号获得者、“三江源”保护志愿者李雨晗。

采访时间：2019 年 6 月 2 日晚。

采访方式：视频连线，录音整理。

问 1：听说您在北京大学就读期间就参与了“三江源”的保护项目，您有怎样的感受？

答 1：我从小就对自然保护特别关注，但不知道具体是什么，保护“三江源”的经历告诉了我，自然保护原来可以这样做：我们在一个小村子里面，和村民一起来做一些动物的调查，了解当地人和动物之间会有什么样的关联。比如说野生动物会把牧民的家畜咬死，人和野生动物如何更好地相处，自然保护会给当地经济带来什么好处。第一次接触自然保护，发现之前对于自然保护的认识可能太浅了——自然保护不仅是保护动物，更关乎所在区域的发展。

（二）列出写作提纲

写作要素预设

要素	内容
题目设计 （考虑真实/修辞/概括等）	
人物 （身份/职业/社会地位/特点等）	
文章立意 （典型人物反映的生活状况/社会风貌/时代精神等）	
筛选事件 （围绕立意筛选出重要事件）	
开头设计 （切入角度：人物、场景、个性化语言、心理描写、高潮或结局）	
中间设计 （线索类型：时间线索、事件发展线索、人物成长变化线索等）	
结尾设计 （表达类型：议论式、抒情式、以景结情式等）	
选择细节 （从外貌/语言/动作/神态/心理等选择两个方面来表现细节）	

学习现场2（续）

现场描述：

问2：我了解到您后来在牛津大学读的专业就是生物多样性这方面的，那么，您在经历了更有针对性的教育后，对于在“三江源”的经历有没有更深的体会和心得？

答2：我所学专业的全称是“biological diversity management”，生物多样性与生态管理专业。我在英国就经常梦到“三江源”，会有一种难以置信的感觉，就会觉得这一年的经历怎么就这么神奇。比如说你可以在工作站的门口看见野生动物，或者坐在草地上和老乡们唠嗑，参与当地各种各样的事务。人与自然在大多数地方都是分开的，人们都会以为这两者之间很遥远，但在“三江源”，动物就在村民身旁吃草，当然吃草的还有野生的羊群。我觉得这是一种很完整、很密切的人和动物在一起的自然生态。通过学习我发现原来“三江源”并不是世界唯一，非洲草原、美洲亚马孙雨林，也有人和动物能够和谐相处的。一年的专业学习，首先让我从原先局促的空间跳了出来，更能发现事物的规律，在这里我能够接触到世界上各种各样的案例。其次，能够帮助我反思，就像当时做了生态旅游的项目，只是签了人兽冲突保险，但专业学习帮助我通过深入分析各种各样的案例，真正理解到底该怎么做。当你直接开始做一个项目时，你不知道它背后有着许多的挑战与风险；而当你自觉地做某些事情时，你才会开始从更深的层次去思考这些问题。

教师观察：

在子任务二的实施过程中，教师观察重点应放在学生的选题指导和采访提纲的完善上，学习任务一旦进入社会生活的真实情境，对大多数学生而言，采访的变数非常大，或受访者临时有事，或参访结果与预设主题相去甚远，或因问题不聚焦采访变成了闲聊……所以，教师须及时收集问题，与学生协商处理。

（三）记录身边的生活

任务要求：依据预设要素，结合典型细节，撰写一篇报告文学，力求清晰表达客观事实，具有感染力。标题自拟，不少于2000字。

设计意图：子任务二意在引导学生学以致用，以“记录身边的生活”为驱动任务，使学生有目的地去观察社会，体悟生活，尤其是发现那些催人奋进的典型人物和体现着时代精神的感人故事，让自己在真实的语境中，不断建立与外部世界的连接，进行自我审视和外部观照。

四、学习资源与工具

详见任务书中的各个工具表。

五、学习成果

子任务一　阅读纪实文学作品优秀成果

篇目：《包身工》

要素	内容
典型人物 （列出文中/书中的典型人物及其职业类型、性格特点等）	芦柴棒，一个十五六岁的包身工。 主要形象特点：瘦弱不堪、生活悲惨、无力反抗。 “老板娘”“带工老板”“打杂”“拿莫温”“东洋婆”：包身工的管理者和盘剥者。 主要性格特点：唯利是图、冷酷无情、残忍凶狠。
事件概述 （概述文中各典型人物所经历的主要事件）	描写了包身工人的一天：从四点一刻在恶劣的住宿环境中起身，四点半后吃着两粥一饭恶劣的食物，没有休息、自由和工钱。五点上工，十二个小时的工作和劳动，在“三大威胁”和“三大危险”的残酷迫害下挣扎求生。

续表

要素	内容
典型细节赏析（找到外貌/语言/动作/神态/心理等起到关键作用的描写语句，并分析其对表现人物/主旨等方面的作用）	细节 1："假病，老子给你医！"一手抓住了头发，狠命地往上一摔，芦柴棒手脚着地，很像一只在肢体上附有吸盘的乌贼。一脚踢在她的腿上，照例第二、第三脚是不会少的，可是打杂的很快就停止了。后来，据说，因为芦柴棒"露骨"地突出的腿骨，碰痛了他的足趾！打杂的恼了，顺手夺过一盆另一个包身工正在揩桌子的冷水，迎头泼在芦柴棒的头上。这是冬天，外面在刮寒风，芦柴棒遭了这意外的一泼，反射似的跳起身来，于是在门口刷牙的老板娘笑了："瞧！还不是假病！好好地会爬起来，一盆冷水就医好了。" 分析：打杂的虐待芦柴棒的动词"抓、摔、踢、泼"，突出了打杂的凶狠残忍与暴力。用"跳"描写芦柴棒，写出病中的芦柴棒的应激反应。强烈的对比使这个场面描写达到了高潮，寒风的冷，突然的跳，更衬托了打杂的凶残，突出了"芦柴棒"受虐待的悲惨，最后老板娘的笑和她的话既与上文"假病！老子给你医！"相照应，又表现了她的冷酷无情，也显示出芦柴棒遭遇的悲惨。 细节 2：跟着这种有威势的喊声，在充满了汗臭、粪臭和湿气的空气里面，她们很快地就像被搅动了的蜂窝一般骚动起来。……所以，除了"带工"老板、老板娘、他们的家族亲戚和穿拷绸衣服的同一职务的打杂、请愿警之外，这工房区域的墙圈里面住着二千左右衣服褴褛而替别人制造衣料的"猪猡"。 分析：包身工的住所"充满了汗臭、粪臭和湿气""像鸽子笼一般"，而管理者却穿的是拷绸衣服，衣食优渥，文章通过鲜明的对比，深刻地揭露了帝国主义和中国封建买办势力相互勾结，残酷压榨劳动人民血汗的滔天罪行。 细节 3：工作，工作，衰弱到不能走路还是工作，手脚像芦柴棒一般的瘦，身体像弓一样的弯，面色像死人一样的惨！咳着，喘着，淌着冷汗，还是被逼着在做工。譬如讲芦柴棒吧，她的身体实在瘦得太可怕了，放工的时候，厂门口的"抄身婆"也不愿意去接触她的身体："让她扎一两根油线绳吧！骷髅一样，摸着她的骨头会做噩梦！" 分析：用了夸张手法，突出了芦柴棒身体之瘦弱。这一夸张的说法出自抄身婆之口，更具有强烈的讽刺意味，强烈地反衬出了芦柴棒所受剥削和压榨的惨重程度。

续表

要素	内容	
文章各部分写作手法赏析	标题	题目“包身工”，开门见山，表明了文章的记叙主题。
	开头部分（文章开篇切入类型参考：人物、场景、个性化语言、心理描写、高潮或结局）	开头以场景切入，首先是四点一刻，包身工起床时空间狭小、睡眠严重不足而紧张忙乱的情形，在充满汗臭、粪臭、湿气的房屋里挤在一起生活，不顾羞耻地在旁人面前换衣服、小便，更是被他人毫无尊严地对待…… 运用短句“打呵欠、叹气、寻衣服、叫喊”表现紧张气氛，动作“穿错鞋子、踏在别人身上”等描写了其睡眠不足和住宿条件之差，“猪猡”的侮辱性称谓以及在种种折磨下精神状态的麻木都突出了包身工所遭受的非人待遇。
	中间部分（文章线索类型参考：时间线索、事件发展线索、人物成长变化线索等）	文章中间部分采用纵横交错的结构。文章以时间为线索，以包身工一天的生活和做工为纵线，以中间穿插叙述的一些背景材料和作者的议论为横线：用包身工起床时的惊慌和环境的脏乱说明了包身工的生活环境；用饭食的低劣说明了包身工是“特殊的廉价机器”的事实；用上班时包身工所面对的“三大威胁”“三大危险”说明了正是由于这样廉价的劳动力的滋养，这些东洋厂才能飞速壮大；最后描写包身工的悲惨结局，抒发了作者对这种罪恶制度的诅咒和抨击。 作者把具体生动的描写和精辟的说明议论交织在一起，相互补充，层层推进，既从纵的方面展示出包身工们的悲惨生活境况，又从横的方面说明了包身工制度的发生、发展及后果；既揭露了中国封建势力的凶残本性，又控诉了帝国主义的强盗行径。作品主线突出，穿插有致，增强了文章的说服力。
	结尾部分（文章结尾类型参考：议论式、抒情式、以景结情式等）	文章结尾议论抒情。将资本主义与封建势力利用包身工盈利的制度比喻为船户养墨鸭捕鱼，说明资本家将包身工当作会讲话的工具，残忍地役使她们以牟取暴利。这一类比尖锐地揭露了包身工所受的非人待遇和包身工制度的野蛮残酷。紧接着用六个“没有”的排比句议论了包身工所遭受的非人折磨，20世纪的先进技术和16世纪的社会制度形成巨大反差，两种事物结合在包身工身上，揭露了包身工遭受的压迫之深。

续表

要素	内容	
文章各部分写作手法赏析	结尾部分（文章结尾类型参考：议论式、抒情式、以景结情式等）	最后一段，诅咒中外反动派对劳动人民肆意压榨和虐待的“黑夜”，深信“黎明”必将到来，抒发了作者要摧毁包身工这一罪恶制度的强烈愿望。同时，向压榨中国劳动人民的帝国主义者和一切反动统治者发出了警告。继续有力地深化主题，既能引发读者对社会的思考，又给未来以希望。
文章主旨	作品反映了旧时代中国在中外反动势力的残酷剥削和重重压迫之下，广大穷苦农民无力抚养亲生子女的悲惨景况，揭露了帝国主义和中国封建买办势力相互勾结残酷压榨劳动人民血汗的滔天罪行。	

（王涵璐）

子任务二　记录身边的生活优秀成果

真实世界的模样

她平静而惬意地平躺在草地上，双臂枕在头下，与村民一同呆望着那湛蓝的天。“这世上竟会有这么蓝的天空……”她在脑海里不停地默念着，惊讶于自己与真实的自然世界在这一刻的无比接近，也感慨于自己原先平淡如凉白开般的生活竟然可以在23岁的某一天中忽然变得如此惊艳。

“现在晚上躺在宿舍的床上，时常做梦会梦到那些在三江源的日子。”刚刚从英国飞回北京的李雨晗感慨道。

李雨晗，中学就读于北京市十一学校，曾被评为学校首届“年度荣誉学生”，本科毕业于北京大学元培学院政治学、经济学与哲学专业，曾获得有“本科生的诺贝尔奖”之称的“罗德学者”称号，也是北大119周年校庆活动上唯一参与分享交流的本科生。而在本科毕业之际，她没有选择立即去哥伦比亚大学、杜克大学等享誉世界的著名大学继续深造，甚至放弃了牛津大学诱人的全额奖学金，出乎意料地来到了青海省边陲的澜沧江源头小镇——名不见经传的昂赛乡，开始了为期一年的自然保护研修项目。

在大家眼里，这是一个典型的“别人家的孩子”——李雨晗大方开朗，是个爱笑的漂亮姑娘，她的身上罩着各种各样有关“优秀”的光环。从小到大，她一直保持着优异的学业成绩与待人接物的自然得体，她一定是每一个家长都希望自己孩子能够成为的范本。但当李雨晗决定暂拒牛津大学、哥伦比亚大学以及杜克大学抛来的橄榄枝，而选择去追寻自己理想中的“真实世界”时，外界与媒体不理解甚至质疑的声音不断传来。在北京大学119周年的校庆庆典上，当作为本科毕业生代表的她第一次说出自己的这个决定之后，一位陌生的老人走到台前对她说：“姑娘，你的决定是错的，你将来一定会后悔的。”

“我觉得自己真的很幸运”

都说一个人的身上永远都有他成长的烙印，或是原生家庭，或是公共环境。“从小到大，周遭的环境都很包容”，李雨晗言语之间充满了感激之情。

李雨晗出生于一个大学教师家庭，父母的教育理念都颇为宽容开明，他们从女儿上小学起就一直尊重着她的每一个选择，这也为李雨晗后来决定只身赴三江源打下了基础。对于女儿的玉树之行，父母只是有点担心女儿“别一去就上了瘾，待个三五年”。至于安全问题，他们表示很放心。

李雨晗中学就读于十一学校，学校标志性建筑“容光楼”是她就读时学校修建的，楼名“容光”也是她起的。十一学校是一所以自由、包容和多元而闻名全国的中学——从选课走班到各类精彩纷呈的文化活动，它鼓励着每一个少年做出属于自己的决定。后来李雨晗以优异的成绩考入了北京大学，开始了在同样以包容多元而闻名的元培学院探索求知的崭新学习之旅。李雨晗便沐浴着这样的自由之风尽情度过了青春。

大四的时候，李雨晗了解到了自然保护工作，并开始主动了解了自然保护事业的相关信息。与李雨晗相谈，问及后来为什么决心去做自然保护工作而不是本科所学的政治学、经济学与哲学专业，李雨晗说自己从小就是一个特别特别喜欢动物的人，但一直不知道这还可以是一份真正意义上的工作，她也非常希望可以从人类学的角度来解释她所热爱的真实无比的大自然。

得益于北大元培学院给予学生的巨大选择空间，她在本科期间修了许多生命科学学院的课程，其中受益最大的便是吕植老师的“保护动物学”。“吕植老师她老批评我，其中我印象比较深的一句话就是‘你不能觉得保护动物有意思就去做’。”时隔两年，当李雨晗领悟到两年前老师所揭示的当初的自己与现实的遥远时，不禁感到当初的自己过于天真烂漫——在一个大四学生的脑海里，自然保护是一件充满幻想的事情。

李雨晗坦言那个时候对自然保护这件事其实连它是什么都不知道，而也正是因为这份懵懂的热爱掺杂着对于真实的向往，她才在听说了由吕植老师创始的山水自然保护中心的研修名额之后，坚定了自己“走出去”的愿望。

三江源之恋

“我在英国就经常会梦到三江源，真的会有一种难以置信的感觉。就觉得这一年的经历怎么就这么神奇，这么真实。比如说你可以在工作站的门口看见动物，或者坐在草地上和老乡们唠嗑，参与当地各种各样的事务。就觉得特别不像真的。包括我后来跟同学谈到，他们也会觉得非常独特。”

谈及在三江源一年的经历，这个原本语速适中，态度冷静的姑娘的语速几乎翻了倍。

“棕熊是三江源地区非常常见的一种大型食肉动物。对于当地人来说，很多人都经历过棕熊把房子扒了进去找吃的，他们的门、窗以及家具都会被砸得稀巴烂。老乡会开玩笑说，这个房子冬天我住，夏天就归了棕熊。但与此同时他们也会表达一些隐忧：棕熊有人保护，谁来保护我们？自然保护不是高山之上的诗和远方，而是每一个老百姓的柴米油盐。”谈到这一年的体悟，李雨晗对自然保护这项事业的理解深刻了许多，因为她在实践中逐渐发现自然保护其实不仅仅是保护动物，也涉及区域的发展，而这些亲身经历与体会也正是李雨晗在“象牙塔”中学不到的。

显然，自然保护工作背后的真相远比她想象的要复杂得多。一年的时间，让李雨晗在亲眼发现雪豹、岩羊与棕熊，目睹了自然世界原本的模样的同时，明白了自然保护更多的是一种潜移默化的、间接的、注重持续性的积累。面临这样全新的挑战，李雨晗依旧感觉到自然保护事业的综合性和复杂性实在超乎了自己原本的预期。她再一次感觉到自己的知识不够充实。

光阴流转，李雨晗当初申请的研修生项目的一年期限近在眼前。

在牛津：反思与更远

李雨晗在一年的研修生项目到期之后，来到牛津大学进行两年“生物多样性与生态管理”方面硕士的专业学习。采访之际是李雨晗第一个学年的尾声，她认为在到三江源实地体验幻想化为现实的奇妙感觉后，再回到学校中丰富自己的知识储备，是一件很有意义的事情——在牛津更深入、更精准于未来职业的学习，让李雨晗从中获益不少，她在这一年的学习中不断反思自己在探索真实过程中所作所为意义为何，并且成功地跳出了从前在三江源的视野圈子，将渴望看到的真实扩大到了更大的范围。

关于反思，李雨晗坦言当时在三江源更多的是直接去做一件什么事，而在牛津大学则是更深层次地去学习生态保护的知识，她这才开始真正理解当时所做的事情的根本原因。比如说她做的生态旅游项目和人兽冲突保险项目，当时的她大多只是奉“旨”工作，而在牛津通过对自然保护系统的学习之后，她才从浩瀚如海洋的案例当中得到了当初所作所为的原因与背后的取舍。至于“跳出圈子”，这个来自城市的女孩在静下心来，于牛津苦苦思索一年之后才明白了一个很朴素的道理——或许用更宽阔的眼界去考虑问题，得到的答案才会更完整、更准确。就比如三江源其实不仅仅是世界上唯一的“人与自然”相处完整融洽的地方。就像非洲的草原和亚马孙的雨林，它们其实都很值得人们用心去爱。

李雨晗同样认为在北大四年接受的通识教育对她的影响巨大——“通识教育，或者说跨学科知识，带给了我更多的思考问题的角度。真相往往不只有一个，我们需要更多元化的思考角度来靠近真相。”可以见得，这种多维度看待问题、解决问题的思维方式已经根植于李雨晗的头脑当中——这也是李雨晗追寻“真实”的利器。

关于未来

谈至牛津硕士毕业后是否会直接回到三江源，李雨晗并没有给出明确的肯定答案。无疑，她希望在三江源默默守护她热爱且愿意为之付出的事业，但她已然在自我的芳华里从自己做出的一个又一个对自己负责的选择中变得更愿意去相信更多的可能性。她发现，只有当愿意去相信更多的可能性时，在广阔天地中的探索才会更加趋于完整；而当探索的方式更趋于完整时，探索者才有更大概率离藏得最深的真相更近——对于李雨晗来说，她不再满足于仅仅探索三江源的人与自然问题，她梦想求知的是整个人类社会与自然世界的关系的平衡规律。

“我们这一代人就是这样，每一个人的未来都比父辈当初拥有了更多的可能性，包括选择的职业范围更广，再有就是在以前的年代大多数人都是墨守成规按部就班地去在该上学的年纪去上学，该工作的时候去工作。而我们生活在这样一个快速改变的时代，什么都是可以变的——比如一个人的一生可以尝试去做很多很多份不同的职业。我的未来依旧有着很多种可能性，我希望每一个人都能够更勇敢地去尝试、探索与追寻。”

言语至终，忽然间又忆起了李雨晗在去年从三江源回来的几天后回到母校十一学校，在开学典礼上谈及自己命名容光楼一事时所说的一段话：

“我所理解的容光，大概是世界上任何一个地方，太阳和月亮的光芒皆可抵达。而在十一学校生长的我们，也在不断地去探索日月光芒照耀的地方，将足迹踏遍每一个大洲，或者是在历史古今之中纵横。当然，总有一些远方，让人觉得遥远得不真实，但实际上就在我们的身边。比如说，青海三江源。去年从北大毕业后，我在青海的三江源一直待到了前天，和当地的牧民们一起进行生态保护工作。你会发现，真实的世界其实有多种模样。”

如今的李雨晗缓缓地抬起头，注视着北京、青海，抑或是远在重洋之外的牛津城的各色风光。别人都说明明它们与两年前是同样的事物，而在李雨晗心里，它们又都变了一个模样：她现在更加明白，真实到底是怎样。在这样一个“快速”的时代里，这个女孩好像向来不急不躁——她很清楚，自己未来要走的路还很长很长。

（吕晓非）

成果点评：作品以李雨晗校友的新时代人生追求为主线，通过采访整理，记录身边榜样，叙述了主人公在求学、公益、人生规划等诸多方面的实践，一线串珠，剪裁合理，详略得当，并对关键节点做了典型处理，很好地展现了当代青年的精神风貌和世界视野。

六、单元反思

纪实文学单元的学习，从设计到实施，从过程到结果，几乎每一位学生的学习都在诠释着学习的意义，具体表现在以下三个方面。

第一，真实的力量。“记录身边的生活”，真实语境、真实生活、真实任务，让学生们跃跃欲试，激动不已。从研读报告文学作品，到运筹采访主题、对象、提纲，到积累素材，连缀成文，每位学生都经历了相同的步骤，不一样的路径，不一样的体验。

第二，体察的价值。在采访记录他人的过程中，学生不断反思个人的职业规划、人生目标，从中理解社会的本质、生活的内涵、工作的意义。家人已不是原来意义的家人，而是有着从事各行各业工作的其他身份；身边熟悉的教职员工，原来他们身上有如许之多的酸甜苦辣；一直心仪的光鲜职业，原来有近乎严苛的诸多要求……

第三，附加的收获。在参访交流的过程中，不少学生发现预设不等于既定方案，甚至被拒绝，被爽约……由此深入思考“一直傲娇的我，原来并不是这个世界的中心”，继而换位思考，“我如何对待他人”，思考“如何让他人因我的存在而感到幸福”，最后发现：妥协、忍让、屈就、变通……也是这个世界的一部分。

七、巩固拓展

杨丽萍：舞蹈是种信仰

曹玲娟

执拗地穿着绣花衣、麻布裤和布鞋，身形特别瘦小，说话时语调低沉轻缓。

近日，第九届中国上海国际艺术节上，杨丽萍带着倾心打磨的歌舞乐《藏谜》，再度惊艳了上海滩。谈起舞蹈，她冷静又痴迷：“舞蹈是什么？是语言，是信仰，是一种生活的方式……”

沉寂一段时间后，杨丽萍再度亮相舞台，这次她带来的是歌舞乐《藏谜》，她一出场表演的是藏族唐卡中的荷花度母。一朵红荷中，荷花度母被老阿妈的虔诚唤醒，翩然轻舞，恍若踏水而行……稍后，又一次出场，她身着黑衣长靴，和藏民们跳起狂放的夏拉舞，舞姿自在快活，几乎颠覆了舞迷们对她的既有印象。

这位从云南深山里走出来的白族女子，完全可以凭《雀之灵》《两棵树》等作品，满足于“中国当代知名度最高的舞蹈家之一”这个角色。但之后，她却倾尽全力制作《云南映象》，将一群普通人推上舞台，让原生态歌舞一度成为舞台热潮。

杨丽萍从不认为自己要借这种方式来延长艺术生命，她甚至不乐意别人称自己为舞蹈家。她说：“我是山里人，我的家人对着山林田野都在起舞，汲水能歌、取火能跳。跳舞就是生活的一部分，这是永久性的，对吧?”

这些年，她拒绝了不少制作演出的邀请，直到藏族歌手容中尔甲找到她，希望能为“会说话就会唱歌，会走路就会跳舞”的藏族人打造一部原生态歌舞。在她看来，舞蹈不再只是创作，而是学习、采集、呈现。“我走的地方越多，越是心焦。民间好多好东西都在逐渐消失，再不抢救就来不及了。”

《藏谜》几乎涵盖了西藏、青海、甘肃、云南、四川五地藏区最典型的民间歌曲、乐器及舞蹈，比如音色悠扬的六弦琴、祭祀超度的大法号等与藏族生活息息相关的东西。“这部作品是我们对藏族文化虔诚之心的体现”，为此，她走遍了藏区。

《藏谜》的主角，是一年前还在放牧的藏民们。他们并不知道舞台是什么，他们只是在舞台上自由奔放地舞蹈，纯粹展示着对生活、自然、神灵的歌颂与膜拜。正是这种扑面而来的最原始的生命力，使得观众在台下感动得落泪。每次谢幕，都是一个漫长的过程。

她说：“做《藏谜》是件很有福气的事，是从身体到灵魂的一种体验。”

这是个地道的民间艺术团，杨丽萍是这个团队里唯一的非藏族人。排练整整一年，艺术团没有任何收入，制作人容中尔甲背上大笔贷款，总编导杨丽萍一分编舞费都不肯收。“她是一个很单纯的艺术家，对艺术严谨到有些苛刻，对人却特别宽容。”容中尔甲说，从剧本的策划、编舞、主创班子搭建、服装道具设计到找衣服布料，事无巨细，杨丽萍都全力而为。

中国上海国际艺术节中心副总裁韦芝曾在西藏生活工作多年，她评价说：“这部作品是近年来最有想象力的西藏歌舞集大成者。”

从《云南映象》到《藏谜》，杨丽萍从未特意从商业角度考虑舞蹈。“不用担心这个，认真的态度，再加上自我审美的品位，人们都需要好的精神食粮嘛。”

这份坚持，让很多同行钦佩。“云门舞集”创始人林怀民就曾公开赞扬：“这些年，无论在艺术道路上遇到多少挫折，杨丽萍都没有退缩。不跳舞，完全可以有很多选择，可她还是一直在舞台上跳，这让我很佩服。”

“有生命的舞蹈，离人很近，它会像树一样生长，像河流一样流淌。”杨丽萍说，“我们跳的是命。”

杨丽萍常说，如果不跳了，她会回归自然，找个地方安安静静住下来。“外面有山，有水，有农田和民居，岛上有人捕鱼，有人织布，还有人在大榕树下晒太阳……”

1. 对文章内容的分析和概括，不正确的两项是（　　）

A. 《雀之灵》《两棵树》《云南映象》《藏谜》等都是杨丽萍的代表作，她的这些作品让原生态歌舞一度成为舞台热潮。

B. 《藏谜》展示的是对生活、自然、神灵的歌颂与膜拜，表现出的是最原始的生命力。

C. 杨丽萍亲身学习、采集、呈现了民间许多正在逐渐消失的好东西，抢救了宝贵的民间艺术。

D. 韦芝赞誉《藏谜》为“是近年来最有想象力的西藏歌舞集大成者”，间接说明了杨丽萍在舞蹈方面的造诣。

E. 杨丽萍在做《藏谜》的过程中，深入地理解了藏族文化，并对之生出了虔诚之心，也坚定了她对舞蹈的追求。

2. “舞蹈是种信仰”，文章在哪些方面表现了杨丽萍的这一观念？请结合作品内容简要分析。

3. 通过杨丽萍的努力，“原生态”歌舞开始进入人们的视线，并引起广泛关注。“原生态”艺术也引起了人们的争议，有人认为“原生态”歌舞对继承和保护民族文化艺术有积极作用，有人认为这是一种“赶时髦”的表现。结合文本和现实谈谈你的看法。

［改编自2016—2017学年江西师范大学附属中学高三（上）期中语文试卷］

【参考答案】

1. A E （A《雀之灵》《两棵树》不是原生态歌舞。E《藏谜》“坚定了她对舞蹈的追求”不正确。）

2. ①用她的语言来表现她对舞蹈的痴迷和理解，她说：“跳舞就是生活的一部分，这是永久性的。”“我们跳的是命。”②她对舞蹈追求的执着。这些年，无论在艺术道路上遇到多少挫折，杨丽萍都没有退缩；从《雀之灵》《两棵树》，到《云南映象》，再到《藏谜》，不断进行开拓和创新。③对艺术极为严谨，在做《藏谜》的过程中，事无巨细，她都全力而为。④对名利极为淡泊。从未从商业的角度考虑舞蹈；不乐意别人称自己为舞蹈家，杨丽萍一分编舞费都不肯收。

3. “原生态”歌舞对继承和保护民族文化艺术有积极作用。“原生态”歌舞是民族文化艺术的瑰宝。随着社会的快速发展和流行文化的冲击，一些民族文化艺术正在遭受破坏甚至濒临失传，这对中华民族来说，将是不可挽回的损失。“原生态”歌舞是从民族文化艺术中汲取养分发展起来的，它是对中华传统文化的一种抢救和保护。杨丽萍倾心打造的“原生态”歌舞《云南映象》和《藏谜》，因为扎根于绚烂的民族文化，才征服了观众，而且杨丽萍制作《云南映象》和《藏谜》的过程，也是传承和保护民间艺术的过程。因而，“原生态”歌舞对继承和保护民族文化艺术有积极作用。（能从文本和现实两方面来谈，合理即可）

“超时空名家大师进校园”角色切换

——人物传记单元学习现场

一、单元导语

一个人之所以能够被立以传记，是因为他/她能够给他人带来无数的启迪。传记带给人们的不仅有言传，更有身教。不过，让学生读哪些传记，怎样读传记，达到什么目标，完成什么任务，这是我们的老师们一直在思考和讨论的问题。本单元以“我在超时空名家大师进校园中的角色切换”为任务驱动，将传记阅读转换为让学生扮演不同传主角色的活动，带领学生从不同角度品读传记，深入理解评价古今中外的传主人生，从中获得人生启示。

二、设计依据

课标依据

依据《普通高中语文课程标准（2017 年版）》，人物传记单元设计主要涉及学习任务群 1“整本书阅读与探讨”和学习任务群 5“文学阅读与写作”的学习目标和内容。

根据学习任务群 1“整本书阅读与探讨”要求，在阅读内容上，人物传记单元应当引导学生建构阅读整本书的经验，从作品中汲取营养，丰富自己的精神世界，逐步形成正确的世界观、人生观和价值观。本单元设计将传记阅读转换为让学生扮演不同角色的活动，完成对传主的判断和评价。为此，单元设计提供了丰富且有效的阅读支持，帮助学生掌握传记文学阅读鉴赏方法，以便学生理解传主的人物形象和传记的思想内涵。在阅读方法上，依照课程标准相应要求，不以教师的讲解代替或限制学生的阅读与思考，最大程度地引导学生自主阅读，促进学生深入思考、讨论与交流。

根据学习任务群5“文学阅读与写作”要求，引导学生选择两本优秀的传记文学进行阅读，通过“我在超时空名家大师进校园中的角色切换”方式，帮助学生结合自己的生活经验和个性特质，让作品内容与现实生活产生互动，激发学生的思维，拓宽学生认识的广度，帮助学生判断和评价传主形象，加深对作品的理解，以不同身份从不同角度撰写主持词、演讲稿，并与他人分享。

文本分析

选择《苏东坡传》《梵高传——渴望生活》《杜甫传》《孔子传》《居里夫人传》《乔布斯传》等阅读篇目，其优势在于：传主来自古今中外的不同领域、不同行业，可供学生挑选并进行阅读的范围也较广，传主形象鲜明生动，时代代表性极强，又足够激发学生的阅读兴趣。而其难度在于：第一，读传记不是蜻蜓点水地阅读感兴趣的片段，而是要了解并概述传主一生的主要经历、关键事件，这对学生概括梳理能力的要求极高；第二，正确理解传主的形象特点，独立形成对传主的判断与评价，这对学生的阅读判断评价能力也颇具挑战性。

本单元设计能够很好地发挥传记文学的内容优势。一方面，用不同的角色切换作为任务驱动，进一步提升了学生的阅读兴趣，培养他们的概括、理解、判断、评价等阅读能力；另一方面，让学生自己作为主持人主持，作为传主主讲，作为观众来提问，充分展现对传主的判断、理解与评价，真正落实学习目标。

学情分析

教学对象可以是高一年级、高二年级学生，本单元需要学生有基本的传记阅读经验和能力。

传记文学对这一学段的学生来说并不陌生，学生在小学、初中阶段曾经读过一些单篇的传记人物故事，有一定的阅读经验储备，自选传主也会激发学生的阅读兴趣。但是，完整地了解传主人生、理解其人格形成、分析他人影响、形成自己的判断和评价，对不少学生来说，还是第一次，所以，自主学习也是有一定难度的。

因此，在本单元中，教学设计应搭建有效的阅读脚手架，提供筛选信息梳理事迹、写作讲演稿等工具，让学生能够在几十万字的人物传记阅读中提炼有效信息，提升阅读能力，形成正确的价值观和高尚的审美情趣，并达到学习的预期目标。

三、单元设计内容

学习目标

1. 概括传主主要事迹，分析“重要他人”的影响，了解传主成就及人格的形成过程，从中获得人生启示。

2. 梳理传记行文线索，确定阅读重心，分析关键细节，形成自己对传主的判断与评价。

核心问题

“重要他人”如何影响一个人的一生？

1. 对传主来讲，他生命里的“重要他人”是如何影响他的？

2. 对你（读者）来讲，这位传主是否是你生命里的“重要他人”，进而对你产生影响？

核心任务

我在超时空名家大师进校园中的角色切换。

至少任选两位“超时空名家大师”，即至少阅读两本人物传记。

1. 子任务一：我来主持

2. 子任务二：我来主讲

3. 子任务三：我来提问

“超时空名家大师进校园”角色切换量规

		示范级	达标级
我来主持（开场词）量规	浓缩人生精华	能够用精当、恰切的语言概括名人一生中的重要事迹和成就。 能够完整地呈现名人的成长史。 能表现名人的整体形象，反映其主要才华、性格、特点。 有详略处理，不同事件组合成文后整体贯通。 不少于 500 字。 开场白能够引领中学生有礼貌地向名人致意。	能够概括名人一生中的主要事迹和成就。 能够呈现名人的成长史。 有详略处理，不同事件组合成文后整体贯通。 不少于 500 字。 开场白能够引领中学生有礼貌地向名人致意。
	导入主讲主题	能够提前预设子任务二的主讲内容、主题、要点。 能够巧妙导入主讲的主题。 能够引起中学生的重视和思考。 不超过 100 字。	能够巧妙导入主讲的主题。 能够引起中学生的重视和思考。 不超过 100 字。
我来主讲量规	演讲主题	主题符合传主身份、主张、性格等，能够覆盖传主生命的不同阶段。 能围绕“我的人生供你参考”（即传主的人生能给人什么启发）确定演讲主题。 主题能够考虑特定受众（当代中学生）的身心特点和兴趣需要，给他们以启发。 主题内容较为独到，对人生有较为深入的思考。 能够用简洁的语言清晰地表述自己的演讲主题/观点。	主题符合传主身份、主张、性格等。 能围绕“我的人生供你参考”（即传主的人生能给人什么启发）确定演讲主题。 能够清晰地表述自己的演讲主题/观点。
	主题分解	拆分出的观点基本上能够支撑起主题/观点的存在，没有重大遗漏。 几个观点之间属于同一维度的拆分，内容没有交叉，且拥有较为合理的关联。	拆分出的观点基本上能够支撑起主题/观点的存在，没有重大遗漏。 几个观点之间属于同一维度的拆分。

续表

		示范级	达标级
我来主讲量规	事例支撑	所选事例均出自传记，能够支撑自己的观点，并能够覆盖传主人生的不同阶段。 采用第一人称叙述事例，围绕观点对所选事例内容进行剪裁，做到详略得当、重点突出。 从内外因的角度剖析事例，联系当代中学生实际情况，给出建议。	所选事例均出自传记，能够支撑自己的观点，并能够覆盖传主人生的不同阶段。 采用第一人称叙述事例，围绕观点对所选事例内容进行剪裁。 从内外因的角度剖析事例。
我来提问量规		问题以书或讲稿中的具体内容为依据。 问题涉及主要事迹、重要他人对传主成就和人格的影响。 问题涉及子任务二主题未包含的方面，力求通过提问和回答更全面地覆盖传记整本书。 提问有创意、有个性，融入提问者的理解与感悟、判断与评价。 3 个问题的诞生是经过“最”有价值的排序、比较、筛选的。	问题以书或讲稿中的具体内容为依据。 问题涉及主要事迹、重要他人对传主成就和人格的影响。 问题涉及子任务二主题未包含的方面，力求通过提问和回答更全面地覆盖传记整本书。 3 个问题的诞生是经过“最”有价值的排序、比较、筛选的。

子任务一

我来主持

任务说明：作为主持人，撰写开场词：介绍主讲人，概括名人一生，浓缩人生精华。

借助量规与工具，写出你的开场词。

开场词写作要点：

①明确开场词的内容：介绍主讲人和主讲的主题。

②概括主讲人的主要事迹，按照时间或成长变化来排序，筛选出影响传主的重要事件。

③了解传主的成就，分析传主人格的形成过程。

④预设传主主讲的内容、主题、要点。

⑤受众对象是当代中学生。

我的开场词：

____

____

设计意图：“我来主持”这个环节很能激发学生的阅读和写作兴趣，但是对于部分内向或者没有任何主持经验的学生来说，难度不小，甚至有学生会产生畏难情绪。因此，教师以

学习现场 1

学习节点：

学生利用“传主生平事迹梳理工具”阅读完所选整本传记后，进入子任务一。

现场描述：

这一节点以学生自主阅读思考写作为主，教师注意观察学生整体学习进程，并指导学生开场词的写作。

生：老师，我梳理了传主生平，也明确了开场词写作要点，但是具体开场词怎样架构，我还是有疑惑。

师：开场词的写作可以在介绍主讲人主要事迹的基础上夹叙夹议，最后引出传主主讲的内容、主题、要点。

教师观察：

学生借助工具、明确写作要点和量规标准，基本上能够在一节课的时间内完成开场词的写作。个别水平高的学生喜欢用夹叙夹议的方式架构文章，多数学生喜欢先叙后议的方式。大约一半的学生已经开始列子任务二的演讲稿提纲。

而一些语文基础较弱的学生需要在参考同学案例的基础上写作；个别没有认真阅读的学生需要重读传记，梳理传主生平。

“传主生平事迹梳理工具”为脚手架，以“开场词写作要点”为指导，以“我来主持（开场词）量规”为写作标准，引领学生完成任务，达成目标。

传主生平事迹梳理工具

时间背景（关注时间变化，尤其是社会背景与传主生活环境的变化）	事件（概括传主生命中的重要事件）	他人（列举对传主职业选择、命运走向、人格形成、事业成败等方面有重要影响的他人）	关键细节（提取能够反映传主精神品质的事件、细节、场景、与他人的关系等内容）	精神品质（总结该事件或关键信息反映的传主的精神品质）

设计意图：此工具是学生阅读传记的一个重要工具，它帮助学生初步达到目标——概括传主主要事迹，分析重要他人的影响，梳理传记行文线索，分析关键细节，形成自己对于传主的判断。阅读时，教师应指引学生利用工具完成初读，如果是有阅读困难的学生，最好指导其利用该工具记录每日阅读的情况。

子任务二

我来主讲

任务说明：请同学们扮演传主，并担任一场演讲的主讲人。

1. 列出演讲提纲结构图：以传记内容为基础，根据自选的阅读重心，围绕“我的人生你参考”确定演讲主题，做出三个层级以上的提纲结构图，最低层级观点须在书中选取典型事例。

设计意图：做出演讲提纲结构图这一环节不可忽视，它是下一环节任务写作演讲稿的前提。只有提纲的主题简练明确，契合传主，逻辑严谨，才能使演讲稿有灵魂。

2. 写作演讲稿：依据以上结构和材料，联系现场语境，撰写演讲稿，不少于2000字。

受众：当代中学生。力求深入浅出，清晰生动。

主题确定：参考子任务一中“传记梳理”表格最后一列“人生启示”，对其分类归并、适当丰富，形成自己的演讲主题。

主题分解：附《论语》单元“观点拆分”要点。

观点拆分（示范级）（主题、观点清晰，拆分严密，表述规范）

学习现场2

学习节点：

学生做出演讲提纲结构图后的反馈与讲评。

现场描述：

课堂导入，归纳问题

师：上节课上，很多同学已经完成了此次演讲提纲结构图，在反馈讨论的过程中，大家提出了很多问题。这节课老师首先将重点解答同学们的问题。

重点点拨，修改提纲

师：大家提出的最有价值的问题是：我怎样评价传主？这个问题好在它紧扣我们传记单元的学习目标。老师首先给大家两个评价的原则——整体性原则和客观性原则，两个评价的方法——由果溯因法和多角度分析法。

师：从理解分析到评价传主，我们首先要概括理解传主的整体形象——出身、成长、才华成就、性格、结局命运；在此基础上分析造成命运或者达成成就的原因；最后可以站在不同的角度评价传主的人生。请大家想想：你心目中的传主比如苏东坡、比尔·盖茨、居里夫人等是什么形象？你认为形成他/她命运的原因有哪些？传主的人生能给你什么启发？你能拆分出几个观点？

师：请大家再看我来主讲量规中的示范级，以此为标准修改自己的演讲稿提纲。时间15分钟。修改完即可给同学或者老师看。

展示点评，提升思维

师：以四人为一小组，请大家按照量规的标准，互相给对方的提纲提出意见和建议，老师会参与到你们的讨论当中。讨论后请每个组推荐一份演讲提纲来展示并陈述理由。

组员1陈同学：老师，我们组推荐雅君的《时光不语，静待花开》，这份关于梵高的演讲提纲，没有流俗地去赞美梵高，而是从梵高的人生悲剧结局入手，提出梵高给人的人生启示。它的立意角度非常新颖。

师：刘同学提出的观点独到、深刻，她拆分出的子观点也请大家关注，请刘同学读读你的拆分和理由。

①拆分出的侧面都属于所选主题、观点的重要组成部分，与主题、观点有直接联系（形成统辖与被统辖关系）。

②几个侧面的汇总基本上能够支撑起主题、观点，不会有重大遗漏（不遗漏）。

③几个侧面内容之间没有交叉，且拥有较为合理的关联（不重复）。

④几个侧面属于同一维度的切分，也可多级分解（标准统一，表述准确）。

事例比较筛选工具

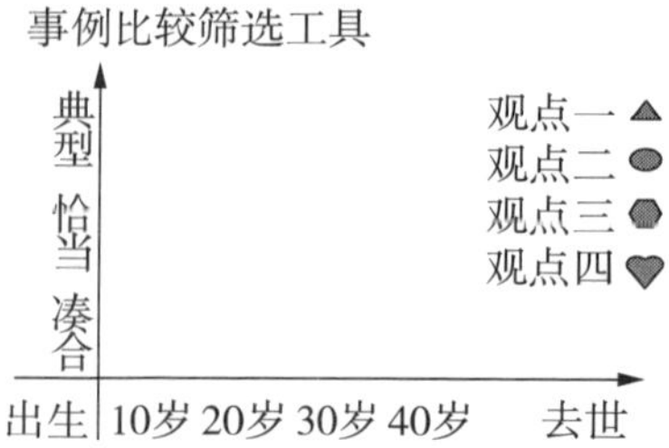

说明：①参考子任务一，将支撑不同观点的所有事例编号。
②按照所支撑观点的图形，将事例编号放入坐标轴中。
③参考横纵坐标，尽可能选择能涵盖不同人生阶段的较典型的事例。

设计意图：子任务二是以演讲稿写作的形式来达成本单元的学习目标2——形成自己对传主的判断与评价。经过子任务一的写作，学生已经对传主有了较为初步的认识，学生可以初步形成对传主的判断和评价，提出演

学习现场2（续）

组员1刘同学：我的子观点一是，要学会去干自己不喜欢干的事。因为生活中不是事事都会顺心如意，梦想和自己真正赖以生存的职业是并不矛盾的，独立是实现梦想的基础，如果做不到独立那么梦想也会难以实现。而我认为梵高一生的悲剧在于他只做自己喜欢的事——画画，而将经济的压力甩给了弟弟。子观点二是，我们不必去在意他人的看法，坚持做自己便好。我认为太在意别人的看法是梵高最后疯狂的原因。子观点三是，一定要以豁达乐观的心态面对生活。

组员2周同学：刘同学的演讲主题和拆分观点使我收获很大，但是老师我有一个问题，我读《乔布斯传》，提出的主题是：只有叛逆处世、高度自信、追求完美、坚守初心的人才能成为创造未来的先锋。您为什么让我思考和修改？

师：中心论点是对分论点的高度概括和统领，你的中心论点是分论点的叠加。另外，论点应该正确，叛逆处世、高度自信等只是精神层面，乔布斯能成功不能只依靠精神，没有物质的才华和努力能成功吗？另外叛逆就能成为时代先锋了吗？

组员3陈同学：老师，我们组推荐我的提纲，我读的是《苏东坡传》，我的主题是：人要活得“讲究”，也要活得“将就”。我对主题的阐释是何为“讲究”，是对事情的重视；何为“将就”，是对境遇的淡然。简而言之，拿得起，放得下。我拆分的子观点一是面对社会，担起责任；子观点二是放下忧郁，面对生活，学会欣赏；子观点三是放下计较，面对“敌人”，释然对错。

师：请大家评判她的提纲。……

反思修改，开始成文

师：由于时间的关系，我们的讨论就到这儿。今天各位对自己的演讲提纲已经有了反思，课下可以继续修改和讨论。

讲主题，并利用工具拆分观点，列出演讲提纲。做出演讲结构图不仅是写作前提，也是重要的思维训练。如何提出观点，如何拆分观点，老师适时介入点评讨论，在思维的碰撞中学生完成提纲的升格。最后选择有力的事例证据，撰写一篇主题鲜明、拆分合理、有理有据的演讲稿。同时，这样一次有思想深度和证据支撑的演讲稿写作，也能够帮助学生形成正确的人生观、价值观。

子任务三

我来提问

任务说明：作为听众，针对全书及讲稿，提出 3 个最有价值的问题，并邀请同读一本书的同学回答。其回答的结构和内容由提问者负责评价。

“提问角度”示例

①就传主的主要事迹提问。

例：二十六岁的时候，五次失败已使你没有勇气再开始新的生活了。这五次失败分别让你失去了什么？又是什么让你找到生活真正的目的和意义？（《梵高传》）

学习现场 3

学习环节：

学生自主学习，根据“提问角度”示例，进入子任务三。

现场描述：

这一节点以学生自主学习为主，教师可以组织回答环节的小组活动——将选择同一本传记的同学组成大组，相互提问回答，并根据量规评判问题的优劣。老师巡视，也可参与提问回答，最后组织小组汇报。也可把好的问题和回答粘贴在教室四周的白板上，方便学生随时学习思考。

教师观察：

学生在完成前两个任务后，基本可以较快地转换角色，以观众的身份提问。大部分学生能主动找同学回答自己提出的问题，并能和本组同学讨论问题的优劣：现场的学生之间的互动互评井然又有趣。

同时，一些内向的学生不能主动寻找回答同伴，此时老师需要帮助他们找到同伴，甚至主动与他们互动。

形成性评估：

学生对子任务三的目标进行了自我评估，通过对应量规、同学的反馈来审视他的任务，评估自己的阅读理解、写作表达是否达成目标。老师要发动小组同学共同给学生展示优秀的问题和思考。

②就重要他人对传主成就或人格的影响提问。

例：对你影响最大的人是谁？为什么？

③就传主所处特定历史时期的社会状态提问。

例：宋代知识分子在社会中地位如何？（《苏东坡传》）

④就传主的专业领域提问。

例：你如何评价塞尚和高更的作品？（《梵高传》）

⑤就书或讲稿中的具体历史细节提问。

例：你在黄州期间的生活起居由谁照顾？（《苏东坡传》）

⑥就讲稿主题提问。

例：林语堂评价你是“一个不可救药的乐天派”，你的乐观跟别人相比有什么不同？（《苏东坡传》）

⑦就你获得的人生启示提问。

例：你临终时说，“痛苦便是人生”。能谈谈你的人生感悟吗？（《苏东坡传》）

“回答思路”提示

拆解问题，确定回答思路。支撑观点的理由之间有逻辑层次。

例如，就《梵高传》梵高的专业领域提问。

问：梵高先生，你如何评价塞尚和高更的作品？

答：我很欣赏塞尚的作品。①色彩方面，他不像印象派画家那样一味无穷地分解色彩，被动地沦为感觉的奴隶，而是非常注重色彩的概括与提炼，在表现感觉上是十分主动的。②空间结构方面，他注重形体的塑造，追求物体的体积感，强调画中物象的明晰性和坚实感。③细节方面，他在创作中排除烦琐的细节描绘，而着力于对物象的简化、概括处理。他对色彩和细节的处理对我后期的画作影响很大。塞尚想从更深刻、更本质的层面来理解自然，他的画作实现了由客观到主观，由感性到理性的过渡和结合。他对绘画的理解启发了我，促成了我后期画作风格的转变。

设计意图：子任务三是以观众身份提问和以传主的身份回答的形式来进

行收束。经过子任务一和子任务二的写作，学生已经对传主有了较为深入的认识，学生转换身份，以听众的身份提问，再以传主的身份回答问题。这样的设计可以使学生从不同的角度认识传主，帮助学生对传主有辩证立体的理解。

四、学习资源与工具

推荐篇目

《苏东坡传》(林语堂著)，湖南文艺出版社

《渴望生活——梵高传》(欧文·斯通著)，北京十月文艺出版社

《杜甫传》(冯至著)，人民文学出版社

《孔子传》(鲍鹏山著)，中国青年出版社

《居里夫人传》(艾芙·居里著)，商务印书馆

《乔布斯传》(沃尔特·艾萨克森著)，中信出版社

……

(也可自选其他传记阅读，但须观点正确，艺术价值高。)

五、学习成果

子任务一 "我来主持"优秀范文

《杜甫传》开场词

尊敬的老师，亲爱的同学们：

大家上午好。

欢迎大家来到"超时空名家大师进校园"活动，我是主持人×××。

1258 年前的一个八月，天气转冷，秋风怒号，在成都的浣花溪畔，矗立着一间并不十分坚固的茅屋。很显然，这小小草堂根本无法抵御袭来的狂风，顶上三重茅草都被卷走吞噬，四处飞舞，有的挂在林梢，有的沉入塘坳。黄昏时好不容易风停了，墨云又聚集起来，随即便是豆大的雨点连着砸了一夜。

而这小小的草堂又怎能不被雨水穿透？而里面躺着的一夜无眠的主人又该是多么痛苦无助？他五十岁上下，但是两鬓都已经斑白了，岁月在他的脸上刻下了深深的痕迹，他的眉眼总是夹杂着解不开的忧愁。他翻来覆去、辗转反侧，听着隔壁妻子的啜泣和孩子的大声哭闹，怎么也无法入睡。可是就在这样凄凉的环境中，这个或许是古往今来中华大地上最伟大的诗人，还是由自己的灾难想到流离失所的人们，于是唱出了这样的句子：

“安得广厦千万间，大庇天下寒士俱欢颜，风雨不动安如山！

呜呼，何时眼前突兀见此屋，吾庐独破受冻死亦足！”

是的，这位半生艰辛，贫病交加但是却将自己的一生奉献给了人民的伟大诗人，就是如今享誉世界的一代诗圣——杜甫老先生。

杜老先生的一生，不说辉煌灿烂，但也波澜壮阔。

每一个人都曾经拥有年少轻狂、壮志踌躇的时期，杜老先生也不例外。出身于历代“奉儒守官”的世家大族，他为此做出“读书破万卷”的努力，为之后的鸿篇巨制打下了坚实的基础。十四年的漫游时期虽然并没有为他的生活找到物质上的出路，但是却让他开阔了眼界，增长了经验。与李白结伴游历的四年更是他生命中的一段个人浪漫主义插曲，但从公元 745 年开始，杜老先生开始了他那为人民和国家做斗争的伟大使命。

然而杜老先生是什么时候开始转变的呢？在长安四处求仕而不得的十年加上安史之乱，这人生的中段，他第一次跳出了禁锢着他的血脉，第一次看到了高高在上的官吏的丑恶嘴脸，第一次听到了低到尘埃里去的人民的痛苦呻吟。

最终，他还是迈出了第一步。这第一步迈得何其艰辛，因为家世一直在困扰着他，但是当那金色大殿中高高在上的人们一次又一次让他失望之后，他终于选择了人民。公元 759 年，面对伤痕累累的国土和人民，他再也无法压抑心中的悲痛，他把他看到的、听到的、亲身经历的人民的悲剧，集中在了古往今来再也没有人达到过的高峰：他写出了荡气回肠、传唱千古的“三吏三别”。

之后的日子里，他曾经被迫离家远游，当然倒不如说是流亡，忍受着旅途奔波与贫困折磨，但是在险恶的山川里，他没有忘记劳动人民的痛苦；他曾经在成都草堂里找到过一时安定，感受着明媚的春光与美好的自然，还有亲切热情的农民，但是在田园生活里，他没有想过归隐山林，他念念不忘人民的痛苦，每一次周围环境的变化都能使他联系到现实生活的黑暗；他曾经再次入仕，甚至受到了朋友严武的备至关怀、赏识有加，但是五十三岁的他却看到了这份赏识被背后幕府的猜忌攻击，他依旧没有合上凝视着深渊的双眼；在最穷困潦倒、病痛缠身甚至无路可走的时候，他依旧没有放弃他作为诗人的责任，反映人民的生活，尽管双眼模糊，但是他看人民的痛苦，却永远那么清晰……

曾经，杜老先生留给我们的是他的诗，在艺术技巧方面，他在前人的基础上进行了大胆的革新；在思想内容上，他由于忧国忧民的热忱，言人之所不能言，道人之所不敢道；在艺术形式上，他融汇古今，博览群书，采用口语，发挥了极大的独创性。可以说，如果没有了杜老先生，唐诗这座大厦就会失去它主要的栋梁。然而今天，当他即将真正站在我们面前的时候，同学们，你们最想知道什么？不错，答案一定是在那样一个黑暗时代，杜老先生是怎样写出如此脍炙人口的不朽诗篇的。是努力？是天赋？是坚持不懈？是悲天悯人？其实啊，是睁开眼睛看世界。

很出乎意料吧？那么，就有请杜老先生为我们讲一讲，这“睁开眼睛看世界”究竟是什么意思，又为什么成了您作诗的根基呢？大家掌声欢迎！

（王涵璐）

成果点评：本篇首先能够用优美的语言概括杜甫一生中的重要事迹和成就，中间的过渡自然精彩，不仅能够完整地呈现杜甫的成长史，还能够表现杜甫的才华、突出其忧国忧民的特点。接着从艺术技巧、思想内容、艺术形式三个方面总结杜甫的主要成就。这是作者认真阅读传主传记并深入理解认识传主的结果。最后巧设设问句，引出主讲的主题，很能够引起中学生的兴趣。本文行文流畅，文采不俗，开篇引人入胜，结尾收束有力。美中不足的是在叙事的详略上需要加强。

子任务二 “我来主讲”优秀范文

时光不语，静待花开

大家好，我是温森特·梵高，今天站在这里来给大家演讲并不代表着我是一个成功的人，相反，我是作为一个失败者来给大家讲一讲发生在我身上的事情，让大家通过我身上痛苦的经历来得到人生的启示，并把我当成一个反例来引以为戒。大家通过主持人的介绍，想必已经对我的经历有了一定的了解，那我们便直接进入主题。

“时光不语，静待花开”，一个非常有文艺感的题目，但它却是我对我人生经历的一种反思。它的意思是说，要顺其自然，以一种淡泊的心态过好每一天，静静地心平气和地努力、生活。细细地思考自己这一生，我并没有受住那份严寒与寂寞，我也并没有给生活以时间来细细甄别人世间的好坏，我对生活是渴望的、热爱的，我天生就是为了艺术而生，然而在现实社会重重枷锁的束缚下，我感到非常的绝望，面对着众人的质疑和无法自立的生活，我的创作灵感逐渐丧失，我仿佛一个空壳一般，终究是没有等到花开之时。静待花开，这个看似简单的愿望，真正实现起来却是难以做到的，那你们不免会问：如何才能做到这一点？记得我曾经问过自己一个问题：“如果可以重来，那么我会怎么做？”这个问题的答案，我想它也恰好告诉了我们该如何做到“静待花开”。

首先，要学会去干自己不喜欢干的事。生活中不是事事都会顺心如意，梦想和自己真正赖以生存的职业是并不矛盾的，独立是实现梦想的基础，如果做不到独立，那么梦想也会难以实现。作为梵高家族的一员，我有着丰厚的物质基础，我可以继承叔叔的半数遗产，但我却放弃了，因为这并不是我想要的生活，于是我去做牧师，又去做福音传教士，但没有一个使我产生兴趣。终于，在博里纳日我明确了自己的梦想——做一名画家，至此，我便开始了我那漫长的绘画生涯。我对于艺术的热爱是狂热的，这本质上源于我对生活的热爱，面对着饥饿、贫穷、疾病，我都没有放弃对生活的渴望，我也从没有抱怨过生活的不公。但我也不得不靠着弟弟提奥每月的生活费来生存，因为我的画作不被人所赏识，我的行为给弟弟带来了极大的经济负担，而最后弟弟的失业危机也使我深思，我之所以在痛苦中坚持下去是因为我必须去画，我要把我的内心所想表达出来，但我的心中已经没有什么在燃烧了，我应当把机会留给弟弟那个可爱的小家伙。在处置自己生命之时，我不会为自己的悲惨人生而后悔，因为我执着过、追求过，但如果自己当时有一个本职工作，并可以以此生存，我的人生便会截然不同，我依旧可以坚持追求我所热爱的，而且也不会拖累家人。所以在这里，我也想要说明，在追求自己梦想的时候，也要更加务实一些，这样会给自己免去许多不必要的麻烦，理想和赖以生存的工作是可以兼顾的。

其次，我们不必在意他人的看法，坚持做自己便好。不一定非要让世俗去接受你，世俗的眼光不一定会发现你的独到之处，人世间的好坏需要用时间来甄别，把一切都交给时间。我不被人所理解，从埃顿到海牙，到纽恩南到巴黎，到阿尔，到圣雷米，再到奥维尔，时间的积累使我的作品从最初的昏暗粗糙逐渐变得明朗起来，印象派的创作风格也使我的作品提高到一个新的层次，但我的作品却始终不被人所接纳。没有人愿意买我的画，那时人们的作品多以写实为主，而我的作品大多是印象派的，这是不为世俗所接纳的。我不是那种只是坐在画室里画一些毫无感情的画来挣钱的人，我的作品是倾注了许多感情的，我的所有感情都倾注在我的画作上，我希望我的作品能将吞没一切的情感传达给人类，我作画并不谋求准确，我只是要更有力地表现我自己，但人们总是会说我的作品的线条并不平直，所画出的一点都不真实，没有人认可我，更没有人认为我会成功。尽管如此，我依旧会坚持自己所想，我成了别人眼中十足的怪人，每当我不被认可时，我都会向他们表达我内心的真实所想，但没有人会真正理解我认可我，我渴望被认可，我感到孤单寂寞，我非常在意他人的想法。我忍受不住这份孤寂，我甚至臆想出了一位一直爱着我的女士，这也使我非常开心，我的行为渐渐被幻觉所驱使，生活在极度空寂恐惧中的我在幻觉中把自己的一个耳朵割了下来，最后我被送去了精神病院，在绝望中亲自结束了自己的生命。但我的作品却在死后被人们所喜爱，并成为印象派的奠基人，所以世俗不认可你，并不代表你不好，只是他们发现不了你的独特之处，人不必在意他人的看法，只是走自己的路便好，一切都交由时间来处理。

最后，一定要持一种豁达乐观的心态面对生活，生活中开心的事情很多不开心的事也很多，一定要持一种乐观的心态去面对生活，这样便会发现许多事情都不值得为之忧虑，这是我面对着博里纳日的矿工们的时候得出的结论，他们的生活非常困苦，每天在矿井下工作12小时之久，中间只有15分钟的休息时间，都染上了严重的肺痨，即使是不过10岁的小孩也必须下井干活，他们的生命得不到保障，即便是这样，他们依旧吃不饱穿不暖。在这样的环境下，哀怨定是不济于事的，哀怨只会让一个家庭彻底丧失希望，最终彻底毁灭，只有乐观豁达地去面对困苦，才会体会到生活的乐趣，学会去享受而不是无穷无止地抱怨。

孩子们，一定要记住：时光不语，静待花开。一切事情的完成都需要时间进行铺垫，我们不可急于求成，有时你一辈子都不一定会有所成，但在你死后，你却被世人所铭记。每个人都是不同的，相信自己，我们只需静静等待，给每个人每件事以机会，踏踏实实地做好每一件事，相信花终有一天会绽放，而那时的花一定是最灿烂绚丽的那一朵。谢谢大家。

（刘雅君）

成果点评：这份以梵高身份写的演讲稿，立意角度很是独特，作者从梵高一生的悲剧入手，提出梵高的人生启示——时光不语，静待花开。然后以传记事例为依据，从“要学会去干自己不喜欢干的事”“我们不必在意他人的看法，坚持做自己便好”“一定要以一种豁达乐观的心态面对生活”三个角度阐释主题，还能够联系当代中学生的实际情况，给出建议。语言优美精练，构思别具一格，这篇佳作后来被《作文报》收录。

子任务二　“我来主讲”优秀范文

创新，永不停歇

大家好！我叫史蒂夫·乔布斯，人们对我的称呼有很多，比如：苹果前CEO，这是大众叫法；又比如商业巨头，这是记者们所喜欢的；但我个人更愿意把我自己称作一个同时喜欢人文与科学的疯子，比起那些只把我形容成一个成功的商人的肤浅称呼，这一个才能真正体现我的个性。

好了，接下来我们切入正题。年轻人总是想向老创业者们询问成功的秘诀，他们得到的答案大多都是什么坚持、努力之类的，但我今天要告诉你们，只有创新，才能真正走向成功。

那么问题来了，什么是创新？你们可能会首先想到，如今市场上的那些有如雨后春笋般的企业家们，不！他们才不是呢！这恰巧是我最讨厌的一种人，他们自称为“企业家”，实际上真正想做的却是创立一家企业，骗取政府和国家的创业津贴，然后把它卖掉或上市，一走了之。他们不愿意费力气打造一家像样的公司，而这正是我在创办苹果时所遇到的最艰难的工作，因为团队里总会有“某些人”在伪创新。

其实创新很简单，制作伟大的产品，什么其他的都无视掉。

我一直坚信，所有的伪创新最终都会失去市场影响力，而我总是对的。

就比如比尔的微软，要指出他的不足其实很容易，他们显然已经丧失了统治地位，已经变得基本上无关紧要。但我欣赏他们所做的，因为那的确很困难，他能坚持下来已经很不错。比尔和我不同，他是个不会创新的商人，但他很努力。商业巨头这个名称很适合他，这是他的目标，他也实现了，但这从来都不是我的，因为我知道那在某种意义上就是失败。

IBM 的失败也是如此。其实他们一开始干得也很好，而且富有创新精神。但他们在垄断了市场后松懈了，推动产品的质量与升级变得就不那么重要了。他们开始分心想其他的杂事，比如推销。他们与创新的道路渐行渐远，所以最后也衰落了。

苹果有一段时间也是如此。

我不意在责备或贬低任何一个公司的首席执行官，我只想以我所亲眼所见的各个公司的兴衰史来告诉你们：没有了创新，你们注定失败。相反，如果能保持一颗创新的心，你就能一直走下去。

比如著名歌手鲍勃·迪伦。众所周知，迪伦一直是我的偶像，我推出 iPod 的一部分原因就是他。如今我的 iPod 里还有他的所有歌曲。我喜欢他的原因，不止因为他歌唱得好，而是他在不断演变、前进，改进他的艺术。就好像我一直试图做的。否则，就如迪伦所说，如果你不在忙着求生，你就在忙着求死。

又比如如今的苹果，虽然有过几次风浪，但它都挺过来了，并且回归时代的前沿。

你们接下来可能会问："那我们到底应该怎样创新呢？"这也是我接下来要讲的内容：怎样创新？

首先，你们要清楚自己创新的动力到底来源于哪里？我觉得，大多数创造者都想为我们能够得益于前人取得的成就而表达感激。我没有发明数学，也没自己做过衣服。我所做的每一件事，都有赖于人类社会的其他成员，以及他们的贡献和成就。我想你们也是一样的。我们试图用我们仅有的天分去表达我们深层的感受，去为历史长河添上一点儿什么。那就是推动我的力量，一种回馈社会的责任感。

弄明白了这一点后，还远远不行。创新还需要你有那么一点叛逆以及充足的自信。

我小的时候，虽然父母双方对基督教并没有那么狂热，但他们还是希望我能受一点儿基督教教育。换作其他孩子可能就接受了，因为社区周围大多数人都信基督教。但我没有，相反地，我在大学时迷上了禅宗。我也有我自己的理由：因为基督教太重视教条了，反而忽略了精神体验。对于大家都信的事实，一定要保留一点怀疑，不然你就和大家一样了，那还有什么创新可言呢？

你一定要坚持自己的想法，哪怕所有人反对或有现实中的各种阻挠，甚至必要的时候你要使事态屈从你的意志。这可能就是我的同事们所说的"现实扭曲力场"。得益于这个力场，我在被赶出苹果时才不会那么消沉，因为我始终相信自己是与众不同的。再之后重归苹果时，我也是因此才能从容地面对财政危机。这大概是创新者的一个共同点，总是想让原本不可能发生的事发生。但我通常认为，只要你想让它发生，不管被人怎么说，现实如何，你总能努力让它发生。不妨自信一点。

我在管理自己的员工时也是这样，我告诉他们："做海盗，不要做海军。"若没有这样的海盗精神，我们可能在还没有开展在当时看来还不可能的 Mac 项目就已经否掉了这个提议，即使最后开展了，也绝不可能做好，甚至都可能无法完成。因为事实证明，只有把那些“你不能这么做”变成“我就要这么做”，把“在一件事上想的不同”变成“想不同的事”才可能成功。此后微软想过要抄袭 Mac 的设计却没能抄得很成功，这主要是因为比尔有的是一支管理得很好的海军而并非海盗。他们太老实了。

做足了想法上的准备了，那接下来就要落实到行动上，毕竟，光叛逆和自信可造不出一个苹果公司。

想法到行动，这个转变极为困难，因为你会发现原本毫无困难的事会出现各种岔子。这些岔子一般来自细节。重要的是，我们不仅要注意那些别人注意不到的细节，更要注意到那些别人认为不重要的细节。我们绝不可以在这些细节上妥协，妥协象征着你放弃了一次新的改变，封闭了一条创新的道路。而且这个效应是雪崩式的，直到你全部妥协为止，你就会发现自己的作品跟老版没什么两样了。

对于完美的追求是我父亲保罗·乔布斯教给我的，准确来说，他并没有“教”，而是“影响”。我在山景城老家的栅栏和柜子的背面也很漂亮，就是因为我父亲的完美主义，制作好每一个细节对他来说很重要，尽管别人看不到。

这也就是为什么苹果会有这么光滑迷人的外壳、精美的包装以及用户友好的界面。每一个小细节在苹果可能会被重做上五六十遍也不稀奇，哪怕你做好了充足的准备，这一环节也避开不了。虽然这一过程可能有一点让人厌烦，但最后呈现出的一定是我们能拿出来的最好的。而买家自己可能都没有意识到会因为这些小细节而感受到苹果的创新，进而倾向于购买苹果的机型。若是你经不起这样的折腾，现在就请开门出去吧。虽然有一点不客气，但就是这样，没有反复改进的毅力和恒心的人就只能说大话而一事无成。

对于完美的追求还体现在工作与学习的专注度上。对于一个公司来说，它如果同时进行好几个项目，它的注意力就会被分散，很难把握每一个产品的细节，很难做出什么好的产品。这也同样适用于学习，如果你三心二意而这门学科你又应该全力以赴去学的时候，你就会缺乏专注，漏掉很多细节和知识点。

总之，若一个人不想做到完美，那他就是笨蛋。没有对完美的追求，我们创新出来的东西就是一团垃圾，根本没人要。

等到你这一步也做到时，你实际上已经“创造”出了一个不错的产品，但还不是创新，你还需要坚守原则。你的原则应和你的动力相吻合。既然动力是要创造出伟大的产品，就不要太在乎金钱；既然动力是回馈社会，那么你至少就不能对这个社会不利。我特地把这一点放到最后来强调，是因为它比之前的要更重要。

举个例子，我二十出头时创建了苹果，几年后 Mac 电脑的推出让我和我的团队第一次身家数亿，团队中很多人也因此把生活弄得一团糟。同样的十年后我离开苹果后，苹果就开始越来越专注盈利而并非产品了，直到把老本都啃完，之后便开始了两年的大亏损。把最后的结果和原则本末倒置，虽然这很微妙，因为在外面看来这是一样的，但它还是会影响你身边的每一件事：你会和谁合作，讨论什么，在意什么。

又比如在提出 iPod 计划时，我的初衷就是想要改变音乐市场盗版音乐横行的局面，我愿意为那些版权属于音乐公司的歌曲支付大量版权费，因为尊重知识产权是我创新的底线之一。

没有原则，上述一切步骤都白搭。

对于你们来说，你们作为学生的原则就应该是真正学到知识而不应太过关注成绩、抛弃学术抄袭等。

我的时代已经结束，但创新将永不停歇，因为将会有越来越多新的创新者出现，他们将会比我更自信，工作更专注，并继承这些好的原则。同时我也相信，在座的每一位都将成为他们中的一分子。

最后，我想以《非同凡响》作为我演讲的结尾：“致疯狂的人。他们特立独行。他们桀骜不驯。他们惹是生非。他们格格不入。他们用与众不同的眼光看待事物。他们不喜欢墨守成规。他们也不愿安于现状。你可以认同他们，反对他们，颂扬或是诋毁他们，但唯独不能漠视他们。他们推动了人类向前迈进，或许他们是别人眼中的疯子，但他们却是我们眼中的天才。只有那些疯狂到以为自己能够改变世界的人，才能真正改变世界。”

（周雨禾）

成果点评：这份以乔布斯身份写的演讲稿，紧紧扣住乔布斯一生的特点“创新”，从创新是什么、为什么创新、怎么创新三个角度来论述主题——创新永不停歇。语言风格就像乔布斯本人——狂傲、张扬、自信，所举事例全是乔布斯脍炙人口的经历、故事。在班级演讲时，下面的听众如痴如醉，尽管作者是一名女生，同学们仍把她当作乔布斯般崇拜，可见这篇演讲稿的魅力。

六、单元反思

达成效果

首先，不同角度的写作任务不断地激发学生的阅读兴趣。“超时空名家大师进校园”角色切换的学习任务设计，让学生不断变换身份和角度地阅读传记，从而达到阅读的目标。另外，不同角度的写作训练也使学生在思维的碰撞中不断提升自己的表达水平。

其次，学生积极参与内驱力强。课堂现场请学生报名作为传主演讲，主持引入、主讲演讲、摄影记录、听众提问、现场点评，课堂氛围高涨，极大地调动了学生参与的积极性，拉近了阅读者和传主的距离。角度的转换过程让学生不仅深入了解传主，也“真实”地体验了一回当主持人、名人、记者的过程。通过“我来主持”“我来主讲”“我来提问”三个阶段的层层深入，让学生和众多传主透过文本神交，更对经历丰富、命运跌宕、性格复杂的人物形象有了辩证的理解。

最后，多方面提升语文素养。阅读方面，学生的梳理、理解、分析、评价能力有所提升。语言表达方面，多角度的写作训练提升了学生的写作素养。文化审美方面，传记人生打开了学生的眼界，为传主的个人魅力所深深折服。思维提升方面，对人物性格、社会背景、家族条件、经历命运、他人影响，学生都有机会展开深度的辩证思考。

改进方向

首先，适时提供工具和方法指导。在实际学习中，教师发现一部分学生虽然选择了阅读的书籍，但完成相应阅读任务困难。教师要针对一部分学生及时地提供阅读工具，进行阅读方法的指导。在具体完成写作任务时，教师仍然要及时展示学生的学习成果，总结点评优秀作品，为自主能力差的学生完成任务搭桥。

其次，组织有效的现场活动，使学生有代入感。课堂现场学生主体的主持、演讲、提问、回答，很是能激发学生的参与积极性。但是在“我来提问”的子任务三，因为没有现场代入感，学生提问与回答的质量参差不齐，因此，应该在教学过程中改进。比如组织阅读同一本传记的学生进行主持、主讲、提问，进行现场模拟，效果会更好。

七、巩固拓展

杰克·伦敦的悲剧

蜀　生

①杰克·伦敦（1876—1916）是美国近代著名的作家。他和马克·吐温也许是我国读者最熟悉的两个美国作家了。可是两个人的结局大不一样。马克·吐温以七十五岁高龄病死在写作岗位上，实现了他的“工作是世界上最大的快乐”的信念。杰克·伦敦却在四十岁壮年之时，吞服了大量吗啡，在自己豪华的大牧场中结束了一生。

②杰克·伦敦的童年是很不幸的。他是一个在旧金山出生的私生子，生父是一个占卜者。后来，母亲嫁给已经有十一个孩子的约翰·伦敦，继父的境况也不好。杰克·伦敦的童年在穷苦的日子中度过。十一岁他就外出打零工谋生，十四岁到一家罐头厂做工，每天工作十小时，得到一元钱，这已经是很不错的了。干了不多久，这个十四岁刚出头的孩子借了一些钱，买了一条小船，参加到偷袭私人牡蛎场的队伍中，希望用这种手段来改善穷困的处境。偷袭中他被渔场巡逻队抓获，被罚做苦工。不久，他放弃了“牡蛎海盗”的营生，当水手去远东。航海生涯增长了见识，扩大了眼界，遍地的贫困、剥削和暴力，深深地印入杰克·伦敦还没有完全成熟的心灵中。

③航海归来，境况并未好转。1894年，十八岁的杰克·伦敦参加了“基林军”，这是当时由平民党人领导的向华盛顿“进军”的失业者组织的一部分。这次“进军”的领导人考克西等在华盛顿因“践踏国会草坪”被捕，进军组织亦遭取缔。杰克·伦敦在退出“进军”行列之后，又继续过流浪生活，监牢、警察局成了他常进常出的地方。

④长年的流浪没有使杰克·伦敦丧失生活的信心，他强烈地追求知识，不甘于自暴自弃。即使在漂泊无定、随时会以“流浪罪”被拘捕的困境中，书也总是他的伴侣。1896 年他二十岁时，甚至还考进了加州大学。然而，大学的门毕竟不总是向穷困如杰克·伦敦这样的人敞开的。1897 年他就被迫退学，同姐夫一起去阿拉斯加淘金。“黄金梦”又很快破灭，他身染重病回家。

⑤一条条的路走不通，一件件的事碰壁，杰克·伦敦萌发了写作的愿望。他有丰富的生活经历，有满腔的对穷苦人的同情，在二十三岁（1899 年）时，他的第一篇小说《给猎人》发表了，二十四岁时出版了第一部短篇小说集《狼之子》。在这些作品里，淘金工人的生活是杰克·伦敦心爱的题材。

⑥杰克·伦敦的思想是混杂的。他读过马克思的著作，也读过黑格尔、斯宾塞、达尔文和尼采的著作。在他青年时代的作品中，人们可以感到他向资本主义社会挑战的脉搏。1907 年（时年三十一岁）写的《铁蹄》，指出美国资本主义有向极权主义转变的可能性，还对法西斯主义的兴起和消灭做了有预见性的警告。我国已经有译本的《马丁·伊登》（1909 年），是杰克·伦敦的代表作。这本带有自传性的小说，揭露了资本主义社会的残酷无情，对人性的蹂躏、对正义的践踏。主人公伊登依靠个人奋斗成了名，但是成名之后得到的不是欢乐，而是可怕的空虚，结果以自杀了结一生。七年后，它的作者杰克·伦敦真正走上了马丁·伊登的道路。

⑦极端的个人主义，尼采的“超人”哲学，把杰克·伦敦带进了一个矛盾的精神世界，使他青年时期具有的向资本主义社会挑战的叛逆者的性格逐渐消退，变成了一个玩世不恭的花花公子。

⑧1911 年，他公开声明，他写作的目的就是为了钱。他在成名之后，得到很多的钱。他认为他有权过豪华奢侈的生活。他曾经用一大笔钱建造一条命名为“斯纳克”（一种想象中的恶兽）的游船；1913 年用了十万美元（在当时是一笔惊人的钱财）以近四年时间建造一所名叫“娘居”的别墅，在落成后即将迁居的时候，忽然起火焚毁。这位已经跻身上流社会的大作家，看了看价值十万美元的废墟，摆了摆手，宣布将另建一个庄园。这时的杰克·伦敦已经陷入了不能自拔的拜金主义泥淖，为了得到更多的钱，粗制滥造，写出一些完全背离自己信念的低劣之作。他在 1911 年时还说，“我如果自己

能够做出选择的话，除了写一篇说明我对资产阶级世界是多么鄙视的社会主义者的文章外，我什么也不会下笔”，可是在 1916 年 1 月，他公开声明脱离自己曾经积极参与活动的美国社会党。

⑨这位曾经饱尝人世艰辛，也曾经用自己的笔为社会底层的不幸者呼喊过的作家，随着他的成名和发财，沉沦到了极端个人主义的深渊。1916 年 11 月 22 日，杰克·伦敦用自杀结束了四十年的一生，留下了鱼龙混杂的四十九部著作。

（选自《人物》1983 年第 5 期）

1. 通读全文，简要概括杰克·伦敦的一生，完成下面的填空。

杰克·伦敦在童年与青年时期，经历过____________________；（2 分）

在成名期，______________________________________；（2 分）

在堕落期，______________________________________。（2 分）

2. 本文题目“杰克·伦敦的悲剧”表明了作者对他一生的判断与评价，你是否认同，请结合文章内容具体说明。（5 分）

3. 你从杰克·伦敦文学创作的辉煌成就与其后来的蜕变、堕落中获得哪些文学创作方面的启示？请结合文章具体内容，简要分条阐述。（9 分）

【参考答案】

1. 通读全文，简要概括杰克·伦敦的一生，完成下面的填空。

他童年贫苦，少年和青年时曾历经磨难，顽强拼搏，以求走出贫穷的处境；他热爱读书，求知欲强，自信坚毅，虽屡屡碰壁，而不自暴自弃；（贫苦与磨难方面 1 分，热爱读书或求知自信方面 1 分）

后来以写作谋生，创作了包括《铁蹄》《马丁·伊登》等作品在内的向资本主义社会挑战的作品，因此成名，跻身上流社会；（写作内容 1 分，作品特色 1 分）

成名后，陷入拜金主义泥淖，为挣钱而写作，粗制滥造，青年时期叛逆性格日渐消退，变得唯利是图和玩世不恭，极端个人主义和“超人”哲学，使其精神世界充满矛盾，最后自杀。（拜金 1 分，精神世界的矛盾 1 分）

【本题考查概括人物生平事迹，分析人物成就及人格形成能力，和对人物做出评价与判断的能力。】

评分标准：

前三点对人物生平事迹的概括，要注意概括某个阶段生活的不同侧面，比如青年时的贫苦磨难和求知自信两方面都要回答；评价也要基于文本，如果对文本内容理解错了，评价基本不能得分。

2. 对于作者对杰克·伦敦的“悲剧”评价，可以认同，也可反对。但要结合文中具体的内容说明自己的理由，言之成理即可。（观点 1 分，文章内容转述准确 2 分，说明自己的态度评价 2 分）

赞同——悲剧——40 岁功成名就后自杀——为什么自杀——饱经磨难的痛苦/成名后的空虚/极端拜金/矛盾/不快乐。

不赞同——不是悲剧——成年后依靠写作过上了自己想过的生活——不再为生活所困，不担心钱不够花——独立自主——不受思想影响。

3. 你从杰克·伦敦文学创作的辉煌成就与其后来的蜕变、堕落中获得哪些启示？请结合文章具体内容，简要分条阐述。

（1）“他有丰富的生活经历，有满腔的对穷苦人的同情。”——从他的文学创作的辉煌成就可见出文学创作的源泉在于丰富的生活体验（或说“生活是文学创作的第一源泉”）。（文章内容 1 分，启示 2 分）

（2）“他读过马克思的著作，也读过黑格尔、斯宾塞、达尔文和尼采的著作。”——文学创作的源泉也在于广泛的阅读（或说“阅读是文学创作的第二泉源”）。（文章内容 1 分，启示 2 分）

（3）“但是成名之后得到的不是欢乐，而是可怕的空虚，结果以自杀了结一生。七年后，它的作者杰克·伦敦真正走上了马丁·伊登的道路。”——文学注定是一项受苦的事业，过于舒适和奢华的生活往往是文学创作的末日。（文章内容 1 分，启示 2 分）

【本题考查对传记文本中关键细节的分析，及传记内容对人生的启示。】

评分标准：题目要求是“文学创作”方面的启示，回答其他内容不得分；要求结合“文章具体内容”，空谈启示要扣分；题目提到了“成就与堕落”两个方面，仅答一个方面的启示要扣分。

智慧表达单元学习现场

一、单元导语

语言建构与运用是语文核心素养之一，如何表达自我非常重要。不过，如何“智慧”地表达自我，并让他人接受甚至信服，十分不易。本单元从演说、说服、辩论三个表达场合出发，搭建合适的脚手架，帮助学生学会根据目的和场合的不同，组织适合受众、逻辑清晰的口头语言。

二、设计依据

课标依据

依据《普通高中语文课程标准（2017 年版）》，智慧表达单元主要涉及学习任务群 4“语言积累、梳理与探究”、学习任务群 6“思辨性阅读与表达”两个任务群的学习。

根据学习任务群 4“语言积累、梳理与探究”学习目标与内容，智慧表达单元着力强调根据具体的语言情境和不同的对象，特别是在说服、演讲、辩论等口语表达场合，就如何文明得体地运用语言，进行针对性教学，帮助学生提升在特定交际情境下对语言的理解、分析和运用的能力。

根据学习任务群 6“思辨性阅读与表达”学习目标与内容，本单元旨在引导学生学习思辨性阅读和表达，增强思维的逻辑性和深刻性，提高理性思维水平。在演说环节，学习表达观点，引发共鸣；在说服环节，学习有理有据，以理服人；在辩论环节，学会展开讨论，力求立论正确，语言准确，论据恰当，有针对性、有风度、有礼貌地进行辩驳。

文本分析

“智慧表达”是一个笼统的说法，学习的内核在于表达（特别是口语表达）的得体性、逻辑性和深刻性。从核心素养上看，它紧紧连接着“语言建构与运用”和“思维发展与提升”两方面，从考查方式上看，它主要对应实用类文本阅读、微写作和应用文体大作文，是非常重要的思维和表达训练。

这种表达型学习的优势在于容易激发学生的学习热情，演说、说服、辩论的三个环节都是能在课上或课下进行的小组活动甚至年级性活动，学生能最大程度地调动自己的思想和观点尽情表达自我。但是，难点也很突出，一是如何搭建平台让学生有逻辑、有深度地表达，二是密集输出下，教师如何及时、准确地评价学生的表达。不能攻克这两点，学习可能演变为看似热闹、实际上什么也没有收获的“大戏”。

因此，本单元在设计时，注意搭建有效的脚手架，与学生一起分享、分析优秀的表达范本，强调关键词和过渡句的使用，形成表达的清晰逻辑，使他人接受甚至信服你的观点。在实操时，让每个学生乐于表达、勇于表达，从看别人表达到自己尝试表达，在文字上，让口语表达真实地发生！在评价时，学生不仅要关注教师给出的终结性评价，还要关注持续的形成性评价，最终实现自身口头表达和书面表达的双重进步。

学情分析

建议学段：初中高年级和高中低年级。

通常，学生在初中阶段基本都接触过演说、说服、辩论等表达形式，开展过类似的活动，对此并不陌生。只是过去的学习都较为零碎，不够系统，对逻辑的严密性要求并不高，而本单元各项活动要求运用清晰的逻辑思维，使用合适的方法技巧，除初中低年级学生外，其他年级皆可进行学习。另外，活动的趣味性和对抗性虽强，但是占据课上课下的时间较多，不建议处于强化复习阶段的中学生学习。

三、单元设计内容

学习目标

1. 能够以书面和口头的方式提出清晰简明的观点，并利用证据阐明观点，使他人接受甚至信服。

2. 能够利用关联词、过渡句，使句与句、段与段之间形成清晰的逻辑关系。

3. 能够根据受众、场合、目的等特点，围绕中心，选择合适的材料，写出得体的阐述文章并口头表述。

核心问题

如何让他人接受甚至信服我的观点？

核心任务

学会“智慧表达”。

1. 子任务一：我是“演说家”。

2. 子任务二：我来“说服”你。

3. 子任务三：大家“智慧说”。

【热身准备】置身表达现场

设计意图：可以安排学生在单元开始前，利用周末观看演说类和辩论类视频，发现其中令人赞叹的语言、发人深省的观点，感受语言表达的力量与气氛，对其中的思路、论据做出自己初步的、感性的评价和判断，为下周的正式学习打下基础。

1. 观看演说类视频

观看以下视频，并从中选择两个按要求完成表格。

梁植《“笨”向未来》

窦文涛《珍惜当众说话的机会》

马丁《父与子的战争》

熊浩《为新时代发声 · 思辨》

陈铭《女人永远是最佳辩手》《中国节》

【要求】

（1）观看时记录精彩的语言。（2）看后回顾梳理演说者的演讲思路，并注明演说者想要表达的观点，证明观点的理由和论据。

演讲题目 1/2	
精彩语言	
演讲思路	

2. 观看辩论类视频

观看以下视频，并从中选择两个按要求完成表格。

《奇葩说》第 4 季第 14 期：生活的暴击值得感激吗？

《奇葩说》第 4 季第 16 期：如果能为孩子一键定制完美人生，你要定制吗？

1993 年国际大专辩论赛决赛《人性本善》

2001 年国际大专辩论赛《钱是不是万恶之源》

辩题一/二：

你的立场		你的理由	
视频中辩手论点及论证思路			
最欣赏的辩词记录及赏析	辩词速记：		
	点评：		
本场可借鉴的“表达自己、说服别人”的技巧			

子任务一
我是“演说家”

送你四个简单好记又经典实用的演讲结构：黄金圈法则结构、PREP结构、时间轴结构、金字塔结构（四种结构的内容参见“学习之道”主题阅读与表达单元）

设计说明：四种演讲结构的介绍翔实，分为结构内容、例文分析和对应练习，环环相扣，不仅给学生明确的结构方法，还可一步步带领学生使用。

1. “黄金圈法则结构”演讲实战

设想你竞选十一学校2019级高一学生会某职务，要面向全体学生代表进行竞选演讲，请你用“黄金圈法则结构”来组织你的演讲，并预期达成竞选目的。演讲稿不少于600字。

注意：演讲实战应基于学校的真实情况、学生的日常生活可合理虚构，这样才能激发学生思考的热情。

2. “PREP结构”演讲实战

假如请你在年级升旗仪式上分享你在某学科学习中一条最有心得的学习经验，面向年级全体同学演讲，请你用“PREP结构”来组织你的演

学习现场1

学习节点：

子任务一环节，阅读完“黄金圈法则结构”，撰写匹配的演讲文稿。

现场实录：

这一节点以学生自主阅读和写作为主，不过考虑到这是第一个写作任务，教师可以适当提醒要点，带领学生一起来分析题目和写作要求。

师：同学们，第一个演讲，我会带领大家一起来分析题目的要求。大家先试着画出题目的重点是什么。

生1：我认为重点是演讲目的——学生会竞选，演讲的结构是黄金圈法则。

师：不错！学生会竞选成功是此次演讲的目的。那么，每个写演讲稿的人，必须先确定自己的职务是什么。职务不同，负责的工作不同，演讲中对自己的特质与优势强调的重点就不同。我们再来看“黄金圈法则结构”，“why”“how”“what”，简单来说，就是为什么，怎么办，会变成什么。对应到我们的演讲中，是什么内容呢?

生2：我为什么要竞选，我竞选上后怎么做，我竞选后的学生会将变成什么样子?

师：太棒了！当然，这只是一种思路，还有其他的思路。除了这两个方面，还有什么内容，需要在写作中考量呢?

生3：演讲的对象是全体学生。

师：是的，在座的各位都是学生，你们喜欢真诚的、平等的交流，还是官话、套话、夸夸其谈？肯定是第一种，所以大家在写作的时候一定要谨记自然流畅、清晰易懂、真实坦诚的写作原则。

教师观察：

点拨之后，学生的思路明显打开，对重点、难点也能做到心中有数，总体来看，第一个演讲实战作业完成得很好。

注意事项：

演讲，属于实用类文体，不需要过多华彩，但需要自然流畅，因此，必须防止有些学生将自然流畅的表达退化为记流水账。这是本单元的第一个写作任务，务必对这短短600字把好关，高标准严要求，甚至可以放慢教学进度，巩固加强，保证后续任务顺利进行。

讲，并预期达成启发他人的良好效果。演讲稿不少于600字。

3. “时间轴结构”演讲实战

请你以“有（　　　　）相伴的日子”或“离开（　　　　）的日子”为题，在括号内填入适当的内容，把题目补充完整，以时间轴为线，讲述自己生活中一段真实的心路历程，表现（　　　　）在那段日子里对你的影响。演讲稿不少于600字。

4. “金字塔结构”演讲实战

请你以“我的某科学习成绩下滑”为主要问题，运用“金字塔结构”组织语言，逐条分析原因并制定出相应的策略，发表一篇演说。演讲稿不少于600字。

（注：以上演讲训练内容，参考王雨豪“得到”知识服务课程《怎样成为演讲高手》）

学习借鉴以下两篇演讲稿，完成后面的学习任务——

演讲稿一：白岩松（中央电视台节目主持人）《人格，最高的学位》

演讲稿二：周新生（全国政协委员）《尽量让国人不求人少求人》

（演讲稿全文见“学习资源与

学习现场2

学习节点：

学生在子任务一中，学习借鉴两篇优秀的演讲稿后，阐述自己更喜欢其中一篇的原因。

现场描述：

师：同学们，面对两篇内容、风格不同的演讲稿，请大家谈谈更喜欢其中的哪一篇，为什么？

生1：我喜欢白岩松的这篇。由几个故事连缀起来，季羡林帮助年轻人看包、冰心老人对芸芸众生的关爱、年轻人在季羡林先生门前画竹问候，这些事情都指向了核心的观点，人格是最高的学位。我最喜欢的点其实在于，这个主题很宏大，但是白岩松的落脚点没有谈高大上的地方，而是将一个个故事娓娓道来，最后落在了他自己做主持人、做新闻人、做人所秉承的想法，很打动人。

生2：我更喜欢周新生的这一篇。原因没有很多，就是感觉很接地气，讲的东西很实在。

师：哪些地方让你觉得实在呢？

生2：就是他讲到了现代中国社会的弊病，生老病死都要求人。

师：你也有同感吗？

生2：是的。虽然我没有因为什么事情求过别人，但是我从父母那儿经常能听到这个词。我也在思考为什么，中国会有“求人”的文化。我觉得这篇文章讲得很清楚。

师：怎么讲得清楚？

生3：这篇文章的结构很完整，先用一个例子引入“求人”的文化，然后分析为什么会这样，最后提出了解决的方案。

师：大家看，言之有物，言之有理，最打动人。条分缕析、层层深入，让演讲的对象——政协会议上的众人理解并接纳，这就是这篇演讲稿的厉害之处了。

教师观察：

我们当时做了简单的调查，结果很有意思，喜欢演讲稿二的同学比喜欢演讲稿一的多不少。这与我们预想的不同。可能学生更容易被从社会现实出发的演讲稿所打动，老师也可以就此展开，文章动人的基础常常就是基于现实、有感而发，平时的学生作文也是一样，打动了自己，才有可能打动别人。

工具”）

设计意图：优秀的演讲稿示例必不可少，此处提供的两篇演讲稿风格略有不同。白岩松的演讲稿从自己的心路历程出发，娓娓道来，让读者从他的真实经历中找到共鸣、受到启发，行文风格亲切自然；周新生的演讲稿从社会现实出发，细数“求人”文化的盛行所带来的种种弊端，探究原因、深入反思，有理有据，行文整饬老练。但是这些风格特点的总结，并不直接告诉学生，而是让他们先自主阅读，阐述自己喜欢某篇演讲的理由，发现各自的特点，再进行仿写，表达自己。

（1）以上两篇演讲稿中，你更喜欢哪一篇？请至少从 3 个方面阐述你喜欢的理由。

我更喜欢《____________________》。

理由 1：____

理由 2：____

理由 3：____

（2）根据以下情境，写一篇演讲稿。

暑假后，又有一批新同学加入十一学校，在新学期的开学典礼上，作为在十一学校走完整个初中历程的学生，请你对全体新生发表演讲。讲题自选，内容自定，题目自拟，不少于 1000 字。优秀稿件将推荐给新初一年级，面对初一新生实战演讲。

演讲题目：__________

____

____

____

____

____

____

____

子任务二

我来“说服”你

任务说明：或许你没有意识到，在我们的身边，各行各业的人都需要有说服他人的技能：医生要劝说患者接受治疗方案，教师要说服学生投入时间、精力来完成本学科的学习，销售人员要说服顾客购买自己的产品，作者要说服读者认可自己的观点……据研究，人们现在大约需要花40%的工作时间来说服、影响并打动他人。如果想让我们的“说服力”爆发，我们应该做哪些准备工作呢？

设计意图：“说服”是常见的生活对话场景，练习“说服”实际是练习如何转换角度，使用论据，表达想法，最终使对方接受自己的观点。说服他人的关键点在于，是否联系现实、是否逻辑清晰、是否论据合理、是否共享益处。因此，我们依据设定场景、自我问答、预设拒绝、比较参照、正和博弈五个阶段让学生了解“说服”的内核，最终在合理场景中进行“说服”。

1. 设定场景

先设想一个你真实需要的说服场景，明确说服对象、目的，选择恰当的场合，展开一对一谈话。

【参考场景】 说服一名不太了解你所在的社团特点的同学加入该社团，或说服从小学便开始给自己报课外班的父母同意自己不上课外班的请求，或说服语文老师批准自己有选择地完成项目化学习（PBL）的学习任务的请求，或说服学校委员会同意将自己提出的某个建议列入学校“十事实办”的范畴等。(可以选用以上场景，也可以自己设计需要的其他真实场景)

描述说服对象：________________

明确说服目的：________________

选择说服时机：________________

2. 自我问答

请扪心自问：我能打动要说服的人吗？如果你认为自己能，请列出3个具体的理由。

【理由 1】______

【理由 2】______

【理由 3】______

3. 预设拒绝

替对方给自己写一封信，解释为什么他/她的回答是“不”，并列举他拒绝你的 3 个原因，还可以把遭到拒绝时那些特别刺激人的话写进去。一旦你把“拒绝”写出来，结果其实就没有你想象的那么可怕了。

______

______

4. 比较参照

请你在这次说服中最困难的环节，针对自己想要说服的内容，转换角度，另拟方案，并与之前的说服方案进行比较，让对方清晰地看到两者的区别，并因此更容易答应你的请求。

方案 A	方案 B

你对两个方案的比较分析：______

______

______

5. 正和博弈

“正和博弈”通俗来说就是“双赢”，我们说服的目的不应当是让对方有所失，而是尽可能地帮助对方有所得。一方的获胜，不应以另一方失败为基础。我们说服对方的目的不是为了赢，而是深入交流，请打消打败别人的念头。

回答下面的问题：

（1）如果说服的对象答应你的请求，他/她的生活/心情/状态等会有哪些改善吗？

____

（2）你的说服结束后，世界是否变得比这场说服开始时更好了？会有哪些好的变化？

____

（注：以上说服内容，参考《说服他人，从改变自己开始》，丹尼尔·平克著，浙江人民出版社）

6. 说服实战

恭喜你已经完成了“学习说服他人”的专项训练系列步骤，下面请你参考本任务的量规，并在以下两个场景中选择一个，写一封符合量规要求的说服信。可以从上面刚刚训练过的“提出请求”“预设拒绝”“比较参照”“正和博弈”四个板块出发构思这封信的主要内容，写作要符合书信格式，1000字左右。

【场景一】你是直升高一的一名同学，正在完成“采访身边的人”的学习任务，但你要采访的对象是一位教师，他工作非常繁忙，并且已经接受了其他几位同学的采访，他表示很难抽出时间接受你的采访，请你写一封信，来说服他接受你的采访。

【场景二】你是学校演讲活动的组织者，现在要邀请你的一位同学做一次校内的公开演讲，但你的这位同学性格非常内向，他表示不愿意参加此类活动，请你写一封信来说服他参加这次公开演讲。

说服信写作量规

	合格	待提升
提出请求	能够清晰地描述自己的身份、立场，并结合自己的立场，明确清晰地提出请求，并给出3点能说服他人的理由。	能交代身份与立场，提出请求的内容含混不清，给出的理由不够合理，缺乏说服力。
预设拒绝	能够站在对方的立场上，预设对方可能给出的较有说服力的3个拒绝的理由。	所列拒绝的理由，部分符合对方立场。

续表

	合格	待提升
比较参照	能够为提出的原始方案找到不同角度的参照方案，并通过比较凸显出原始方案的优势。	找到的参照方案和所提方案关联度不够高，或是不能通过努力凸显原始方案请求的优点。
正和博弈	能够深入、清晰地说明被你说服后，对方会获得好处或改变，说明自己与对方的共赢关系。	忽视站在对方的立场思考对方答应自己请求的好处和改变，大多站在自己的立场思考问题。

写给（________________）的一封信

____

____

____

____

____

____

____

____

____

子任务三

大家“智慧说”

设计意图：辩论是锻炼学生逻辑思维、口头表达的好方式，它要求双方观点明晰、立论有力、表达清晰，对思辨能力和反应能力的要求都很高。竞争意识也可以很好地调动起这个年龄段学生的胜负欲，学生的参与度较好，所以放在最后一个环节。若有不少学生是第一次接触辩论，还应让学生熟悉辩论规则，了解如何准备辩论，让辩论专业起来，让内容深刻起来，不能为了辩论而辩论。以下步骤一定要做充分。

1. 熟悉赛制规则

4 人制比赛（共计 28 分钟）

立论：正反方一辩、二辩、三辩分别交替陈述自己的观点，每人 3 分钟，共计 18 分钟。

对辩：正方四辩（自由人）对反方四辩（自由人），正方先开始，每方 3 分钟，共计 6 分钟。

结辩：双方任选 1 名辩手，反方先开始，对己方观点进行总结，每方 2 分钟，共计 4 分钟。

注意：赛制可以根据年级、班级的实际情况进行更改，但是赛制规则一旦确定，就不要随意更改，否则会影响比赛结果，而学生往往对比赛的公平与合理非常在意。

2. 破题

定义题目范围，锁定讨论边界，为接下来的论点打基础。

（1）划分辩题句子成分。

拿到辩题首先需要断句、划分句子成分、抓主干，明晰辩题内容，确定一个能攻能守的总论点。

如：以 1993 年国际大专辩论赛“人性本善—正方/人性本恶—反方”为例，在辩题中“人性”“善/恶”“本”每个主干点都要确定下来。

（2）抓对立面。

抓辩题的对立面，可以对双方立场有个直观认识。严谨的辩题往往不会出现第三立场。因此双方的概念中不能互相包涵，也不能引出第三方概念，否则就是没有抓住辩题的本质。

在人性本善的辩题中，人性的本源只能是善或者恶，以此出发进行辩论。而人性“无善无恶”论，即人性是一张白纸，这样的观点不能进入辩论环节。否则，双方就失去了辩论的基础。

（3）预判双方争锋点。

辩论的核心，永远是双方争锋点，也就是最有价值争论的地方。

其实，隐藏在辩题背后的，是我们的价值观选择，是我们与周围人的关系，是我们对生活的定义。找到这些深层次的争论点后，再去搭建观点，就会更深刻地讨论辩题。

关于人性本善或人性本恶，双方争论的核心是“善恶究竟谁是因、谁是果”。具体而言，正方认为“善是本源、内因，外在环境是外因，所以如果有恶，那么恶是外因导致的结果”；反方认为“恶是本源、内因，教育、司法是外因，所以如果有善，那么善是外因导致的结果”。

3. 组内头脑风暴 I：背景资料收集

资料收集的内容及基本路径：

- 基本理论（以阅读系统性理论书籍为佳）。
- 时事新闻（以即时的网络资源为佳）。
- 数据（以即时的网络资源为佳）。
- 历史典故（以自身储备为主，查阅资料为辅）。

4. 组内头脑风暴 II：论点集中输出

第一次论点集中输出，决定了立论的广度与深度，因此所有队员必须集中精神，“暴风骤雨”式地密集输出观点，并以思维导图的形式进行归纳、延伸、整理、筛选。

5. 组内头脑风暴 III：论据集中搜集

材料是证明命题、构成辩词的依据，没有材料，命题就会变得巧妇难为无米之炊。论点形成后，为了在辩论中能应付自如、得心应手，还须充分搜集论据，如新闻事件、成语典故、现身说法、数据观点、名家名言等。

搜集论据应从以下四方面着手：

（1）**真实**。真实是论据的生命，只有真实可靠的论据才能证实己方论点的正确。如果论据失真，很可能反为对方所用，这种利害关系不言自明。

（2）**典型**。所谓典型论据，是指具有代表性的反映事物本质的论据，这是能否有力地论证论点的关键。

（3）**多样**。多样密集的论据会让评委和观众感受到辩手准备的充足和见识的广博。

辩论实录节选：

反方季翔：第一，人性本恶是古往今来人类理性认识的结晶。早在两千年前，所谓人类文明的轴心时代，荀子的性恶论与犹太教的原罪说便遥相呼应。而到近代，从马基雅维利到弗洛伊德，无一不主张人性本恶，这难道仅是历史的巧合吗？不！伟大的哲学家黑格尔一语道破天机："人们以为当他们说人性本善时是说出了一种伟大的思想，但他们忘记了，当他们说人性本恶时，他们是说出了一种伟大的思想。"（掌声）令人遗憾的是，对方辩友面对这样的真知灼见，至今未能幡然醒悟，这不由得使我想起乔西·比林斯的那句话："真理尽管稀少，却总是供过于求。"

辩论实录分析：

反方季翔的陈词中，仅一个论点就密集地回顾了人类历史上对人性本恶的理性认识，从荀子的性恶论到犹太教的原罪说，从马基雅维利到弗洛伊德、黑格尔，人性之恶的论证表露无遗，也让观众感受到反方对于论辩的广泛思考和纵深理解。最后还顺便用一句名言调侃了正方未能"掌握"真理的可叹。

（4）**新颖**。新颖的论据可能令人耳目一新，收到出奇制胜的效果。

辩论实录节选：

反方季翔：第二，人性本恶是日常生活一再向我们显示的道理。从李尔王的不孝女儿们到《联合早报》上拳击妻子脸部的丈夫们，从倒卖血浆的联合国维和部队到杀人不眨眼的拉美毒枭，恶人恶事真可谓横贯古今，不胜枚举。对方辩友，难道你还要对着《天龙八部》中恶贯满盈、无恶不作、凶神恶煞、穷凶极恶这四大恶人谈什么人性本善吗？（掌声、笑声）

辩论实录分析：

这里反方不仅使用了新闻论据如倒卖血浆的联合国维和部队到杀人不眨眼的拉美毒枭，甚至使用了文学人物的论据，如莎士比亚笔下的李尔王、金庸笔下的四大恶人，让人耳目一新，也得到了观众的掌声和笑声。

6. 立论稿（初稿）确立【确定2—3个核心论点】

（1）“立论陈词”作用：开篇立论，奠定整场辩论赛的思路、方向。

（2）“立论”写作结构：①提出本方立场；②提出定义；③判断标准；④提出论点，论点一般不超过四个；⑤总结。

（3）“立论”的要求：①逻辑性强；②事例简短精练，典型广泛；③“立论”符合自己的判断标准。

辩论实录节选（反方一辩立论稿）：	辩论实录分析：
反方一辩： 谢谢主席，大家好！我先要指出的一点是，康德并不是一个性善论者。康德也说过这样一句话：“恶折磨我们的人，时而是因为人的本性，时而是因为人的残忍的自私性。”对方不要断章取义。另外，对方所讲到的种种善行，那完全是后天的，又怎么能够说明我们命题当中的“本”呢？神话归神话，现实归现实。对方同学请你们摘下玫瑰色的眼镜看看这个现实的世界，就在你陈词的这3分钟当中，这个世界又发生了多少战争、暴力、抢劫、强奸。如果人性真是善的话，那么这些罪恶行为到底从何而来呢？对方为什么在他们的陈词当中，自始至终对这个问题避而不答呢？我方立场是：人性本恶。	作为反方一辩，开篇即予以两点有力回击。一是驳斥正方关于康德是性善论者的论据；二是点明正方立论的善行是后天因素，不是先天之本。 明确提出本方立场。
第一，人性是由社会属性和自然属性组成的，自然属性指的就是无节制的本能和欲望，这是人的天性，是与生俱来的；而社会属性则是通过社会生活、社会教化所获得的，它是后天属性。我们说人性本恶当然指的是人性本来的、先天的就是恶的。	确立本方定义一：关于“人性”的定义。
第二，提到善恶，正如一千个观点会有一千个“哈姆雷特”，一千个人心目当中也许会有一千个善恶标准，但是，归根结底恶指的就是本能和欲望的无节制扩张，而善则是对本能的合理节制。我们说人性本恶正是基于人的自然倾向的无限扩张的趋势。曹操不是说过：“宁可我负天下人，不可天下人负我”吗？路易十五不是也说过：“在我死后哪怕洪水滔天。”还有一个英国男孩，他为了得到一辆自行车竟然卖掉自己三岁的妹妹。这些对方还能说人性本善吗？	确立本方定义二：关于“善恶”的定义。 连续以历史人物的名言、现实的新闻事件为论据，从事实角度论证“人性本恶”。

续表

第三，虽然人性本恶，但是我们这个世界并没有在人欲横流中毁灭，这是因为人有理性（时间警示）。人性可以通过后天教化加以改造。当人的自然倾向无限向外扩张的时候，如果社会属性按照同一方面推波助澜，那么人性就会更加堕落；相反，如果我们整个社会倡导扬善避恶，那么人性就有可能向善的方向发展，这一点不也正说明了儒家思想所倡导的修齐、治平、内圣、外王是何等重要嘛！对方辩友，如果真的是人性本善的话，那么孔老夫子何必还诲人不倦呢？	确立本方观点并回应正方质疑：为什么社会中仍有善行？本恶的人性可以通过后天教化加以改造，理性战胜人欲，扬善避恶。以儒家思想为论据，提出“人性本善，何必诲人不倦”，从理论角度反证人性本恶。
今天，对方辩友所犯的错误就在于以理想代替现实，以价值评判代替事实评判。从感情上讲我们同所有善良的人一样也希望人性是善的。但是历史、现实和理性都告诉我们，人性是恶的！这是一个事实，我们只有正视这个事实，才有可能扬善避恶。（时间到）谢谢各位！（掌声）	收束总结，从历史、现实、理性三个角度进行分析，人性本恶。

7. 确定辩手位置

注意：并不是所有的学生都对辩论感兴趣，不少性格内向的学生并不喜欢对抗性强的表达方法，可以引导他们做立论一辩或者结辩四辩，既能清晰表达自我，又能减少竞争压力。

8. 组内头脑风暴 IV：思考驳论

预判对方的立论，并思考驳论思路。具体方法有：

（1）根据对方论点的逻辑漏洞进行反驳。

（2）挖掘对方论据的前提进行反驳。在辩论中，很多辩手会将论据的前提隐藏起来，那么我们就可以找出对方的前提，针对前提进行反驳，对方的观点自然不成立。

（3）举出实例进行反驳。实际的例子常常会有较好的现场效果。

9. 模拟攻辩

（1）破除双难：辩论中难免会碰到一些选择疑问句，对方逼着问你“是A还是B?”不管是A是B，对本方都是不利的，对此的回答有三种方法：①既是A又是B；②既不是A又不是B；③是A，但用本方观点解释。

（2）破除类比：类比是辩论中经常运用的，但是类比不可能做到绝对精确，类比物与被类比物总是有一些区别，这就为反驳提供了突破口。也可以以类比破类比。

（3）归谬方法：所谓归谬就是先假设对方的逻辑是正确的，然后推导出荒谬的结论，以证明对方的错误。

（4）回避方法：辩论赛上只有以下条件才能回避：a. 对方的问题无法回答，b. 对方的问题回答后对本方很不利，c. 对方问题与辩题无关。回避方法有以下几种：a. 以一句话作为过渡，迅速切入其他话题；b. 暗含讽刺地回避，提出对方的提问不甚合理。

（5）连续进攻：场上要头脑冷静，当注意到对方避而不答时，应连续攻击，哪怕把问题再重复一遍也好。

10. 立论稿（终稿）确立

（1）发言时间控制：如果能在念出最后一个字时，恰逢时间结束的铃声响起，可收到先声夺人之效。这一点极难，所以不必强求。如果时间已到而稿子还未念完，可以把论点重复一遍，然后坐下。

（2）发言连贯性：辩论稿结尾

学习现场 3

学习节点：

学生在子任务三中，自主阅读辩论的赛制、流程、技巧等。

现场描述：

生：这里模拟攻辩中有一项“破除类比”是什么意思？别人打个比方，我说这个比方不对？

师：差不多是这个意思。类比，是辩论中的常用手法，好处在于将抽象变具象，将复杂变简单，让评委和观众立刻理解你的观点。但既然是类比，自然不能百分百相同，一定会有漏洞。我们还是看人性善恶这个辩论稿：攻辩环节，正方以种瓜得瓜、种豆得豆的类比来说明，只有善根才能产生善行，并且要有施肥浇水（教化）的行为才能让西瓜（人性）变好，如果遇到连下大雨（恶劣的外部环境），就会种出烂西瓜（恶行），以此论证恶行由外因造成。反方以类比破类比，反问为什么“施肥浇水”了还有罪行遍地，为什么“阳光雨露”没有滋润到恶人恶行？是很漂亮的反驳。

生：那么类比论证是不是就不能做了？因为肯定有漏洞。

师：当然不是，一是类比论证形象性非常强，一个好的比喻能立刻抓住观众的心；二是破除类比需要很强的逻辑能力，不断练习才能在短时间里抓住类比的破绽，给予致命一击。

教师观察：

破除类比的点拨之后，学生竟然纷纷展开了破除类比的练习：队友打个比方，自己尝试破除，非常令人惊喜。这并不是教师布置的任务，但是因为有挑战性、有趣味性，学生的驱动力一下子增强了。

形成性评估：

这里的形成性评估非常隐蔽，但是非常有效。在分析了类比论证的利弊之后，学生评估使用和破除类比论证的优势和劣势，并付诸实践，极大地提升了辩论水平。

时，可措辞“关于×××，将由我方二辩、三辩做进一步的阐述”，使配合更加连贯。

（3）语言通俗化、口语化：初看辩论的人可能会觉得那些辩论稿满篇都是听不懂的新名词的辩手才是高手，其实恰恰相反。辩手经过准备之后，对辩题的理解既要深入，又要浅出，发言时避免使用专用术语，若使用也要做说明。多使用比喻、举例、排比等手法。如能在发言中以幽默的语言或大义凛然的陈词引起观众的笑声和掌声更佳。

11. 模拟现场辩论

（1）练习发言时间控制、发言停顿、发言仪态。

（2）练习“一对一”对辩驳论：

①事先有所准备，对方可能从哪点进攻，做到心中有数。

②首先驳斥对方的常识性错误及口误，抓住机会予以痛击；临场驳斥要注意对方发言中的开头一段。

③最好是针对前一个发言者进行驳斥，如果中间已经隔了几轮发言，驳斥的效果会减弱。

④确实觉得反驳有困难时可以回避。

（3）练习结辩：一般来说，结辩稿是一半靠准备、一半靠现场。准备的一半主要是综合前面辩手的立论稿。现场的一半，要靠临场的反应和驳论能力。此次辩论中反方蒋昌建的结辩稿在辩论界具有很强的代表性。

蒋昌建：谢谢各位，一个严肃的辩论场需要一个严肃的概念。对方多次问我们人性怎么样，人性怎么样，始终没有问我们人性本怎么样。我想请问对方，“人性是什么”和“人性本是什么”是同一个概念吗？你们如果连这个概念都没有根本建立基础的话，那你们的立论从何而来呢？我们多次问对方的善花里面如何结出恶果，对方说要浇水，要施肥呀。那我就不懂了，大家都承蒙这个阳光雨露的话，为何有那么多罪行横遍这个世界呢？难道这个水、那个肥还情有独钟吗？为何要跟恶的人作一个潇洒的“吻别”呢？	重新申明己方的定义，并驳斥对方的定义。 以类比破类比。

续表

今天我们本着对真理的追求来同对方一起探讨这个千年探讨不完的话题。无论是倡导性善论的孟子也好还是倡导性恶论的荀子也好，又有哪一家哪一派不要我们抑恶扬善呢？抑恶扬善是我方今天确立立场的一个根本出发点。下面我再一次总结我方的观点。	再次申明己方观点。
第一，只有认识人性本恶，才能正视历史和现实。回顾历史的时候，我的内心总感到痛苦而颤抖。从希波战争到十字军东征，从希特勒的奥斯威辛集中营到日寇在华北的细菌试验场，真可谓是“色情与贪婪齐飞，野心共暴力一色”。以往的人类历史，可以说是交织着满足人类无限贪欲而展开的狼烟与铁血啊！可见，本恶的人性如果不加以控制的话，将会给这个世界带来什么呢？	从回顾历史和正视现实两方面出发，以历史材料为证据，证明人性之恶。
第二，只有认识人性本恶，才能重视道德、法律教化的作用，才能重视人类文明引导的结果，培养健全而又向善的人格。在历史的坎坷当中，人类并没有自取灭亡。尤其是在面对彬彬有礼、亲切友善的新加坡朋友面前，我们更有理由相信，人类明天会更好，这其中我们要感谢新加坡孜孜不倦地建立起他们优良的社会教化系统。人类文明是在人类智慧之光照耀下不断茁壮成长的。饮水思源，借此我们要感谢那些在人类教化路途中洒尽他们含辛茹苦汗水的中西先哲们。正因为从他们的理论智慧当中，从他们的身体力行当中，人们才有可能从外在的强制走上理性的自约，自约人的本性的恶，从而培养一个健全而又向善的人格。可见，人性本恶，并不意味着人终身成为恶，只要通过社会的教化系统就可以弃恶扬善啊！	从理论和价值高度论证，人性本恶，但是因为社会拥有道德的教化和法律的约束，才能让人类社会弃恶扬善。
第三，只有认识人性本恶，才能调动一切社会教化的手段来扬善避恶。光阴荏苒，逝者如斯，在物质和科学技术突飞猛进的同时，人类的精神家园可谓是花果飘零。在这个时候，我们要警惕，人性本恶这个基本的命题。可喜的是，在东方的大地上，我们说传统文化的发扬光大，已经从一阳来复开始走向了新的春天。我们也相信，有了传统文化精华的浸润，必将使人类从无节制的欲望中合理地扼制并加以引导，从他律走向自律，从执法走向立法，人类才可能挽狂澜于既倒，扶大厦于将倾。“黑夜给了我黑色的眼睛，我却用它寻找光明。”谢谢各位！（掌声）	最后一段，指出认识人性本恶的价值和意义。文笔优美、气势磅礴，值得借鉴。以一句气势宏大的名言、俗语、诗词来结尾是蒋昌建的首创，很具有煽动力。

在认真阅读以上辩论规则和流程的基础上，开始你们辩论小分队的讨论活动，完成以下表格。

你的辩论题目	
正方/反方	
你的辩手位置	
你们小组的论点阐释结构：	
你们小组收集的论据：	

（1）如果你是立论发言人，请写出你的立论稿。

（2）如果你是攻辩手，请写出你的攻辩设计。

（攻辩设计应包括：①预估对方的立论；②拟回击对方立论的论点、论据；③拟质询对方的问题）

____

____

____

____

____

____

____

____

____

学习现场 4

学习节点：

学生在子任务三中，正式展开辩论小分队的活动。

现场实录：

前面辩论赛制和技巧的阅读其实并不难，难度最大的地方在于学生最后的实战，紧张而精彩。学生讨论时的头脑风暴，比赛时的挥洒自如，充分地表达了自己的观点，展示了自己的风采。

教师观察：

小分队的讨论活动、辩论赛场的呈现，都倾注了学生的心血，课上课下都能看到学生积极准备的身影。在小组活动中，不同学生的性格特质也得到了展示，外向积极的学生常常充当自由辩手，内向谨慎的学生主动担任一辩，小组之间还会发生许多观点的争锋，所有的交谈都是表达的现场，都是学习正在发生的证据。

不过，也有一些“划水”的同学，等待小组其他成员想好论点论据后，草草地准备了一辩稿，上场一读完事，拖了团队后腿也不以为意。这样的情况，教师在评价时必须有所考虑。

形成性评估：

这里的形成性评估更加隐蔽，辩论小分队的讨论活动不仅仅是一次活动，完成一个表格，而是对前面整个演讲环节和说服环节的一次自我评估。

在团队合作中，完整地表达自己的观点是对子任务一演讲学习的有效检验，有理有据地说服队员采纳自己的意见和策略，是对子任务二说服学习的有效检验，这一学习阶段中的阐述、争论与达成一致，都是学生对自己口头交际能力的有效评估。争论不休、面红耳赤，可能表明自己说服不到位、表达不准确、对象不适宜，需要继续学习和加强。

最后的辩论胜负反而没有那么重要，它只是学生提升表达水平和思维水平的驱动器。

四、学习资源与工具

子任务一　白岩松和周新生演讲稿

人格，最高的学位

白岩松（央视主持人）

很多很多年前，有一位学大提琴的年轻人去向20世纪最伟大的大提琴家卡萨尔斯讨教：我怎样才能成为一名优秀的大提琴家？卡萨尔斯面对雄心勃勃的年轻人，意味深长地回答：先成为优秀而大写的人，然后成为一名优秀和大写的音乐人，再后就会成为一名优秀的大提琴家。

听到这个故事的时候我还年少，老人回答时所透露出的含义我还理解不多，然而随着采访中接触的人越来越多，这个回答就在我脑海中越印越深。

……

我曾在北大听到一个故事，清新而感人。一批刚刚走进校园的年轻人，相约去看季羡林先生，走到门口，却开始犹豫，他们怕冒失地打扰了先生。最后决定，每人用竹子在季老家门口的土地上留下问候的话语，然后才满意地离去。这该是怎样美丽的一幅画面！在季老家不远，是北大的博雅塔在未名湖中留下的投影，而在季老家门口的问候语中，是不是也有先生的人格魅力在学子心中留下的投影呢？只是在生活中，这样的人格投影在我们的心中还是太少。

听多了这样的故事，便常常觉得自己是只气球，仿佛飞得很高，仔细一看却是被浮云拖着；外表看上去也还饱满，肚子里却是空空。这样想着就有些担心了，怎么能走更长的路呢？于是，“渴望年老”四个字对于我就不再是幻想中的白发苍苍或身份证上改成60岁，而是如何在自己还年轻的时候，便能吸取优秀老人身上所具有的种种优秀品质。

于是，我也更加知道了卡萨尔斯回答中所具有的深意。怎样才能成为一个优秀的主持人呢？心中有个声音在回答：先成为一个优秀的人，然后成为一个优秀的新闻人，再然后是自然地成为一名优秀的节目主持人。

我知道，这条路很长，但我将执着地前行。

（注：此文节选自白岩松在“全国新闻工作者‘做人与做文’演讲比赛”中的演讲稿。）

尽量让国人不求人少求人

周新生（全国政协委员）

各位委员：

最近，一位司局级老领导说到，女儿在他的极力反对下仍入外籍并嫁给外国人，是女儿劝他的一句话，最终让他接受了女儿的做法。这句话是“爸爸您将来再不用为您的外孙在国内上幼儿园、小学、中学求人了”。

可不是吗？我们国人的生活中，存在大量求人的事，生老病死都要求人。生得好要求人；病了，治得好要求人；死了，烧得好、埋得好要求人；上好学要求人；找工作要求人，调动工作要求人；异地迁徙取得户籍要求人；参军要求人；职务职称晋升要求人。不一而足。求人的主体上至高级官员下至布衣百姓，大有无人不求人之势。求人的客体是在各个涉及公共利益岗位上掌握着大大小小权力和资源的官员或工作人员。需要注意的是求人者求人，被求者也求人，求人者也是被求者，相互交织构成了一幅壮观的中国式求人图卷。

……

究其原因，我认为，第一，是优质资源稀缺。试想当优质幼儿园、优质中小学资源丰富的时候，恐怕为此求人的人会少许多。第二，是制度有漏洞、有弹性，有的制度执行不好，这些均可导致寻租求人的行为，可谓有需求亦有供给。第三，是改革不到位。原本靠市场机制配置资源，但很多地方靠权力和关系。这反映了市场化改革在一些领域滞后，政府职能改革仍不到位。在人们眼中，靠市场、靠政府、靠制度、靠法律不如靠关系，有了关系什么事均可变通，均可摆平，均可办到。法的尊严、政府的公信力、社会的公理、市场的规则均可挑战，均没有关系管用可靠。第四，是对权力的监督远远不够。权力在一些掌握权力的人手中变成了交易的工具。权力的运用、优质资源的配置公开透明不够，导致权力资源少的一方向权力资源多的一方示好，以寻求更多的权力和实惠。第五，中国传统文化中的糟粕在社会生活中沉渣泛起，如权力至上、官本位、人身依附、特权思想等。

求人现象普遍化后，后果极其严重。它破坏了公平、公正，恶化了社会风气，损害了社会道德以及党和政府的形象，毒化了国人的精神世界，不利于下一代的健康成长。因此，必须下力气整治求人之风，努力让国人尽量不求人、少求人。

谢谢大家。

（注：此文为周新生在全国政协会议上的发言稿）

五、学习成果

子任务二　我来“说服”你优秀例文

写给 A 同学的一封信

亲爱的 A 同学：

你好！

我是学校演讲活动组织部的同学。相信你已经听说了此次演讲活动，我大致了解了你不太想参加本活动的意愿，我尊重你的选择，但我还是十分诚挚地邀请你做一次校内的公开演讲，因为这次经历一定会让你受益不少。

也许你会担心自己没有好口才，不能像其他演讲者一样能滔滔不绝、驾驭全场；或者你害怕观众的看法，害怕自己被评价；抑或你担心自己写不好演讲稿，没有演讲经验。总的来说，就是你认为自己“既没有能力，也没有勇气”，那么你的确应该尝试演讲，因为演讲可以改变你自己。

首先，对于演讲者来说，演讲最明显的益处就是可以增加演讲者的自信。自信在一个人的人生里是至关重要的，它将成为你一生的推动力，影响着你的一生。在公共场合做演讲，其诀窍就是不要在意自己。人们总是会过分在意自己的形象和别人的看法，但是当你有了自信，不再过度关注自己时，你就能真正地与他人交流。你会更享受跟别人的互动，因为你不会那么担心自己给别人留下不好的印象，也不会拿自己和别人比较。你在放松的状态下也会让别人放松，帮助你进入更深层的社交，建立更稳固的人际关系。

其次，演讲能让你更加开朗，更善于表达自己。谁说内向的人不能表现自己？举个周星驰的例子：很多人都喜欢周星驰的电影，他的很多影视形象给人留下了深刻的印象。那些周氏风格的无厘头的台词、夸张的动作和表情，能准确传递出一个小人物的内心情感信息，引发观众的共鸣。但是现实生活中，周星驰是一个比较内向的人，他在接受采访时永远是内敛的。对于演讲新手，观众总是能给予包容的态度并提出温和的建议，如果你尝试进行一次演讲，你也许不能有很大进步，但如果你坚持做 100 次演讲，你一定会有较大的转变。这些转变不仅仅是演讲技巧上的，还有你自己对于演讲的态度、你的思想上的。久而久之，乐于表达自己就成了你的习惯，你从原来面对他人的羞涩、胆怯变得大胆、开朗，你也会和更多人成为好友。克服恐惧，勇敢地向前一步，你的生活会变得更美好。

最后，演讲可以提升你的写作能力。要想成功地做一次演讲，写好一篇演讲稿是基础。写好一篇演讲稿是需要不断修改的，在修改过程中，你的写作能力就有了提升。鼓起勇气开始自己的写作过程，比你写得好更重要。养成坚持不懈的习惯和雷厉风行的行动力，比你的灵感创意更重要。不是有了很多灵感才下笔，而是开始动笔之后，写作灵感才会到来。

想要做好演讲，你只需要迈出三步：第一步，在心理上，不要设限。相信自己，只要发挥优势，勤加练习，内向的你依然可以成为演讲高手。第二步，在目标上，步步为营。饭要一口一口吃，路要一步一步走。内向者想要成为沟通高手，也要一点一点地积累。可以先确立一个小目标，类似能够自在交谈 3 分钟。一个小目标接着一个小目标，慢慢从交流中不敢说话的透明人，成为让大家都喜欢欣赏的沟通高手。第三步，在方法上，扬长避短。避免自己因为担忧而影响发言质量。

最后，我们的演讲活动期待你的加入！

高思琪

2019 年 6 月 21 日

成果点评：这篇习作最大的优势在于行文整饬、结构紧凑、布局合理。

先表明身份和写信缘由——提出请求，再分析A同学不愿意参加活动的原因——预设拒绝。接着针对原因，条分缕析地指出演讲活动能带给A同学的好处，最后帮助A同学思考做好演讲的三步骤——比较参照，期待A同学的加入。总体上，按照练习的四大板块来完成，只是缺少“正和博弈”，不过没必要完全机械地照搬，找到劝服对方的核心就行。唯一不足的地方可能是说服的对象是自己同年级的同学，这样的表达在实际情境中显得生分疏远了，亲切感稍差。

子任务三　大家“智慧说”优秀例文

辩题：那些曾经在科学艺术等领域取得巨大成就的名人，后人对他们的私德褒贬不一。你在评价一个人的卓著成就时，有必要关联其私德/没必要关联其私德。

正方一辩立论稿

尊敬的主席、对方辩友、各位观众：

大家好！

古罗马文论家朗加纳斯在《崇高论》中说作品的崇高是作者“伟大心灵的回声”。伟大的作品必须有相应伟大的心。

我们今天相聚一堂在思维的碰撞中探讨这个值得我们深思的问题。一个严肃的辩论场需要一个严肃的概念。所谓道德就是社会之德、国家之德乃至民族之德。一个道德败坏的人以他心之所想、行之所见向我们证明了他与这种社会主流品德观念背道而驰，既然无法认同又何谈价值呢？

接下来我就来总结一下我方观点。

第一，只有认识到作品与作者密切的关联，才能理性地体悟到人类智慧结晶的真正意义。如果作者以“我手写我心”为目的写出的都是那些道德败坏的语录，于个体、于社会都带来了极其不良的影响。

第二，只有认识到作品与作者密切的关联，才能从真正有价值的作品中汲取营养。人格低劣的作者只能在某一领域有一时的成就，但他们的作品不会永世流传、永垂不朽。一时的成就只是具体的、确定的、偶然的，而我们所谓的作品之伟大、作品之价值，就应该是附和着我们中华民族根本的文化选择。

第三，只有认识到作品与作者密切的关联，才能为全人类的精神世界耕耘出一片坦阔的净土。很明显，在作者的作品中，作者倾注了自己的情感，铸造了一个他的情感折射的世界。

我们不为诋毁而去贬低任何一个作品的价值，只为让我们的精神家园都如和氏之璧一般晶莹剔透、举世无双。只有认识到作品与作者密切的关联，我们才能阅万卷精华名篇、成多彩光明锦程！

谢谢！

刘伊濛

成果点评：这场辩论的辩题属于相对“宏大叙事”的辩题，辩论的难度不小，这篇立论稿逻辑严密、行文顺畅，让评委和观众感受到辩手对题目的深刻思考。首先开篇引用古罗马文论家朗加纳斯的名言，用“伟大的作品必须有相应伟大的心”一句印证己方观点，再确定“道德”的定义、价值和必要性，紧接着以作者与作品关联的重要性，说明道德之于作品、作者的重要性。最后一段，文采斐然的收尾掷地有声，令人印象深刻。

六、单元反思

达成效果

首先，学生的逻辑思维和表达能力得到了一次充分的锻炼。本单元中演说、说服和辩论三个环节，环环相扣，每一种表达场合都提供了多样、丰富、有效的方法支架，学生可以依靠具体的方法迅速找到表达的抓手，确立核心观点，完善句与句、段与段之间的过渡，形成严密的逻辑链条，完成符合要求的写作。

其次，让学生对表达（特别是口语表达）的受众、场合有了直观而深刻的理解。任务设计与场合选择，都紧贴学生的日常生活，如升旗仪式经验分享、学生会竞选演讲、说服同学参与比赛等。即使是辩论比赛，在题目设置上也很多样化，既有思路开阔的社会性思考，也有师生家校关系的生活类讨论。这样，演说、说服和辩论中的收获就能转化为有效的应用。

最后，让学生在真实的情境中运用表达的技巧。在演说环节中，可以挑选优秀习作，让学生真的在升旗仪式上分享自己的学习经验；在说服环节中，可以帮助学生解决实际生活中的问题，如与朋友和好，向年级主任反映自己对学校的看法，提出方案劝说他推进实施等；辩论环节更是调动了所有学生的兴趣，提供机会让学生在公开的场合秀出自己，勇敢表达，学以致用。

改进方向

智慧表达单元是交际性很强的单元，对于某些不爱交际的学生来说，有操作上的困难。比如，班上一位语文成绩优异的同学，性格腼腆内向，部分情境化设置并不适合他，他向老师反映自己完全不想参与学生会的竞选，也不想劝服自己的伙伴参加演讲比赛。这时，这部分孩子，就出现了学习任务驱动力不足的情况。

因此，在设计情境时应考虑到不同类型学生的需求，不仅可以围绕学校的学习生活，还可以是课外的读书会上，向其他书友推荐一本书，也可以是劝说自己的爷爷辈学习使用智能手机，等等。给学生更多的选择空间，才能最大程度地激发他们的动力！

七、巩固拓展

作文：在即将到来的新学期，我们的校园又会迎来社团“招新季”，假如你代表某学生社团，面对刚刚进入学校的新同学进行招新演讲，以争取更多的新成员加入，你会做一次什么样的演讲？

请自定（自创）所代表的社团，并从该社团主要活动内容中找出与“青春”有关的关键词，使其与青春形成有机关联，然后以“无＿＿＿＿＿＿，不青春”为题进行一次招新演讲。将题目补充完整，写出这篇演讲稿。

无________，不青春

写作提示：

【标画重点】题目要求的场景：新学期、社团“招新季”。我的身份：代表某学生社团。演讲对象：刚刚进入校园的新同学。演讲目的：争取更多的新成员加入。核心要求：社团主要活动内容与青春形成有机关联。

【分析核心】社团主要活动内容与青春形成有机关联：所谓“社团”，是具有某些共同特征、爱好的人相聚而成的互益组织。如果将其与学生会等学生机构混淆，就属于跑题。若选择在社团内交朋友等特点进行描述，因为所有社团都有这一特点，就难以凸显所选具体社团的特色。

所谓“青春”，是指美好珍贵的青春年华，同学们正处于这一年龄阶段，拥有这个年龄段青少年特有的心理和认知特点。与成年、中年、老年等其他年龄阶段都有本质的不同。所以某些“老少皆宜”的运动，某些“受益终身”的活动，都不太能体现青春的特点。

所谓“有机关联”，是指通过具体的社团活动内容来体现抽象“青春”的特点，因此学生应该深入思考两者之间的关系。学生构思时，不仅应思考社团的具体内容，使其真实生动（虚化泛谈则不可取），也应该思考这一具体内容对应的“青春”的抽象特点，使其深刻独特（结合自己的生命经验及对“青春”的独特理解），两者之间的关系应该是：具体的内容说明了抽象的道理，抽象的道理是对具体内容的提炼、升华。因此，如果没有对两者之间关系的深入阐述，只是提到了“青春”和社团活动，则难以取得高分。

“学习之道”主题阅读与表达单元学习现场

一、单元导语

本单元是一个主题阅读与表达单元，围绕“学习之道”制定目标，设计任务，精选资源。所选主题“学习之道”对于学生而言，既熟悉又陌生：天天在学习，可谓熟悉；但如果要说出学习的本质、策略、途径等，又不能轻易得出，可谓陌生。这样的主题，富于思辨性，比较契合学生的“最近发展区”，便于引发深入思考，唤起探求动力。本单元的学习流程，聚焦主题由阅读而表达，也符合认知规律，学生先从古今中外名篇中汲取思想智慧和表达策略，在所提供的学习工具的帮助下，完成独立表达。

二、设计依据

课标依据

依据《普通高中语文课程标准（2017 年版）》，本单元主要依据学习任务群 6“思辨性阅读与表达”的学习目标与内容。

主要发展学生的实证、批判与发现的能力，增强思维的逻辑性和深刻性，认清事物事理本质，提高辨别力和理性思维水平。本单元围绕主题“学习之道”，制定了“理解文本基本观点，学会提炼论证结构与方式”的阅读目标，以及“运用适切的论证方式表达自己对于学习本质的理解”的表达目标，从而提高学生的综合思辨水平。

文本分析

本单元依据学习目标，整合了古今中外五个经典文本：《劝学》（荀子）、《师说》（韩愈）、《反对党八股》（毛泽东）、《拿来主义》（鲁迅）、《论读书》（弗朗西斯·培根）。每篇都是脍炙人口的佳作，但在表达“学习之道”上又各有背景和侧重。《劝学》意在勉励人们用主观努力去认识世界，揭示后天学习的重要意义；《师说》阐说从师而学的道理，针砭耻于相师的世态，引导风尚，激励后学；《反对党八股》是中国共产党历史上的重要文献，旨在以整顿文风、学风，进而整顿党风；《拿来主义》则是一篇论析文化、洞悉历史的犀利杂文；《论读书》是培根的随笔，对读书的意义、作用和方法都做了透彻的论述。这组群文构成了智者的对话、思想的盛宴，为学生提供了多维思考和典范的表达方法，是非常适合本单元的学习资源。

学情分析

教学对象为高一年级学生。这个阶段的学生具备了一定的理解能力、思辨意识，对于“学习之道”已经有了一定的初始理解，所以读到他人对于该主题的论述，自然会产生对话甚至共鸣。在思辨性表达方面，学生也要进入规范的训练程序，学习借鉴经典文本的论述策略，逐步迁移为表达已见的论证方法。受学习基础所限，学生在某些篇目的学习过程中，教师要适时给予引导。

三、单元设计内容

学习目标

1. 能够通过阅读古今中外优秀议论文篇目，理解文章基本观点，学会提炼议论文论证的结构与方式（举例论证、道理论证、比喻论证、对比论证等）。

2. 能够运用适切的论证方式来表达自己对于学习本质的理解。

3. 能够借助写作量规、评价量表等，有目标、有重点、有条理地回视、加工、升格议论文。

核心问题

学习的本质到底是什么？

核心任务

为“学习之道”主题征文活动提供一篇“立意准确、结构清晰、论证合理”的议论文。

任务说明：以“学习之道”为主题进行议论文的撰写、加工、升格，旨在选拔优秀作品，在校内出版物、网络平台（如校内外公众号）、各班级语文展板等平台上，予以展评。

1. 子任务一：阅读经典议论文，了解论述常识。

2. 子任务二：主题征文写作准备。

3. 子任务三：“学习之道”表达与升格。

资源篇目

《劝学》（荀子）、《师说》（韩愈）、《反对党八股》（毛泽东）、《拿来主义》（鲁迅）、《论读书》（弗朗西斯·培根）

“我所理解的学习之道”写作量规

	优秀级	合格级	待改进级
立意	·切题性：完全符合“学习之道”主题，对学习的本质有深入思考和探讨，不只浮于表面的感受。 ·深刻性：具有深刻的哲理和意蕴，充满震撼人心的文字力量。 ·新颖性：不同于传统观念和常规思维，独辟蹊径、旧意翻新、一事多解，独特巧妙，令人拍案。	·切题性：贴合“学习之道”的主题，在思想高度上略不足，但对学习的本质有一些发自内心的思考。 ·深刻性：具有自己独特的思考想法，部分观点值得回味和思索。 ·新颖性：具有一定“逆向思考”的意识，不流于“俗套”的努力、勤奋、进步等学习概念。	·切题性：并未理解“学习之道”的内涵，只局限于有关学习的浅层次问题，如学习具体方法、学习要努力奋进等。 ·深刻性：没有自己独特的想法，读来空洞无物，乏善可陈。 ·新颖性：照搬固有观点，大喊“努力学习”的口号，令人乏味。
结构	·明晰性：文章结构清晰，逻辑晓畅，利用提供的常见议论文结构，甚至出于行文需要进行适度、合理的调整和修改。	·明晰性：文章利用提供的常见议论文结构，有较为严密的论述结构，令读者清楚地了解文章观点。	·明晰性：并未利用提供的议论文结构，或者使用了不合适的议论文结构。结构混乱，令人云里雾里。

续表

	优秀级	合格级	待改进级
论证方式	·准确性：贴切、自然、恰到好处地论证中心论点或某个分论点，使论点的呈现精确可感，真实地触动读者。 ·创新性：精当的例子、适时的引用、巧妙的比喻、神来之笔的对比等，不落窠臼，让读者有眼前一亮的感受。 ·丰富性：有意识地使用不同的论证方式对论点进行论证，但是不过分堆砌例子或比喻，行文顺畅，读来一气呵成。	·准确性：能够合适地论证中心论点或某个分论点，使论点能够顺畅地表达出来，让读者感知。 ·创新性：举例子、引用、比喻、对比等，源于自己的原始积累和自我思考，没有老生常谈、无病呻吟。 ·丰富性：有意识地使用3—4种不同的论证方式对论点进行论证，但是部分文段有为使用而使用之嫌。	·准确性：没有分清四种常见论证方式的区别，没有考虑到论证方式的注意事项，论据与论点脱节，甚至让人不能理解为何使用该论据。 ·创新性：所用关于学习的例子、引用、比喻还是小学、初中阶段老生常谈的几种，读来令人生厌。 ·丰富性：只使用1—2种论证方式，甚至生搬硬套，比喻奇怪、引用不当、对比生硬，完全没有掌握论证方式。

子任务一

阅读经典议论文，了解论述常识

任务说明：阅读资源篇目，发现每篇的核心观点、文章结构、典型论证方式，并举例说明其中论证方式的作用。

篇目	核心观点	文章结构（可用结构图，也可文字表述）	论证方式	举例说明	
				原文语例（也可概括）	论证方式的作用
劝学	学习不可以停止	核心观点：学不可以已 分论点1：学习的意义——反思自己 提高自己 分论点2：学习的作用——借用外力 弥补不足 分论点3：学习的态度和方法——积累坚持专心	比喻论证	青，取之于蓝，而青于蓝；冰，水为之，而寒于水。	以“青出于蓝”和“冰寒于水”比喻说明了事物经过一定的变化，可以获得自身的提高。用具象的物体阐释抽象的道理，更易于理解接受。

学习现场 1

学习节点：

学生依据子任务一的表格提示，边阅读5篇文本，边完成表格的填写。

现场描述：

这一节点以学生自主阅读为主。学生在阅读《劝学》《师说》时，适当借助工具书，解决阅读障碍。学生询问较多的难点是《师说》的文章结构和《拿来主义》的论证方法，教师汇总后，在全班范围内做了引导。

师：20世纪80年代，著名作家冯骥才曾赴法国访问，当地一位记者别有用心地问冯先生：“你们不断地到我们法国来访问，不怕会影响到你们中国的体制性质吗?”假如你是冯先生，你会怎样回答这位记者?

生：不会的，我们到你们这里来访问学习，是为了借鉴吸收有益的东西，请您放心，我们会坚定不移地沿着有中国特色社会主义道路继续走下去!

师：你回答得非常精彩，也抓住了问题的关键，如果你是一位政府发言人，这样回答已经非常圆满了。不过请你把冯先生的职业身份这一因素考虑进去，他是一位作家，而作家是最讲求语言艺术的……

生：我想可以这样回答，先生，不会的，人喝了牛奶也没有变成牛。

师：你的思路与冯先生思路完全一致，当时冯先生的回答是，人吃了牛肉也没有变成牛。冯先生在回答这一问题时，采用了什么样的手法?

生：比喻。

师：谈及了一个什么内容的话题?

生：如何借鉴吸收外来文化。

师：好。我们学习的《拿来主义》就是一篇用同样的手法谈及文化话题的文章。

续表

篇目	核心观点	文章结构（可用结构图，也可文字表述）	论证方式	举例说明	
				原文语例（也可概括）	论证方式的作用
师说					
反对党八股					
拿来主义					
论读书					

设计意图：本任务意在引导学生进入论述类文章的常规阅读，即通过阅读明确作者观点，厘清文章思路，归纳论证方法，学习语言技巧，等等。子任务一所提供的表格，清晰地规定了这些内容，填表的过程也是阅读的过程，只是两个文言文本的学习，需要同时梳理文言基础知识。“论证方法”的学习是子任务一的主要任务，所以在表格中占内容较多，从原文到分析整个学习过程须清晰呈现。

学习现场 1（续）

教师观察：

在阅读两篇文言文的过程中，有学生把文言知识的梳理与文章内容的理解分开进行，教师适时提醒：梳理文言知识是为了更好地理解文意，同时进行效果才好。

《拿来主义》比喻论证对学生而言是理解难点，教师在以案例引导学生之后，适当归纳“比喻论证”的本质：两物类似，即可用一物比喻另一物，来论证比较抽象的事理，这是比喻论证，本体与喻体之间的关系是“类异”“理同”，一般是以“近”喻“远”，以“具象”喻“抽象”。

注意事项：

本单元的有些文章，如《师说》《拿来主义》《反对党八股》，需要联系当时的社会背景才能理解到位，而这些背景资料不要在学生阅读文本前释放，而要在阅读理解需要更大语境的节点上适当提供。

子任务二
主题征文写作准备

1. 立意：确定此次“学习之道”征文的核心观点

古人云：“文贵立意。”只有先确立好了文章的中心思想，才知道要写什么，需要些什么来写，且它的好坏关系着整篇文章的成败。

本次征文的主题为“学习之道”。“道”，可以指一条具体的道路或者一种实际的方法，不过，从更深刻的角度来说，“道”是万事万物运行最根本的规律，是万事万物的本质内涵。同样，这里所谈的“学习之道”更关乎学习的本质，其与学习主体的关系、与人类社会的关系究竟怎样，等等。

大家可以从以下有关“学习之道”的观点中任选一个，作为此次“学习之道”征文的核心观点，也可自定观点进行论证，但须合乎征文主题的内容要求。

（1）学习是建立自己与世界的联系。

（2）学习是依赖性的降低。

（3）学习是构建网络化体系的过程。

（4）学习就是不断将未知转换成已知。

学习现场 2

学习节点：

子任务二是成文前的专项板块落实环节，介于前面的范文阅读和后面的作文成文之间，所以此节点的学习质量，会直接影响到阅读与表达的衔接转化效果。

现场描述：

现场难点集中在所提供的五个观点的基本理解上，师生讨论后得出：

学习是建立自己与世界的联系的观点。基本理解：通过学习而来的思想理念等，人们会产生对世界的独特感情与认识，并最终确立自身在社会中的位置，与世界进行联系互动。

学习是依赖性的降低。基本理解：有效独立的学习才能不断丰富自身、提升眼界，才能让人摆脱求助于人的习惯和亦步亦趋的桎梏。

学习是构建网络化体系的过程。基本理解：构建网络化体系是学习得以深入、得以开拓的必经过程。现代社会，碎片化学习逐渐大行其道，但是它往往只告诉你表面的事实，不告诉你背后的原因。碎片化的知识不成体系，长期接受会逐渐变得思维狭隘，难以进行复杂和独立的思考。如何摆脱碎片化思维的习惯、提升构建网络化体系的能力，是值得深思的问题。

学习就是不断将未知转换成已知。基本理解：探索世界的未知，成为人类的已知，这是人类不断发现创造的不竭动力。学习，就是在这种动力下驱使的认知和行为。由未知到已知，不仅是学习的结果，更是学习本身最大的乐趣。

（5）学习最大的障碍是已知的东西，而非未知的东西。

我选择（自定）的“学习之道”核心观点是______________________。

我对该观点的初步理解是____。

学习现场 2（续）

现场描述：

学习最大的障碍是已知的东西，而非未知的东西。基本理解：“学海无涯苦作舟”，因为未知，人类才有不断探索的愿望和勇气，将无尽的学习作为自己的终身事业。但是，如果对于一些已得到的东西沾沾自喜或者让已知的信息、事物蒙蔽了发现的眼睛，人类可能就会失去这份探索的前进动力。

教师观察：

文章结构预设方面：学生对于所提供的文章常见结构，大多能理解并借鉴使用，教师需要适时指导的是，中心观点被结构化之后，各部分之间的内在关联是否符合逻辑。

论证方法预设方面：事实论证、道理论证，对于学生来说，接受起来比较顺利。比喻论证，在子任务一环节已有较大突破。根据观察，对比论证的要义，学生还有些欠缺，教师随时提醒学生使用对比论证时应注意：要紧扣论题进行对比，要有目的性；要明确对比点，对比双方属于同一范畴内的不同情况；要分析对比产生的根源，对比后要旗帜鲜明地评价或得出结论，不能模棱两可。

2. 文章结构：选择“学习之道”征文的主体结构

对于议论文来说，常见的结构有金字塔结构、黄金圈法则结构、PREP 结构、时间轴结构等。请研读附录中提供的议论文常见结构，选择适合你的文章的主体结构（可以有混合型结构），并说明原因。

我的“学习之道”文章的基本结构是____。

该结构的优势在于____。

3. 论证方式与论据

发掘“学习之道”主题文章的主要论据，并为它们选择准确、恰当的论证方式。

(1) 论证方式的巩固学习。

在前面的学习中，我们已经了解了四种基本的论证方式。不过，这些论证方式在选择和使用上还有许多注意事项，需要先了解一下。

举例论证（又叫事实论证）

【定义】 举例论证是我们应用最广泛、最有效率，也是应用难度相对较低的论证方式。它是指通过列举具体的事例对论点加以论证，从而使论证过程和形式更具体，更有说服力。

【例】 在《师说》中，韩愈就使用了举例论证的方法，如：

圣人无常师。孔子师郯子、苌弘、师襄、老聃。郯子之徒，其贤不及孔子。孔子曰：三人行，则必有我师。是故弟子不必不如师，师不必贤于弟子，闻道有先后，术业有专攻，如是而已。

【梳理】 韩愈列举了孔子向不如自己的郯子之徒学习各方面的知识、技能，来表明老师不一定要比弟子在各个方面都出色，圣人尚且如此，何况凡夫俗子。学习之道，“闻道有先后，术业有专攻”而已。

【举例论证练习】 阅读下列语段，举出两个合适的“古往今来”的事例，论证其中的观点。

学习现场 2（续）

注意事项：

教师在落实学生专项训练的同时，一定要引导学生以整体的眼光，来看待论证方式与论点之间的关系。

文章论证方式的选择、使用常常取决于表达者究竟确定了怎样的核心论点或分论点。比如在“事实论证”中，同一事实的不同侧面可以挖掘出不同的观点，甚至是从众所周知的事实中发现具有创新性、批判性的论点来。以“大禹治水”为例，可以从不同角度切入进行论证阐发，如：

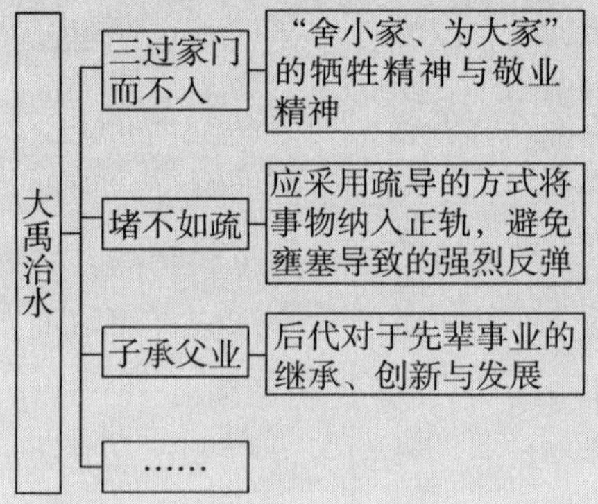

宽容方能和谐，和谐才能成事。纵观古往今来那些成就大事的人，他们无不具有包容天下的广阔胸怀，无不善于在不同中谋统一、在和谐中聚力量。

我们不由得想到，____

____

____

____

又如，____

____

____

____

道理论证

【定义】道理论证（又叫引用论证）是指引用古今中外的理论学说、名言警句、定理公式，以及经典著作中的精辟见解，通过讲道理的方式证明某些论点的论证方式。道理论证使论证过程更凝练、更深入、更有说服力。

【例】在《反对党八股》中，毛主席就游刃有余地引用了名言警句或名著见解，以表明自身观点和立场，如：

……鲁迅曾经批评过这种人，他说：“辱骂和恐吓决不是战斗。”科学的东西，随便什么时候都是不怕人家批评的，因为科学是真理，决不怕人家驳。主观主义和宗派主义的东西，表现在党八股式的文章和演说里面，却生怕人家驳，非常胆怯，于是就靠装样子吓人；以为这一吓，人家就会闭口，自己就可以“得胜回朝”了。这种装腔作势的东西，不能反映真理，而是妨害真理的。凡真理都不装样子吓人，它只是老老实实地说下去和做下去。从前许多同志的文章和演说里面，常常有两个名词：一个叫做“残酷斗争”，一个叫做“无情打击”。这种手段，用了对付敌人或敌对思想是完全必要的，用了对付自己的同志则是错误的。党内也常常有敌人和敌对思想混进来，如《苏联共产党（布）历史简要读本》结束语第四条所说的那样。对于这种人，毫无疑义地是应该采用残酷斗争或无情打击的手段的，因为那些坏人正在利用这种手段对付党，我们如果还对他们宽容，那就会正中坏人的奸计。但是不能用同一手段对付偶然犯错误的同志；对于这类同志，就须使用批评和自我批评的方法，这就是《苏联共产党（布）历史简要读本》结束语第五条所说的方法。……

【梳理】《反对党八股》第三段，首先引用了鲁迅先生在《南腔北调集》中一篇文章的篇名，借此对党八股的第二条罪状“装腔作势、借以吓人”的文风进行批驳，分析党八股虚弱的本质。紧接着又借用、列举《苏联共产党（布）历史简要读本》的方法揭露党八股的错误，指出写文章做演说要有严肃的科学态度，否则应该予以坚决地斗争和打击。

【道理论证练习】阅读下列语段，运用道理论证，引用名言警句或经典观点，论证其中的观点。

创作要养精蓄锐几时、苦苦求索几时，才能获得一个瞬间的辉煌。

巴尔扎克作为现实主义艺术大师，留给人间的十部不朽的作品，早已闻名世界。他一生中唯独喜欢咖啡。每逢写作之时，他总要把咖啡壶放在写字桌旁，一杯一杯地饮下去。他创作的欲望和情绪在膨胀，而他的身体却在一天天地垮下去。丰富的精神生活把他推到一个波涛汹涌的极致的境界，可渐渐衰竭的体力却把一个血肉之躯慢慢地推向上帝的虎口。这是创作的必然，正如__________所说：______________________________

____

____

创作是一种自我完善的过程，也是一种自我销蚀的过程。我们要完善自己，因而不怕销蚀。（改写自迟子建《原来姹紫嫣红开遍》）

比喻论证

【定义】比喻论证是一种用具体、生动、形象的事物作比喻，来证明抽象、深奥的道理的论证方式。它可以使文章浅显易懂，易于理解和接受。

【例】《劝学》中使用了大量的比喻论证，分别证明“学不可以已”这个核心观点下的分论点。如：

“登高而招，臂非加长也，而见者远；顺风而呼，声非加疾也，而闻者彰。假舆马者，非利足也，而致千里；假舟楫者，非能水也，而绝江河。君子生非异也，善假于物也。”

【梳理】这部分文字，荀子连用“登高而招”“顺风而呼”“假舆马”“假舟楫”四个比喻，从四个方面阐明了在实际生活中利用和借助外界条件所起的重要作用，从而说明人借助学习，可以弥补自身不足，取得更显著的成效。并由此推出结论，君子之所以能超越常人，并非先天素质与一般人有差异，而完全靠后天善于学习。

【比喻论证练习】阅读下列语段，运用比喻论证的方法补写一个或多个合适的比喻。

在人类历史中，文明间的交流、碰撞历来都是各种文化发展变迁的重要原因与动力。在中西文化交流的历史场合中，“西学东渐”和“中学西传”作为双向的文化交流过程，相辅相成，两股力量就像____________________

____

____

____

两者促进了不同文明间的互鉴互融，推动了人类文明的进步与发展。（王银泉《挖掘“中学西传”研究的时代内涵》）

对比论证

【定义】对比论证侧重于从事物的相反或相异的属性比较中解释论点的本质。基本结构有两类：第一是正反对比型，包括两种不同事物之间的比较（横向比较）以及同一事物自身前后对比（纵向比较）；第二是破立结合型，是指先论证正面的观点，再批驳反面的观点（也可以反过来），注意文中驳斥的观点既要是错误的，又要是与论证的观点针锋相对的。

正反对比型：

【例】在《拿来主义》中，鲁迅先生使用了不少正反对比的论证方式，如：

中国一向是所谓“闭关主义”，自己不去，别人也不许来。自从给枪炮打破了大门之后，又碰了一串钉子，到现在，成了什么都是“送去主义”了。别的且不说罢，单是学艺上的东西，近来就先送一批古董到巴黎去展览，但终“不知后事如何”；还有几位“大师”们捧着几张古画和新画，在欧洲各国一路的挂过去，叫作“发扬国光”。听说不远还要送梅兰芳博士到苏联去，以催进“象征主义”，此后是顺便到欧洲传道。我在这里不想讨论梅博士演艺和象征主义的关系，总之，活人替代了古董，我敢说，也可以算得显出一点进步了。

【梳理】文章开头，作者即拈出清政府奉行的“闭关主义”和国民政府炫耀的“送去主义”加以对比。清朝一味奉行“闭关主义”，盲目排外，夜郎自大，整日做着天朝大国的美梦，落后而不自知，最终落得个被动挨打，割地赔款的悲惨下场。国民政府打着与世界列强通好的旗号，却行着卖国求荣的可耻勾当，既“送物”又“送人”，极尽谄媚之能事，令人作呕。通过对比，我们不难发现，“闭关”与“送去”名异而实同，皆是丧权辱国的错误行径，皆应加以批判。

破立结合型：

【例】海子曾说：“要有最朴素的生活和最遥远的梦想，即使明天天寒地冻，路远马亡。”袁隆平的愿望是纯粹得让人起敬的。作为一名科学家，名利对于他是极淡的事情，就是因为这样，这个获得国家最高科学技术奖的科学家会慷慨地把奖金捐赠出来，用于慈善事业。反观我们社会，又有多少人能够如他般心无杂念？有谁能够像他一样坚守自己淡泊宁静的精神家园？在这个急功近利的社会，成功成了唯一的标准，大学里的一些导师为了名利不择手段，当郭敬明大言不惭地对大众宣布，“我写作是为了赚钱”……我们不禁困惑，这个时代到底怎么了？

【梳理】以科学家袁隆平不为名利、一心学术，最终还将国家最高科学技术奖捐赠给社会的高尚品质为“立”，又以现代社会中多数大学导师汲汲于名利的丑陋社会现象为“破”，反思时代的道德滑坡现象。

【对比论证练习】阅读下列语段，运用对比论证的方法补写反面举例和事例分析。

论点：从容是面对得失时坦然置之的豁达。

（正面举例）2000 年奥运会上，面对枪靶，44 岁“高龄”的王义夫一枪失准，最后关头的二次举枪显示出过人的老练，终于用金牌洗雪了亚特兰大奥运会的遗憾。

然而，（反面举例）____

____

可见，____

____

（2）我选择的论据及论证方式。

在认识和了解了四种常见的论证方式之后，请思考自己在“学习之道”文章中可能会使用哪些论据，运用什么样的论证方式呈现它们。

请用简短的语言概括出拟使用的论据及其匹配的论证方式（不少于 4 个，论证方式可以重复）。

我的核心观点（请在此处复现）：	
我的论据及论证方式：	
论据概述	论证方式

设计意图：本任务的性质属于脚手架，通过为学生提供可选择论点（也可以自行提炼），让学生围绕自己认可的关于“学习之道”的观点，借鉴四种常见的论述结构，开始搭建论述架构。通过专项训练，让学生初步掌握四种常见的论证方法，进而运用到所持观点的论述之中。最后的表格也对论据与论证方式的使用做了引导梳理。至此，议论文的基本要素——论点、论据、论证，基本都包括在本任务之中，也就是完成了成文前的主要准备工作。

子任务三

“学习之道”表达与升格

1. 用文字或结构图，列出写作提纲。

2. 依据量规，根据提纲，写作“我所理解的学习之道”议论文初稿。

3. 升格。作文升格，是反思作文写作过程、提升作文质量、改善作文写作水平的重要途径。此次升格分为两部分，一是利用量规合作升格，二是利用自评表自主升格。升格时，可以在原稿上进行圈点批注修改，便于与原稿相对比。

（1）第一次升格：小组研讨，互助升格。

小组研讨升格量表

	特点	成员 1					成员 2					成员 3				
		5	4	3	2	1	5	4	3	2	1	5	4	3	2	1
文章立意	切题性															
	深刻性															
	新颖性															
文章结构	明晰性															
文章论证方式	准确性															
	创新性															
	丰富性															

学习现场 3

学习节点：

子任务三是整个单元学习的收束环节，学生在学习古今中外名篇的基础之上，经过论证方法、论述结构等专项训练后，表达自己对于“学习之道”的理解。

现场描述：

本环节主要是学生自主写作及评估，因为例文学习、论点提供、专项训练等准备工作已到位，所以现场写作氛围安静而紧凑。教师主要巡视提纲架构情况，和部分解读写作量规。学习小组组长负责主持本组初稿完成后的评估工作，并组织升格策略的小范围讨论。最后，教师建议，选择同一论点的同学再组成临时小组，集体讨论具体升格方法。

教师观察：

观察 1：提纲架构是否合理。主要看核心观点与分论点在关系上是否遵循“三不”原则：“不超”，即所有分论点内容均未超出核心论点；“不漏”，即分论点列出后，核心论点的重要信息没有缺失遗漏；“不重”，即分论点之间没有过多的交叉重复。

观察 2：升格策略是否符合作文实际情况。这是一个认知链条：升格策略是在问题归因之后的策略，所以，小组或个人对于初稿的评价标准是关键，而这一关键主要集中在对于写作量规的研读理解上。

注意事项：

对中学生而言，写作，尤其是考场作文写作，追求的是“一次性成功”，所以，“升格”本身不是目的，不要为“升格”而“升格”。只不过因为此次写作是面向初写议论文的高一学生布置的，因此，依据量规、借助工具适当完善自己的作文，还是这个阶段多数学生需要的学习环节。

续表

	特点	成员 1					成员 2					成员 3				
		5	4	3	2	1	5	4	3	2	1	5	4	3	2	1
小组互评： 评价应以量规为评判标准，评价内容中肯切实，对升格有益。		成员 1 打分： 评价：					成员 2 打分： 评价：					成员 3 打分： 评价：				

请根据小组建议，对自己的文章进行修改（在初稿上圈点批注修改）。

（2）第二次升格：写作自我反思，自主升格。

提示：小组讨论后，会有很多新角度、新点子萌发出来，请根据自己的实际思考填写。如果对一些问题有犹豫之处，可以寻求小组之外其他人的帮助。

①我需要调整优化的地方有：

____

②我仍然坚持的地方有：

____

根据自我评估的情况，对自己的文章进行修改（可在初稿上圈点批注修改），并形成终稿。

4. 展示：以校内出版物、网络平台（如校内外公众号等）、各班级语文展板为发表平台，展示习作。

设计意图：本任务意在引导学生进入自主写作的真实现场：自我规划、遵循量规、自我评估、恰当升格。让写作量规和评估工具发力，教师“隐身不离线”，学生对自己的写作全程负责。

四、学习资源与工具

议论文常见结构

1. 金字塔结构

金字塔结构在议论文写作中是最为常见的结构，简单可归纳为“提出问题/观点—分析原因—解决方法/思想升华”结构模型，其中“问题/观点”要明确、“原因分析”要充分、“解决方法/思想升华”要简洁。另外，“原因分析”部分作为主体部分，中心论点可分解为三个分论点，每个分论点又应该有1—2个论据支持，示意图如下：

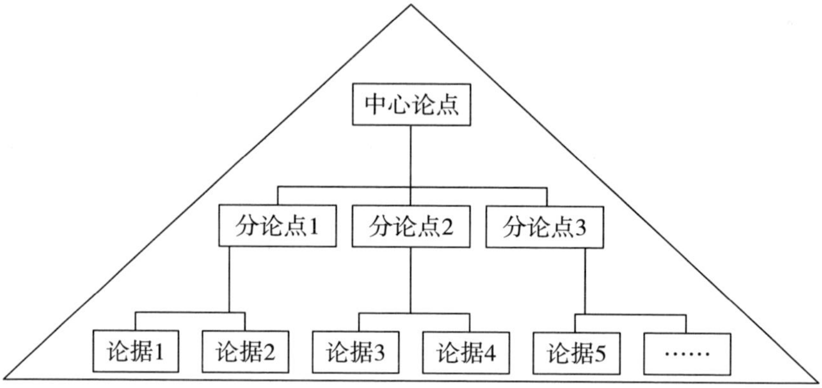

2. 黄金圈法则结构

这个结构通过“Why—How—What”，也就是从内圈到外圈的结构顺序，向人们阐述你从事某项事业的动机（愿景）——方法——具体特征，能够更容易激发人们的热情。

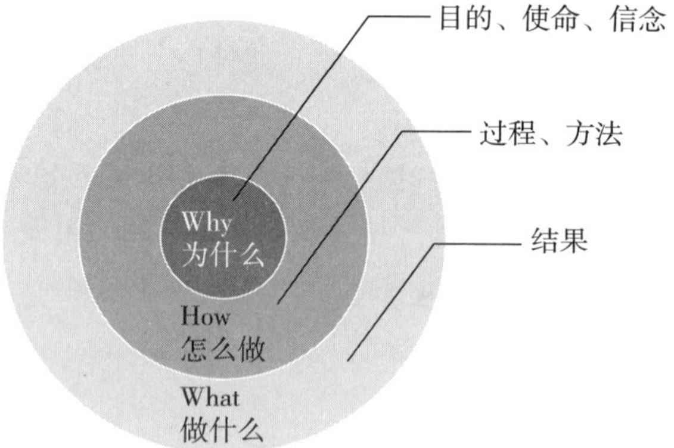

具体说来：

①Why是最内圈，主要讲的是目标、使命、理念和愿景；

②How是中间圈，主要讲怎么干，也就是具体的操作方法和路径；

③What 是最外圈，主要说明这件事情是什么，有什么具体的特点，或者你已经完成的结果。

黄金圈法则结构模型特别适合用来介绍某一个项目。（Why）我为什么要做这个项目？（How）这个项目如何帮助、改变他人？（What）这个项目有什么价值？在这三个部分中，如果能各加入一个故事，那么将更有说服力。

3. PREP 结构

这个结构的名字看起来很复杂，其实就是最基本的“总—分—总”结构。

PREP 四个英文字母分别代表：Point，观点；Reason，理由；Example，案例；Point，再次讲观点。

PREP 结构的关键：①开始就要抛出观点，不要犹豫；②后面的理由两三个即可；③案例部分，最好讲自己的经历或故事，会更有说服力；④最后再重复和强调一下你的观点。

4. 时间轴结构

这个结构就是过去、现在、将来，按照时间轴来陈述，可以讲事实，也可以谈想法，关键是跟着时间轴来。时间的前后关系是一种强逻辑关系，时间轴结构的意义在于，通过时间线索，可以将不同的事物或者故事联系起来，并赋予清晰的逻辑。

如何使用时间轴结构呢？我们需要去发现不同事物或者事件之间的关系，然后根据这些关系去排列先后顺序。

五、学习成果

题目：“学习”是伴随我们终身的要务，虽然经历了多年学习，但是大家似乎很少思考，究竟什么是学习？为什么要学习？或许，只有回归到学习的本源，共同探索学习的本质与内核——“学习之道”，才能找到答案。

请从以下五个观点中选择一个，作为“学习之道”主题议论文的核心观点，不少于700字。

①学习是建立自己与世界的联系。

②学习是依赖性的降低。

③学习是构建网络化知识体系的过程。

④学习就是不断将未知转化为已知。

⑤学习最大的障碍是已知的东西，而非未知的东西。

例文1　核心观点：学习是建立自己与世界的联系

学习是建立自己与世界的联系

学习之道是建立自己与世界的联系。所谓和世界建立联系，就是指在学习中，认知、思考世界，在学习中找到适合自己的位置，并在这个位置上通过自己的努力实现自我价值，为社会做出贡献，与世界联系互动。

学习的第一步是对世界的探索和认知。每个人诞生的时候，世界对他而言都是陌生的，而学习就好比一个放大镜，人们需要通过学习来观察、认识这个世界。一个婴儿需要通过学习语言知道什么叫作世界，通过学习观察知道世界是什么样子的。一个中学生需要通过学习地理知道世界有多大，通过学习物理知道世界是怎么存在的。所以学习最初的阶段就是去探索和感知这个世界。这个阶段的学习相对而言会比较简单，主要以观察和学习一些基础知识为主，这也是所有人都必须经历的阶段。

学习的第二步是对世界的感知和思考。当一个人已经对世界有个大体的认知之后，他会对世界中的一切事物进行思考和分析，在潜意识中对它们产生不同的情感。而学习的第二阶段就是去感知世界，发现自身对于世界万物中感兴趣的那一部分。这个阶段需要学习和接触很广泛的知识和内容，通过相互对比分析从而产生自己的思考，当然需要学习的还不仅限于知识，更多的是学习思想理念，建立自己的价值观，从而对事物产生情感上的变化。正如普朗克所说："思考可以构成一座桥，让我们通向新知识。"没有思考的学习只会让我们变成呆板的机器人，让我们觉得世界对于我们而言只是我们所生存的地方，万物的存在也都是冰冷的，学习也便没有了什么意义。所以在学习的过程中学会感知和思考才能让我们有更多的收获。

学习的第三步是明确自己在社会中的定位。学习那些自己喜爱的事物，然后对自己进行剖析，从那一部分所喜爱的事物中找出自己既擅长，又愿意为之付出努力，并且具有意义的方面，作为自己的目标和定位。鲁迅先生在医学、文学、美术理论等多个领域都有所研究，而他在明确自我定位时主要考虑的因素是去拯救中国人民，于是他先选择了医学，希望通过医学拯救人们肉体的痛苦，然而当他发现中国人其实更需要的是精神上的治疗时，他最终又把自己的定位放到了写作上，希望通过文章唤醒民众的觉悟。

学习的最后一步是在社会的定位中实现自我价值。这一步需要我们在某个方面积累了足够的专业知识和能力以后，将所学的东西运用到实际当中，将这些所学习的东西作为铺垫，在自己的目标和定位上去探究和创新。而著名数学家陈景润对数学狂热的追求让他踏上数学研究的道路，他疯狂地学习，认真钻研了《堆垒素数论》《数论导引》等多本数学巨著，打下了扎实的数学功底。当他开始证明哥德巴赫猜想（1+1=2）时，这些数学方法和思路为他的证明奠定了基础，而最主要的功臣还要属他自己的努力，也就是他自己钻研、自己学习的过程。最后他发表的那篇论文也震惊了世界，他在数学界做出的巨大贡献也正是自身与世界的一种联系。可见不懈的学习和钻研，是陈景润在数学界获得成功的最主要的因素。

通过学习来探索、感知世界，在世界中寻找定位，实现自我价值，让学习的过程更具有意义，也让自己在世界中发光发热。

（何悦然）

成果点评：本文在谋篇布局上颇具匠心，结构严谨、议论丰富。开篇点明主旨“学习是建立自己与世界的联系”之后，从对世界的认识、思考、定位三个角度分别切入，比喻论证、引用论证和举例论证合理分布，所选材料恰到好处，结尾处再次回扣核心观点及分论点。整体清晰明确，逻辑分明，不失为一篇值得同学们学习的优秀议论文。

例文 2　核心观点：学习是依赖性的降低

学习之路：走得独立，走得自在

所谓学习之“道”，如果以“道路”解之，那就不外乎是我们所行的学习的道路了。但从本质上说，观其始末，此道是一以贯之的，即便这路上有诸如浅层次的读书算术、深层次的哲学思考，风景各异且绚烂。这“本源”、这“道”就在于人走在上面，终究要靠自己的双腿，凭自己的主观精神，走得愈远，愈独立，愈自在。一言以蔽之，学习的本质，是依赖性的降低。

学习使内在降低对于外界的依赖。从前提上说，人为什么要学习？乃是因为我们走路不想要人家搀扶、不想拄拐、不想因刮风下雨而止步不前，而想独立、想自主、想自助，只能通过勤加锻炼，让自己的双腿更强健。过程上，培根说：“头脑中凡有缺陷，皆有特药可医。”他所说的“特药”就指读书，就是一种学习。而学习不但弥补了人自身的不足，使原先需要依赖他人的事可以亲力亲为，也改善环境，让人从听天由命变为控制天时，进而主宰命运。我们的祖先在进化中掌握了使用火的方法，不至于再借助天火，改变而控制住了外界条件。“进化”正是一代又一代的人类集体式学习而得以生生不息的过程。人类因之成为“万物之灵长”而在天地间驰骋。

学习使精神降低对于形式的依赖。人之肉体有了思想，好比石缝中埋下了一颗种子。种子要长成幼苗，幼苗要长成树，不得不从石缝中汲取营养。然而随着小树的枝干愈粗壮，树叶愈繁茂，石缝从庇护所逐渐变为一副镣铐。终于有一天，石缝崩裂开，参天大树的根得以向地下深埋、树冠得以在云层间展开，再无所阻挡了。而学习，就是汲取营养让精神壮大，让形式枯萎，让精神从形式的束缚下解脱出来，最终获得大释怀、大自由。试想，倘若最初那颗种子不汲取营养，那就只有在暗无天日之中腐败变质、自生自灭了。学习了，脚步才见轻快，迈开步子才无所顾虑，学习之路才更见光彩。

其实，学习的最终目的就是达到无所依赖、完全独立、完全自由的境界。宗教，大概是可以反映出一种终极状态的，而无论是佛教的“解脱”、道教的“飞升”、基督教“永恒的快乐”，都或多或少有这样的成分在。而进入这种独立自由之境的方法，无论是参悟还是修炼，实际上都是一种学习。苏东坡到岭南去，说"此心安处即是吾乡"，不知最终是否达成，但无论如何，佛教徒的修行、对事物的深刻感悟，的确让他不易被外物影响、被形式束缚，与那个追求功名的得意青年不同了。他确实在向着那最终的目的前进，虽走了弯路却不曾停歇，以独立自在的步伐结束了这段旅程。

我们每个人皆是如此地走在学习之路上的，然而我们所以为现世的人，仍是要有所依赖的，因而才说"生也有涯，知也无涯"，学习之路是无止境的。有的是内在的独立和精神的自在。学习之道则成了路的基石，亘古以来不曾动摇。终点也就在前方，虽走不到，然只要迈开步子，依赖性便降低。走得远的人，自然被后来者记得；不过走得近的人，也自有自得其乐之法，且看我们能走到哪里呢！

（郭晟毓）

成果点评："学习是依赖性的降低"，这一主题并不易阐释，就主题而言，依赖什么？如何依赖？学习如何降低依赖？都是需要严密而深入地思考，才可能厘清的问题。作者从对物质依赖的降低、对形式依赖的降低，乃至达到"无所依赖"的多层次思考，娓娓道来，更隐隐透露出在学习的熏染下，对独立自在之法的认可和向往。值得一提的是，该文的语言不像一般议论文语言那样急促干瘪，而是舒展亲切、自然流畅，既有形象可感的比喻论证，又有说服力强的事实论证，整体上构思严谨，见解独到，令人印象深刻。

例文 3　核心观点：学习就是不断将未知转化为已知

未知与已知

法国著名的理论家左拉曾经说过："生活的全部意义，在于无穷地探索尚未知道的东西，在于不断地增加更多的知识。"不断地探索未知，并转化为已知，乃是学习之道。

对于个体而言，学习是在未知与已知的转化中对自身的丰富。人类自身的变化和发展包括生理与心理、认识、精神的变化发展。而学习是人类获取知识并内化为自身素质、能力的过程。但知识与人的素质能力又不能简单地画上等号，知识只有被学习者所掌握和运用，将未知转化为已知，人的素质和能力才能得到提高和发展。人刚出生时，如同一张洁净的白纸，一切皆是未知；人生则像一场旅行，所到之处皆是风景；学习便是拿起画笔，将旅途中所见之景描绘于纸上，使这张纸变得丰富多彩的过程；而每一次的落笔，便是完成了一次未知与已知的转化。“读史使人明智，读诗使人灵秀，数学使人周密，科学使人深刻，伦理使人庄重，逻辑修辞之学使人善辩。”从独立的“史”“诗”“数学”“科学”“伦理”“逻辑修辞”到属于人自身的“明智”“灵秀”“周密”“深刻”“庄重”“善辩”，便是将本不属于自己的事物，也就是未知，内化为属于自己的知识、精神、品格等，也就是已知。这一过程的完成，依赖于不断学习，或是向他人请教，或是自己探索琢磨，最终达到丰富自身的效果。

对于社会而言，学习是在未知与已知的转化中对社会发展的推动。探索世界的未知，成为人类的已知，这是人类不断发现创造的不竭动力。而学习，就是在这种动力下驱使的认知和行为。古往今来，在一代代人的努力下，人类社会才有了如今这般成就。古有徐霞客志在四方，“达人之所未达，探人之所未探”，其著作《徐霞客游记》，为我国地理与文学发展提供了宝贵的资料。今有屠呦呦研发青蒿素，查阅古籍药方、开展实验研究，不但成功找到了疟疾的治疗方法，挽救了无数人的性命，而且推进了中国医药技术的发展。因为当前社会存在的未知，给了人们去探索的动力，通过实地考察、查阅资料、实验研究等各自不同的学习，将这些未知转化为已知。未知逐渐减少，已知逐渐增多，使得社会的总知识量不断增加，进而起到推进社会发展的作用。在此过程中，将未知转化为已知是人们需要完成的任务，而各种方式的学习是完成这一任务的必要途径。

在不断将未知转化为已知的过程中，通过学习丰富自身并逐渐影响社会，这便是学习的意义所在，是面对学习应有的态度，也便是学习之道。在此过程中，需要有不断探索未知的勇气，需要掌握学习的方法，需要一代代人的积累叠加。展望未来，人有许多未知等待着人们去探索，也愿将未知转化为已知的学习之道能代代薪火相传。

（郭咏涵）

成果点评：“学习就是不断将未知转化成已知”似乎是一条无懈可击的真理，如何将这样一条近乎真理的观点进行拆分，且要有理有据，挑战不小。本文由左拉的名言引入，然后横向展开，巧妙地将其分为“个体”与“社会”两大方面进行论证，在表述过程中，援引典型的事例与恰切的道理，逐层深入地进行论证。文章的最后，重申观点，呼应前文。其结构严谨，在思考角度、谋篇布局上都是值得学习的一篇习作。

六、单元反思

设计优势

首先，引导学生对熟悉的内容深思细研。学生天天在学习，但学习的本质到底是什么？学生对此理解的角度深度不一，因此有必要引导学生对貌似熟知的内容逐步深入理解。

其次，以“有限目标”实现精准训练。对于高一学生而言，准确地审题立意存在一定难度，所以，本单元设计中直接提供主题和可供选择的观点，这样便于学生直接进入“论证结构”和“论证方法”的训练，集中精力，达成目标。

最后，阅读与表达贯通。学生从借助工具表格阅读古今中外名篇，到借鉴名篇的表达技巧进行专项训练，再到自己对于“学习之道”本质的个性化表达，学以致用，读写结合，全程贯通。

改进方向

写作方面，学生即使把每个专项训练都落实到位，也不等于能在一篇文章中综合使用这些方法，所以，从专项到综合之间最好设计一些组装工具，供学生自选组合，以完成从局部到整体的无缝衔接。

学习资源方面，古今中外的名篇固然可为典范，但作为写作示例，对学生而言还是有距离感，应该多发挥同学习作的作用，让学生互相之间看得见身边的问题、进步和优秀。

七、巩固拓展

阅读下面的材料，根据要求作文。

①古人教子曰：业精于勤，荒于嬉。

②现代教育家说：研究“玩儿”这一丰富的源泉，是我们的任务。

③以《中国古代漆器》《蟋蟀谱集成》《北京鸽哨》等“世纪绝学”享誉中外的文物鉴赏家王世襄，总结自己一生时说：“我这辈子没干别的，净玩儿了。”

④也有人说：玩物丧志，靠玩儿难以成就大事。

以上材料引发了你怎样的思考？请以“说‘玩儿’”为题，写一篇议论文，来论述你对“玩儿”的理解。

【要求】

①请把题目抄写在答题纸上；

②请明确呈现你的观点，并联系现实来论证观点；

③规划好文章结构，至少运用两种论证方法；

④不少于600字，不得透露个人信息，不得套作，不得抄袭；

⑤书写工整，卷面整洁，本次书写附带通关功能。

（2018年北京市西城区二模作文题，有改动）

【作文解题】

给出的材料包括名言（①②④）和现象（③）两种形式，需要我们逐一分析背后的逻辑。

先看反面观点，古人认为“玩儿”的危害很大，学业会“荒于嬉”，为什么呢？可能是因为沉迷玩乐的人往往不再付出进而荒废学业，这说的是“玩儿”消耗着人们的精力及人们自身带有着沉迷性。有人说“玩物丧志，靠玩儿难以成就大事”。玩物丧志，意指醉心于玩赏某些事物或迷恋于一些有害的事情，就会丧失积极进取的志气。

再来看正面观点：现代教育家认为：“研究‘玩儿’这一丰富的源泉，是我们的任务。”注意发言人是现代教育家，对“玩儿”的定位是“源泉”

而非全部过程。"玩儿"是什么的源泉呢？是兴趣产生、理想确立、创新思维、灵感迸发的源泉，怎么通过"玩儿"来完成教育呢？不要扼杀孩子"玩儿"的天性，也可以借助不同手段的"玩儿"来放松身心、打开思路。而王世襄先生的例子更需要我们深入分析，为什么他总结自己一生时说"我这辈子没干别的，净玩儿了"，却能创造那么多享誉中外的"世纪绝学"。这里，王先生认为自己在"玩儿"只是强调自己确实喜欢研究的内容，所以自称为"玩儿"，实际上他肯定要投入很多心力和专业功夫才能写成《中国古代漆器》《蟋蟀谱集成》《北京鸽哨》等著作的。如果看到这个材料，就简单地说"玩得精""玩得好"就能玩出成果，则有些难以服人。

【写作建议】

既然以"说'玩儿'"为题，要求写一篇议论文，论述对"玩儿"的理解，那么，便可不拘于材料的观点，给出我们关于"玩儿"的看法和观点，言之成理即可。比如，可以谈"玩儿"的益处，放松身心，成为忙碌工作与学习的调剂；调整心态，让我们以更轻松的心态来面对挑战与压力；沉迷其中，可以将自己的精力完全投入其中反复钻研；享受过程，用玩儿的心态去工作生活受益颇多；等等。同样，可以谈论过分沉迷于"玩儿"的害处，疏忽学业、妨碍进取、损毁斗志等。还可以谈把握"玩儿"的分寸、尺度，要考虑不同的玩儿中投入的精力、花费的时间，选择玩儿的时机、玩儿的场合、玩儿的内容及对象等。谈论"玩儿"与学的结合，或者如何运用"玩儿"的思维激发事业中的创造与创新等。